# GROSSE REDEN

von der Antike bis heute

Kai Brodersen (Hrsg.)

# GROSSE REDEN

## von der Antike bis heute

HOHE

**Kai Brodersen (Hrsg.): Große Reden von der Antike bis heute**



Lizenzausgabe für Verlag HOHE GmbH, Erftstadt

Die Verlag HOHE GmbH ist ein Gemeinschaftsunternehmen
der Herder GmbH & Co. KG, Freiburg,
und BMH Buch Medien Handel GmbH, Erftstadt.



Einbandgestaltung: sowiesodesign.de
Einbandabbildungen: Willy Brandt während eines Besuches
in Südafrika 1986, picture-alliance/dpa; Otto von Bismarck
auf einer Photographie um 1874, picture-alliance/akg-images;
Martin Luther King, picture-alliance/dpa (Bildleiste oben, v. l. n. r.);
Marmorbüste des Perikles aus dem 2. Jahrhundert v. Chr., picture-alliance/
KPA/HIP/Ann Ronan Picture Library; Maximilien de Robespierre,
picture-alliance/dpa ; Gustav Stresemann, picture-alliance/dpa;
Martin Luther auf einer Druckgraphik um 1520,
picture-alliance/IMAGNO/Austrian Archives;
Sir Winston Churchill auf einem Pressephoto vom 1. Juli 1959,
picture-alliance/Photoshot (Bildleiste unten v. l. n. r.)

Gesamtherstellung: Verlag HOHE GmbH, Erftstadt
Printed in Czech Republic 2007

ISBN 978-3-86756-022-1

# Inhalt

# Vorwort

„Jetzt wächst zusammen, was zusammengehört." Einen Tag nach dem Fall der Berliner Mauer, am 10. November 1989, hielt Willy Brandt in Berlin eine Rede, aus der vor allem dieser Satz in das kollektive Gedächtnis und in die Geschichtsbücher eingegangen ist – wie der fast ein halbes Jahrtausend zuvor, am 18. April 1521 in einer Rede auf dem Reichstag zu Worms von Martin Luther gesprochene Satz: „Hier stehe ich, ich kann nicht anders. Gott helfe mir, Amen.": Große Worte in großen Reden.

Große Reden von der Antike bis heute – darunter auch die beiden eben angeführten – möchte der vorliegende Band vorstellen. Die Fülle und Vielfalt des Überlieferten zwang zu einer Auswahl, und so lernen wir im folgenden 14 große Reden kennen, die von charismatischen Persönlichkeiten in markanten historischen Situationen gehalten wurden: von Staatsmännern und Demagogen, von einer Königin aus dem Altertum und einem Papst aus dem Mittelalter, von einem gelehrten Dichter und einem Kämpfer für die Menschenrechte, von Reformatoren und Revolutionären. Nicht alle Reden wurden vor einem großen Auditorium gehalten – einmal handelt es sich sogar eher um eine Unterredung – und nicht alle Reden sind uns im Wortlaut überliefert; gerade in diesen Fällen ist es freilich aufschlußreich, anhand der unterschiedlichen Berichte über das Gesagte die Wirkung einer Rede zu verfolgen.

Zu jeder der ausgewählten Reden informiert zunächst eine fachkundige Einleitung über die historische Situation, in der die Rede gehalten wurde, und über die politische oder künstlerische Position des Redners oder der Rednerin und die von ihm oder ihr vorgebrachten Argumente. Ferner behandelt die Einleitung nötigenfalls die Überlieferung und die Wirkung der Rede sowohl auf das zeitgenössische Auditorium als auch auf die spätere Leserschaft – die übrigens nicht immer denselben Text zu lesen bekam, der als Rede gehalten wurde.

„Jetzt wächst zusammen, was zusammengehört." – „Hier stehe ich, ich kann nicht anders. Gott helfe mir, Amen." So prägnant beide Sätze die Haltung der Redner zusammenfassen, so eingängig sie formuliert sind – beide wurden während der Rede gar nicht gesprochen, sondern finden sich jeweils erst in später redigierten Versionen, die also nicht den Wortlaut des Gesagten, wohl aber den (wenngleich erst nachträglich konstatierten) „Gesamtsinn" der Rede wiederzugeben suchen.

Das damit angesprochene Problem ist seit der Antike bekannt: Im 5. Jahrhundert v.Chr. formulierte der bedeutende Historiker Thukydides in den methodischen Vorbemerkungen zu seinem Geschichtswerk (1,22) über den sogenannten Peloponnesischen Krieg zwischen Athen und Sparta, aus dem auch die erste im vorliegenden Band wiedergegebene Rede stammt: „Was in Reden hüben und drüben vorgebracht wurde, teils während der Vorbereitungen zum Krieg, teils im Krieg selbst, davon den genauen Wortlaut im Gedächtnis zu behalten war schwierig, sowohl für mich, was ich selber anhörte, als auch für meine Zeugen, die mir von anderswo solche berichteten." Thukydides löste das damit beschriebene Problem so: „Wie aber meiner Meinung nach jeder Einzelne über den jeweils vorliegenden Fall am ehesten sprechen mußte, so sind die Reden wiedergegeben unter möglichst engem Anschluß an den Gesamtsinn des wirklich Gesagten."

Genau zu rekonstruieren, was der Wortlaut einer Rede war, ist zwar spätestens seit dem 19. Jahrhundert dank exakter Mitschriften oder dank Tonaufzeichnungen möglich (die jeweils auch Reaktionen des Auditoriums – etwa Zwischenrufe – dokumentieren), doch sind damit spätere Redaktionen des „Gesamtsinns" gleichsam ‚für die Nachwelt' nicht ausgeschlossen. Das gilt für Berichte über Reden etwa von Perikles, Boudicca oder Urban II. oder über die Unterredung von Metternich und Napoleon, aber auch für eigene Nachschriften der Redner, etwa von Luther oder Goethe, über dessen spontan wirkende Mündlichkeit in der Rede zum Shakespeare-Tag uns eine sehr sorgfältige Reinschrift des Autors informiert.

Auch zu der letzten in diesem Band wiedergegebenen Rede, zu der Willy Brandts nach dem Fall der Berliner Mauer, hat man festgestellt: „Die gedruckte Fassung … dokumentiert … nicht die politische Position des Redners bzw. die vom Redner vorgebrachten Argumente im Moment seines Auftrittes vor dem Auditorium und somit auch nicht das, was auf das Auditorium wirkte, sondern nur die reflektierte, womöglich durch neue Erkenntnisse zusätzlich beeinflußte spätere Bewertung." (Rother 2001, S. 29). Beides, Wortlaut und „Gesamtsinn", ist dabei von historischem Interesse.

14 große Reden – darunter eine Unterredung – von der Antike bis heute will unser Band vorstellen. Die fremdsprachlichen Texte erscheinen dabei in Übersetzung, die Rede Goethes in der originalen Orthographie. Vier der hier ausgewählten Reden aus dem 19. und 20. Jahrhundert – von Gagern, Bismarck, Stresemann und Goebbels – konnten nur gekürzt abgedruckt werden; Auslassungen sind dabei in eckigen Klammern gekennzeichnet, nötigenfalls stehen in diesen Klammern auch kurze Zusammenfassungen des Bearbeiters. Zwischenrufe, die für diese vier Reden überliefert sind, sind in geschweifte Klammern gesetzt. Hinweise auf die originalsprachlichen Quellen, auf Übersetzungen und auf weiterführende Literatur sind im Anhang zusammengestellt.

Der Band ist eine Gemeinschaftsarbeit von Professoren an der Universität Mannheim. Die Auswahl der ‚großen' Reden aus der jeweiligen Epoche haben wir gemeinsam getroffen, die Einleitungen in je eigener Verantwortung geschrieben.

Für die freundlich erteilte Genehmigung zum Abdruck von Übersetzungen danke ich den Verlagen Philipp Reclam jun. in Ditzingen bei Stuttgart und Artemis & Winkler in Düsseldorf, für die freundliche Erlaubnis, die Druckfassung von Willy Brandts Berliner Rede wiederzugeben, Frau Dr. Brigitte Seebacher-Brandt in Frankfurt am Main. Für die engagierte verlegerische Betreuung danke ich Wolfgang Hornstein vom Primus-Verlag Darmstadt, der auch den vorliegenden revidierten Nachdruck im HOHE-Verlag vermittelt hat. Vor allem aber danke ich den Kollegen für ihre Bereitschaft zur Beteiligung an diesem Projekt.

Den Leserinnen und Lesern dieses Bandes wünschen wir viel Lesevergnügen und manch interessante historische Einsicht bei der Beschäftigung mit den 14 ausgewählten großen Reden – sowohl mit ihrem Wortlaut als auch mit ihrem „Gesamtsinn".

Universität Mannheim *Kai Brodersen*

Kai Brodersen

# Perikles
# Athen, die Schule von Hellas
# (430 v.Chr.)

In 45.000 Exemplaren wurde zwischen 1938 und 1944 der Text einer antiken Rede gedruckt, deren Zeitbezug sich nicht auf den ersten Blick erhellte: die Rede des griechischen Staatsmanns Perikles (um 495-429 v.Chr.) für die Gefallenen von Athen, die der griechische Historiker Thukydides im 5. Jahrhundert v.Chr. in seinem Geschichtswerk (2,35-46) über den Peloponnesischen Krieg wiedergegeben hatte. Die Übersetzung der Rede, die der Dichter Rudolf Georg Binding (1867-1938) zwei Jahre nach dem Ende des Ersten Weltkriegs erstmals publiziert hatte, fand nun, schon vor Beginn und besonders während des Zweiten Weltkriegs, erneut eine große Leserschaft: Die ersten 20.000 Exemplare des Büchleins erschienen 1938, weitere 10.000 zwei Jahre später und nochmals 15.000 im Jahr 1944; nach dem Kriegsende wurden erneut 10.000 Exemplare aufgelegt – eine für einen antiken Text ganz ungewöhnlich hohe Auflage. Was aber ist der ursprüngliche Kontext der Rede?

Thukydides schildert, in welcher Situation Perikles sprach: „Im selben Winter (431/30 v.Chr.) begingen die Athener nach Brauch der Vorfahren die öffentliche Leichenfeier für die ersten Gefallenen dieses Krieges auf folgende Weise: Die Gebeine der Verstorbenen stellen sie drei Tage vorher in einem Holzbau aus, und jeder bringt seinem Angehörigen Ehrengaben nach eigenem Ermessen. Dann beim Leichenbegängnis führen sie auf Wagen Zypressenholzsärge hinaus, für jeden Stamm einen; darin liegen die Gebeine der einzelnen Stammesangehörigen. Eine Bahre wird leer mitgetragen, ausgestattet für die Vermißten, die man bei der Bergung der Toten nicht gefunden hatte. Am Zug nimmt jeder, der will, teil, Bürger und Fremde, auch die angehörigen Frauen sind am Grab anwesend und wehklagen. Dann setzen sie die Toten im öffentlichen Grabmal bei, das in der schönsten Vorstadt liegt. ... Wenn sie es mit Erde bedeckt haben, hält ein von der Stadt gewählter, als klug bekannter und hochangesehener Mann die den Toten gebührende Lobrede. Dann gehen sie weg. So begraben sie also ihre Toten; und während des ganzen Krieges, sooft es vorkam, hielten sie sich an diesen Brauch. Bei dieser ersten Feier wurde nun Perikles, Sohn des Xanthippos, gewählt zu reden. Zur gegebenen Zeit trat er vom Grab weg auf eine hohe Rednerbühne, errichtet, damit er möglichst weithin von der Menge gehört werden könne, und sprach so." Diese Rede also gibt Thukydides anschließend wenn nicht im Wortlaut, so doch „unter möglichst engem Anschluß an den Gesamtsinn des wirklich Gesagten" (vgl. dazu S. 8) wieder.

In der Altertumswissenschaft ist freilich umstritten, ob die Rede in der Tat den „Gesamtsinn" des im Jahr 430 v.Chr. wirklich Gesagten wiedergibt oder ob sie nicht vielmehr die Meinung des Thukydides aus der Rückschau auf jene Zeit spiegelt und dem Perikles gleichsam ‚in den Mund legt': Perikles nämlich war schon ein Jahr später, im Jahr 429 v.Chr., an der in Athen wütenden Pest gestorben, und 404 v.Chr. war die Niederlage Athens im Peloponnesischen Krieg besiegelt worden. Wollte Thukydides, der im Exil Zeuge der Niederlage geworden war, also im Rückblick zeigen, daß Perikles zu Lebzeiten die einzig erfolgversprechende Sicht der Kriegsplanung gehabt hatte, die dann aber von späteren Politikern sträflich mißachtet wurde – was Athen, die „Schule von Hellas", in die Katastrophe führen sollte?

Als großer Redner einer großen Stadt zu großer Zeit erscheint Perikles in seiner Rede in der Tat, und in der Tat rührt vor allem von dem Lobpreis, das Athen in der Rede zuteil wird, auch die große Wirkung der Rede auf spätere Generationen: „Für eine solche Stadt, die sie nicht verlieren wollten, sind diese hier in edlem Kampf gefallen, und von den Überlebenden ist wohl keiner, der nicht für sie Mühen ertragen will." Und so überrascht es nicht, daß die Rede auch bei späteren Generationen, die ihre eigenen Gefallenen zu beklagen hatten und nach Gründen für den Sinn des ‚Heldentods' suchten, so viele Leserinnen und Leser fand!

## Perikles
## Rede für die Gefallenen Athens
## im Winter 431/430 v.Chr.

Die meisten, die vor mir von hier aus gesprochen haben, preisen den, der dem Bestattungsbrauch diese Art der Rede hinzufügte, weil es rühmlich sei, beim Begräbnis der Gefallenen sie zu halten. Mir freilich würde es ausreichend erscheinen, Männern, die durch die Tat ihren Ruhm begründet haben, auch durch die Tat ihre Ehre zu bezeugen, wie ihr es jetzt bei der öffentlichen Totenfeier geschehen seht, und nicht durch eines Mannes gute oder schlechte Rede den Glauben an die Tapferkeit so vieler zu gefährden. Denn schwer ist es, den rechten Ton der Rede zu treffen, wo man kaum für die vom Redner erkannte Wahrheit beim Hörer festen Glauben erwecken kann. Der wohlwollende Hörer, der die Zusammenhänge kennt, wird sicher die Darstellung als mangelhaft empfinden im Vergleich zu dem, was er will und weiß; und der unkundige wird meinen, es sei manches übertrieben – aus Neid, wenn er hört, was über sein Leistungsvermögen geht. Denn nur so weit erträgt man Lob, das anderen zuteil wird, wie jeder Einzelne sich fähig hält, selbst zu tun, was er gehört hat; was darüber hinausgeht, glaubt man aus Neid schon nicht mehr. Da es aber von den Alten so als richtig gebilligt wurde, muß auch ich dem Brauch folgen und versuchen, euer aller Wunsch und Ansicht zu treffen, soweit ich kann.

Ich will zunächst mit den Vorfahren beginnen – recht und geziemend ist es, ihnen bei solchem Anlaß diese Ehre des Gedenkens zu erweisen. Denn unser Land haben sie, immer die gleichen Bewohner in der Aufeinanderfolge der Geschlechter, durch ihre Tüchtigkeit bis auf den heutigen Tag in Freiheit vererbt. So sind sie des Ruhmes wert, noch mehr aber unsere Väter. Sie erwarben zu dem Ererbten unser jetziges Reich – nicht ohne Mühe! – und haben es uns Heutigen hinterlassen. Am meisten jedoch haben es wir hier, die jetzt Lebenden, in unserem reifen Mannesalter gemehrt und die Stadt in allem so gerüstet, daß sie im Krieg und im Frieden völlig auf sich selbst stehen kann.

Über die Kriegstaten, durch die unser Besitz Stück um Stück wuchs, wenn etwa wir selbst oder unsere Väter einen Angriff von

Barbaren oder Hellenen entschlossen abwehrten, darüber will ich keine großen Worte machen – ihr kennt sie, und ich lasse das beiseite. Von welcher Grundhaltung aus wir dazu kamen, dank welcher Verfassung und durch welche Sinnesart unsere Macht erstand, das will ich zunächst klar legen, ehe ich zum Preis dieser Toten komme; denn in der gegenwärtigen Stunde, glaube ich, ist es doch sicher nicht unpassend, darüber zu sprechen, und für die ganze Versammlung, Bürger und Fremde, nützlich, davon zu hören.

Die Staatsverfassung, die wir haben, richtet sich nicht nach den Gesetzen anderer, viel eher sind wir selbst für manchen ein Vorbild, als daß wir andere nachahmten. Mit Namen heißt sie, weil die Staatsverwaltung nicht auf wenige, sondern auf die Mehrheit ausgerichtet ist, Demokratie. Es haben nach den Gesetzen in den persönlichen Angelegenheiten alle das gleiche Recht, nach der Würdigkeit aber genießt jeder – wie er eben auf irgendeinem Gebiet in Ansehen steht – in den Angelegenheiten des Staates weniger aufgrund eines regelmäßigen Wechsels in der Bekleidung der Ämter, sondern vielmehr aufgrund seiner Tüchtigkeit den Vorzug. Ebenso wenig wird jemand aus Armut, wenn er trotzdem für die Stadt etwas leisten könnte, durch seine unscheinbare Stellung daran gehindert. Frei leben wir als Bürger im Staat und frei vom gegenseitigen Mißtrauen des Alltags, ohne gleich dem Nachbarn zu zürnen, wenn er sich einmal ein Vergnügen macht, und ohne unseren Unmut zu zeigen, der zwar keine Strafe ist, aber doch durch die Miene kränkt. Wie ungezwungen wir aber auch unsere persönlichen Dinge regeln, so hüten wir uns doch im öffentlichen Leben, allein aus Furcht, vor Rechtsbruch – in Gehorsam gegen Amtsträger und Gesetze, hier vor allem gegen solche, die zum Nutzen der Unterdrückten erlassen sind, und die ungeschriebenen, deren Übertretung nach allgemeinem Urteil Schande bringt.

Außerdem haben wir reichlich für geistige Entspannung nach der Last der Arbeit gesorgt, durch Wettkämpfe und feierliche Opfer, die wir jährlich feiern, durch eine geschmackvolle Ausstattung unserer Häuser, die uns Tag für Tag erfreut und die Sorgen verscheucht. Dank der Größe unserer Stadt strömen aus aller Welt alle Güter bei uns ein – und so haben wir das Glück, ebenso bequem die Erzeugnisse des eigenen Landes zu genießen wie die fremder Völker.

Wir unterscheiden uns auch in der Sorge um das Kriegswesen von unseren Feinden. Wir gewähren jedem Zutritt zu unserer Stadt, und niemals verwehren wir durch Fremdenaustreibungen jemandem etwas Wissens- oder Sehenswertes, dessen unverhüllte Schau etwa dem Feind nützen könnte; denn wir bauen weniger auf Rüstung und Überraschung als auf unseren eigenen zur Tat entschlossenen Mut. In der Erzählung streben jene in rastlosem Mühen schon von klein auf nach Mannesmut, wir aber leben gelöst, doch gehen wir nicht minder entschlossen an die gleichen Gefahren heran. Der Beweis: Die Lakedaimonier ziehen nicht allein, sondern mit all ihren Verbündeten gegen unser Land; wenn wir aber im Nachbarland einfallen, so erringen wir ohne Mühe in der Fremde, kämpfend gegen die Verteidiger ihrer Heimat, meist den Sieg. Mit unserer Gesamtmacht ist noch nie ein Feind zusammengestoßen, weil wir gleichzeitig die Flotte versorgen und unsere Leute bei vielen Unternehmungen zu Lande aussenden. Treffen unsere Feinde dann irgendwo auf einen Trupp und besiegen einige wenige von uns, so brüsten sie sich, sie hätten uns alle zurückgeworfen, unterliegen sie, sie seien von unserer Gesamtmacht geschlagen worden.

Alles in allem: Wenn wir eher mit unbeschwertem Sinn als sorgenvoller Mühe und nicht so sehr in gesetzgebotener als vielmehr wesensentsprungener Tapferkeit bereit zum Wagnis sind, so haben wir davon nur Vorteil: Künftige Not macht uns nicht vorher schon Sorge, und ist sie da, zeigen wir uns nicht weniger wagemutig als solche, die sich immer abmühen. Hierin verdient unsere Stadt Bewunderung und noch in anderem.

Wir lieben die Kunst mit maßvoller Zurückhaltung, wir lieben den Geist ohne schlaffe Trägheit; Reichtum dient uns der rechten Tat, nicht dem prunkenden Wort, und seine Armut einzugestehen ist für niemanden schmählich, ihr nicht zu entrinnen durch eigene Arbeit gilt als schmählicher. Mit derselben Sorgfalt widmen wir uns dem Haus- wie dem Staatswesen, und ist auch jeder von uns seinen eigenen Arbeiten zugewandt, so zeigt er doch im staatlichen Leben ein gesundes Urteil. Einzig und allein bei uns heißt doch jemand, der nicht daran teilnimmt, nicht untätig, sondern unnütz; und nur wir entscheiden in Staatsgeschäften selbst oder denken sie doch richtig durch, denn nicht schaden nach unserer Meinung Worte den Taten, sondern vielmehr, sich nicht durch das Wort vorher belehren zu lassen, ehe man an die nötige Tat herangeht. Aber auch dadurch zeichnen wir uns aus, daß wir kühnen Mut und kluge Überlegung bei allem, was wir anfassen, in uns vereinen, während die anderen Unkenntnis verwegen, Überlegung bedenklich macht. Die größte Seelenstärke sprechen wir mit Recht denen zu, die das Furchtbare und das Angenehme am klarsten erkennen und gerade deshalb keiner Gefahr ausweichen. Auch in den Fragen des edlen Betragens unterscheiden wir uns von den meisten: Nicht indem wir Wohltaten empfangen, sondern leisten, gewinnen wir Freunde; zuverlässiger ist ja der Wohltäter, da er sich den schuldigen Dank des Beschenkten durch Freundschaft erhält, der Schuldner aber ist gleichgültiger, da er weiß, daß er seine Leistung nicht als Dank, sondern als Schuld abstattet. Wir allein sind gewohnt, nicht aus Berechnung des Vorteils, sondern im sicheren Vertrauen auf unsere Freiheit jemandem zu helfen.

Zusammenfassend sage ich, daß unsere Stadt im Ganzen die Schule von Hellas sei und daß jeder einzelne Bürger, wie ich glaube, bei uns in vielseitigster Weise und in spielerischer Anmut seine ihm eigene Art entfalte. Daß dies nicht Prunk mit Worten für den Augenblick ist, sondern Wahrheit der Tatsachen, beweist die Macht der Stadt, die wir dank unserer Eigenschaften errungen haben. Unsere Stadt ist die einzige, die stärker als ihr Ruf in den Entscheidungskampf eintritt, die einzige, die im Feind nicht Unwillen erregt, welche Art von Leuten ihm Leid zufüge, und im Untertan nicht Ärger, er werde von Unwürdigen beherrscht. Mit sichtbaren Zeichen, wahrlich nicht ohne Zeugen, entfalten wir unsere Macht, in Gegenwart und Zukunft uns zum Ruhme: Wir brauchen keinen Homer als Künder unserer Taten noch sonst jemanden, der mit schönen Worten für den Augenblick ergötzt – die Wirklichkeit wird ja doch seiner dichterischen Gestaltung den Glanz nehmen; nein, zu jedem Meer und Land haben wir uns durch unseren Wagemut Zutritt verschafft, überall haben wir mit unseren Siedlungen unvergängliche Denkmäler unseres Glücks oder Unglücks hinterlassen.

Für eine solche Stadt, die sie nicht verlieren wollten, sind diese hier in edlem Kampf gefallen, und von den Überlebenden ist wohl keiner, der nicht für sie Mühen ertragen will. Deshalb habe ich so lange über die Stadt gesprochen, um zu beweisen, daß für uns der Kampf etwas ganz Anderem gilt als für die, die nichts Ähnliches besitzen, und um zugleich den Ruhm der Männer, denen zu Ehren ich jetzt spreche, durch Beweise deutlich darzustellen. Das Wichtigste davon ist schon gesprochen, denn was ich an der Stadt pries, damit haben diese und solche Helden sie durch ihre hervorragenden Taten geschmückt, und nicht bei vielen Hellenen wird man so wie bei ihnen Wort und Tat im Einklang finden. Ich glaube, den Wert eines Mannes offenbart als erster Hinweis oder letzte Bestätigung ein Ende wie ihres. Denn auch bei denen, die sonst weniger tüchtig waren, muß gerechterweise ihr im Krieg dem Vaterland erwiesener Heldenmut höher gewertet werden; durch Gutes tilgten sie Böses und nützen so dem Gemeinwesen mehr, als sie im Privatleben geschadet haben. Von ihnen hat keiner den weiteren Genuß seines Reichtums vor alles andere gestellt und sich etwa feige benommen, keiner hat in der Hoffnung der Armut, er könnte ihr vielleicht doch einmal entrinnen und zu Reichtum kommen, Aufschub des Furchtbaren gesucht. Die Rache an den Feinden war ihnen begehrenswerter als all dies, und weil sie von allen Gefahren diese als die Schönste erachteten, waren sie entschlossen, unter Gefahr sich an ihnen zu rächen, das andere aufzugeben. Der Hoffnung stellten sie das Ungewisse des Erfolges anheim, für die Tat, bei dem, was bereits klar vor ihnen lag, wollten sie auf sich selbst bauen. Da sie in Kampf und Tod ein rühmlicheres Los sahen als in der Rettung durch Flucht, entflohen sie dem schimpflichen Gerede, standen aber mit ihrem Leib den Kampf durch und fielen in einem kurzen Augenblick auf dem Höhepunkt mehr des schicksalsbestimmten Ruhmes als der Furcht.

So wurden sie, wie es sich für diese Stadt gebührt, zu Helden. Die Überlebenden mögen zwar um ein gefahrloseres Geschick beten, müssen aber bereit sein, nicht minder kühnen Sinn gegenüber den Feinden zu beweisen, und dabei nicht nur in Gedanken den Nutzen betrachten – darüber könnte euch, die ihr es ebenso gut wißt, jemand eine wortreiche Rede halten, wieviel Gutes in der

Abwehr des Feindes liegt; nein, sie müssen die Macht der Stadt Tag für Tag in der Wirklichkeit betrachten und sie mit heißer Liebe umfassen und, wenn sie euch groß dünkt, daran denken, daß kühne Männer mit Einsicht in das Nötige und voll Ehrgefühl in ihrem Tun das alles errungen haben, Männer, die sooft sie auch bei einem Unternehmen einen Fehlschlag erlitten, es doch für unwürdig hielten, die Stadt ihres Heldenmutes zu berauben, und das schönste Opfer darbrachten. Für das Gemeinwesen gaben sie ihr Leben hin – jeder für sich gewann unsterbliches Lob und ein weithin berühmtes Grab; und nicht nur eine Inschrift auf dem Ehrenmal in der Heimat kündet von ihnen, sondern auch in der Fremde wohnt in jedermann ungeschriebenes Gedenken – mehr ihres Wesens als ihrer Taten. Ihnen eifert jetzt nach, erkennt das wahre Glück in der Freiheit, die Freiheit aber in kühnem Mut und schaut nicht ängstlich auf die Gefahren des Krieges. Nicht wer im Elend lebt und keinen Wandel zum Guten erwarten darf, hat rechten Grund, sein Leben einzusetzen, wohl aber, wem der gegenteilige Umschwung im Leben noch droht und für wen der Unterschied gewaltig ist, falls er einmal stürzt. Denn schmerzlicher ist für einen Mann von Ehrgefühl die Schmach der Feigheit als der im Bewußtsein der Kraft und der gemeinsamen Hoffnung eintretende empfindungslose Tod.

Deshalb will ich auch ihre Eltern, so viele von ihnen anwesend sind, nicht beklagen, sondern trösten. In wechselvollen Zeitläuften aufgewachsen, wissen sie, daß Glück nur bedeutet, des ruhmvollsten Todes, wie diese jetzt, oder Leides, wie ihr, teilhaft zu werden, oder daß des Lebens Dauer so zugemessen wurde, darinnen glücklich zu sein und zu sterben. Schwer ist es, ich weiß, euch davon zu überzeugen; noch oft werdet ihr euch an sie erinnern müssen bei anderer Leute Glück, in dem ihr einst selbst erstrahltet; schmerzlich ist es ja nicht, eines Gutes beraubt zu werden, das man nie gekannt hat, wohl aber, eines zu verlieren, woran man gewöhnt war. Standhaft im Leid muß also sein, in der Hoffnung auf neue Kinder, wer noch jung genug ist, Kinder zu zeugen. In manchen Häusern werden die nachwachsenden die nicht mehr lebenden in Vergessenheit sinken lassen, und der Stadt bringt es zweifachen Vorteil, sie wird nicht entvölkert und bleibt gesichert. Es kann nämlich niemand mit gleichem und gerechtem Sinn im Rat sprechen, wer nicht unter Einsatz seiner Kinder wie alle anderen an der Gefahr mitträgt. Und ihr, die ihr über das Mannesalter hinaus seid, haltet für umso größeren Gewinn das Leben, das ihr im Glück verbrachtet, im Bewußtsein, daß der Rest kurz sein wird, und richtet euch auf am Ruhm eurer Kinder. Denn das Ehrgefühl allein altert nicht, und im nutzlosen Greisenalter erfreut nicht so sehr der Gewinn, wie manche sagen, sondern die Ehre.

Euch Söhnen, die ihr anwesend seid, und Brüdern, sehe ich einen harten Wettkampf voraus – denn die Toten pflegt jedermann zu loben –, und nur schwer, bei übermäßiger Leistung, werdet ihr ihnen nicht etwa gleich, aber doch nur wenig geringer geachtet werden. Neid erwächst den Lebenden im gegenseitigen Wetteifer, nur was uns nicht mehr im Wege steht, wird mit unumstrittener Gunst verehrt.

Wenn ich noch der weiblichen Tugenden all derer, die jetzt als Witwen leben werden, gedenken soll, so will ich mit einem kurzen Zuspruch alles aufzeigen: Hinter der euch angeborenen Natur nicht zurückzubleiben wird euer großer Ruhm sein, und wenn von einer im Guten wie im Schlechten am wenigsten unter Männern geredet wird.

So habe auch ich in einer Rede nach dem Brauch gesagt, was ich für angemessen hielt. Durch die Tat wurden die Bestatteten schon jetzt geehrt, andererseits wird die Stadt ihre Söhne auf öffentliche Kosten bis zum Mannesalter aufziehen und so den Toten und den Hinterbliebenen einen wertvollen Kranz für solche Kämpfe aussetzen; denn wo die edelsten Preise den mannhaften Sinn lohnen, in der Stadt leben auch die besten Bürger.

Nun beklagt eure Angehörigen und dann geht.

*Die Rede ist hier mit freundlicher Genehmigung des Verlags Philipp Reclam jun. nach der Neuübersetzung von Helmuth Vretska und Werner Rinner (Reclams Universal-Bibliothek 1808, Stuttgart 2000) wiedergegeben.*

Kai Brodersen

# Boudicca
# Kampf gegen Rom
# (61 n.Chr.)

„Plötzlich wurde der Abfall der ganzen römischen Provinz Britannien gemeldet. Der König des Stammes der Icener, Prasutagus, der seit langem wegen seines Reichtums berühmt war, hatte den römischen Kaiser neben seinen beiden Töchtern zum Erben eingesetzt, weil er glaubte, durch eine solche Unterwürfigkeit Reich und Familie sicherstellen zu können. Doch war das Gegenteil geschehen: Nach dem Eintritt des Erbfalls wurde sein Land wie nach einer Eroberung von römischen Centurionen, sein Palast von Sklaven verwüstet. Gleich zu Beginn wurde seine Gattin Boudicca mißhandelt, seine Töchter wurden vergewaltigt. Den vornehmsten Icenern raubte man ihre Erbgüter, die Verwandten des Königs behandelte man wie Sklaven. Wegen dieser Schmach und aus Furcht vor noch schlimmeren Bedrückungen griffen die Icener, die man schon förmlich zu Provinz-Bewohnern gemacht hatte, zu den Waffen und brachten auch die Trinovanten dazu, den Krieg wieder aufzunehmen, ebenso alle anderen Stämme, die sich – noch nicht durch das Sklavenjoch gebrochen – heimlich verschworen hatten, ihre Freiheit wiederzugewinnen."

Noch keine zwanzig Jahre waren vergangen, seit Kaiser Claudius den Südosten Britanniens zu einer abgabepflichtigen Provinz des Römischen Reichs gemacht hatte – da kam es, wie der römische Historiker Tacitus (um 55-120 n.Chr.) in dem eben zitierten Text (*Annalen* 14, 30) berichtet, während der Herrschaftszeit des Nero unter der Führung der Boudicca (sie wird auch Buduika, Boudica oder Boadicea genannt) zum Abfall des romfreundlichen Stammes der Icener und seiner Nachbarn vom Reich.

Zuerst richtete sich der Zorn der Aufständischen gegen das Symbol römischer Herrschaft, die nahegelegene römische Veteranensiedlung (*colonia*) Colchester (*Camulodunum*) mit ihrem Tempel für den Kaiserkult. Bald aber fielen auch das blühende London (*Londinium*) und die Stadt St.Albans (*Verulamium*), so daß dem bisher zögernden römischen Befehlshaber Suetonius Paullinus nun nur noch die offene Schlacht blieb. Dazu Tacitus: „Suetonius hatte schon die XIV. Legion mit den Veteranen der XX. Legion, dazu die Truppen der Bundesgenossen aus der Nachbarschaft bei sich, zusammen etwa 10.000 Mann. Da entschloß er sich, seine abwartende Haltung aufzugeben und eine offene Schlacht zu wagen. ... Die Truppen der Britannier schwärmten allenthalben in Haufen und Schwadronen umher: Es war eine sonst noch nie gesehene Masse, von so trotzigem Mut beseelt, daß sie als Zeugen ihres Sieges sogar ihre Frauen mitbrachten und auf Wagen setzten, die am äußersten Rand der Ebene standen."

Die Reden, die Tacitus (*Annalen* 14, 35f.) den beiden Befehlshabern vor jener Schlacht (deren genauer Ort nicht bekannt ist) in den Mund legt, geben ihm Gelegenheit zur Charakterisierung der beiden Seiten. Über den römischen Befehlshaber schreibt Tacitus: „Suetonius schwieg vor einer so großen Entscheidung nicht. Obwohl er der Tapferkeit seiner Soldaten vertraute, mahnte und bat er sie, das Kampfgetöse und die leeren Drohungen der Barbaren zu verachten: Man sehe ja drüben mehr Frauen als Krieger! Die unkriegerische und unbewaffnete Menge, die schon so oft von uns geschlagen wurde, werde sofort die Flucht ergreifen, wenn sie die Schwerter und die Tapferkeit unserer sieggewohnten Truppen wiedererkannt hätten. Auch wenn zahlreiche Legionen auf dem Platz wären, seien es doch immer nur wenige Kämpfer, die die Schlachten entschieden; und ihr Ruhm werde um so größer sein, wenn sie als kleine Gruppe den Ruhm eines ganzen Heeres gewännen. Sie sollten nur in dichtgedrängten Reihen und nach dem Werfen der Speere mit den Schildbuckeln und Schwertern die Feinde niederstoßen, immer nur töten und nicht an Beute denken. Wenn der Sieg errungen sei, werde alles nur ihnen zufallen."

Über die britische Königin heißt es bei Tacitus: „Boudicca fuhr – ihre Töchter auf dem Wagen vor sich – von Stamm zu Stamm und beteuerte, es sei bei den Britanniern ohnehin nichts Neues, von Frauen in die Schlacht geführt zu werden; heute aber kämpfe sie, die von so hohen Ahnen abstamme, nicht um ihr

Reich und ihre Schätze, sondern räche wie eine Frau aus dem Volk ihre verlorene Freiheit, ihren mißhandelten Leib und ihre vergewaltigten Töchter. Die Römer trieben es mit ihren Lüsten so weit, daß sie keine Leiber ungeschändet ließen, nicht einmal das ehrwürdige Alter oder die Jungfräulichkeit. Die Götter aber würden gerechte Rache üben: Eine Legion, die den Kampf gewagt habe, sei vernichtet worden, und die anderen Soldaten versteckten sich im Lager oder dächten an Flucht; diese würden nicht einmal das tosende Kampfgeschrei von so vielen Tausenden ertragen, geschweige ihren Angriff und ihren Arm. Wenn sie sich vergegenwärtigten, wie viele Bewaffnete sie seien und welche Ursachen dieser Krieg habe, könne es in diesem Kampf nur den Sieg oder aber den Tod geben. Das sei ihr Vorsatz, der einer Frau – sollten doch die Männer am Leben bleiben und Sklaven werden!"

Noch markanter ist freilich die Rede, die der römische Historiker Cassius Dio (um 150-235 n.Chr.) in seiner *Römischen Geschichte* (62, 2ff.) die Königin Boudicca in Zusammenhang mit der Erhebung halten läßt. Er schreibt: „Boudicca sammelte ihr Heer, an die 120.000 Mann, und stieg sodann auf ein Tribunal, das nach römischer Art aus Erde aufgeschüttet war. Sie selbst war hochgewachsen und in ihrer Erscheinung furchterregend. Ihre Augen blitzten, und sie besaß eine rauhe Stimme. Dichtes, hellblondes Haar fiel ihr bis zu den Hüften herab, um den Nacken trug sie eine große goldene Kette. Das Gewand, das sie trug, war bunt und wurde teils von einem dicken, durch eine Nadel zusammengehaltenen Mantel bedeckt. Nun ergriff sie eine Lanze, um auch auf diese Weise alle ihre Zuhörer in Schrecken zu versetzen, und hielt eine Rede." Es ist diese Rede, in der die antike Kritik am Römischen Reich markanten Ausdruck findet, die im folgenden wiedergegeben ist.

Die eigentliche Schlacht verlief, wie wiederum Tacitus berichtet, äußerst blutig: Die schließlich erfolgreichen Römer „schonten nicht einmal das Leben der Frauen, und die ebenfalls von den Geschossen durchbohrten Zugtiere ließen den Leichenhaufen noch mehr anwachsen. Glänzend war der an diesem Tag erworbene Ruhm und stand den Siegen der Vergangenheit nicht nach: Einige berichten nämlich, daß 80.000 Britannier gefallen seien, während von unseren Soldaten nur ungefähr 400 getötet und nicht viel mehr verwundet wurden." Auch wenn man hier – wie auch sonst oft – die Angaben zur Zahl der Verluste bezweifeln darf, stand der römische Sieg fest. Nach dieser Niederlage beendete die britannische Heerführerin Boudicca ihr Leben „durch Gift" – so Tacitus (*Annalen* 14, 37) – oder aber „erkrankte und starb" – so Cassius Dio (*Römische Geschichte* 62, 12), der hinzufügt: „Die Britannier betrauerten sie tief und richteten ihr ein prunkvolles Begräbnis aus." Würde man dieses Grab finden, wäre dies wohl eine Sensation; einem hartnäckigen Gerücht zufolge ist Boudiccas Grab unter Bahnsteig 8 des Londoner Bahnhofs King's Cross zu suchen, den aufzugraben freilich der tägliche Strom von Reisenden verbietet. Alle London-Touristen erinnert aber die vor einem Jahrhundert, 1902, von Thomas Thornycroft geschaffene Plastik der Königin und ihrer Töchter auf einem Streitwagen, die in der Nähe des berühmten Uhrturms ‚Big Ben' steht, an Boudicca; sie verkörpert hier den Freiheitswillen Britanniens überhaupt.

Den Römern freilich war dieser Freiheitswille nun unterlegen – und die Folge von Boudiccas Niederlage für das römische Britannien konnte Tacitus (*Agricola* 16) mit einem Satz zusammenfassen: „Der glückliche Ausgang einer einzigen Schlacht brachte die Provinz in ihre alte Unterwürfigkeit."

## Boudicca
## Aufruf zum Kampf gegen Rom
## im Jahr 61 n.Chr.

„Aus den Tatsachen selbst habt ihr erfahren, wie sehr sich Freiheit und Sklaverei unterscheiden. Auch wenn sich einige von euch früher, weil sie nicht wußten, was das Bessere sei, von den lockenden Versprechungen der Römer haben täuschen lassen, so habt ihr doch jetzt beides erprobt und somit gelernt, was für einen großen Fehler ihr gemacht habt, als ihr einer von außen hergeholten Gewaltherrschaft den Vorzug vor der einheimischen Lebensweise gegeben habt. Ihr seid zu der Einsicht gekommen, um wieviel besser Armut ohne Fremdbestimmung als Wohlstand mit Sklaverei ist!

Welche Art schmachvollster und schmerzlichster Behandlung

haben wir nicht über uns ergehen lassen müssen, seitdem diese Menschen in Britannien erschienen sind? Hat man uns nicht die meisten, und gerade die wertvollsten Besitztümer geraubt? Müssen wir nicht für den verbliebenen Rest Abgaben entrichten? Zahlen wir nicht zusätzlich zu der Verpflichtung, all unsere sonstigen Besitzungen für sie beweiden und beackern zu müssen, auch noch eine jährliche Abgabe für unsere bloßen Körper? Wieviel besser wäre es doch gewesen, ein für allemal an gewisse Gebieter verkauft zu sein als leere Worte von Freiheit zu hören und sich dann Jahr für Jahr loskaufen zu müssen! Wieviel besser, erschlagen und tot zu sein, als mit einer Steuerlast auf dem Haupt herumzulaufen! Doch warum sprach ich vom Tod? Ist doch selbst das Sterben bei ihnen nicht kostenlos; ihr wißt vielmehr, was für gewaltige Abgaben wir sogar für unsere Verstorbenen zu entrichten haben! Bei den übrigen Menschen schenkt der Tod sogar denen, die anderen Sklavendienste leisten müssen, die Freiheit, bei den Römern jedoch bleiben zu deren Vorteil auch noch die Toten lebendig!

Wie kommt es, daß wir, obgleich keiner von uns Geld besitzt – wie und woher sollten wir denn auch so etwas haben? –, ausgezogen und ausgeplündert werden wie die Opfer von Mördern? Und warum sollten wir bei den Römern damit rechnen können, daß sie sich im Laufe der Zeit mäßigen werden, wo sie sich doch gleich zu Beginn – wo alle Menschen sogar gegenüber eben gefangenen wilden Tieren Rücksicht kennen – in einer solchen Weise gegen uns verhalten haben?

Um die Wahrheit zu sagen: Wir selbst haben uns die Schuld an allen diesen Übeln zuzuschreiben, denn wir ließen die Römer überhaupt einen Fuß auf die Insel setzen und haben sie nicht sofort vertrieben, wie wir es einst mit jenem berühmten Iulius Caesar taten. Auch ließen wir ihnen nicht – so wie dem Augustus und Gaius Caligula gegenüber – aus der Ferne den bloßen Versuch einer Überfahrt als gefährliches Unternehmen erscheinen. Die Folge davon war: Wir bewohnen zwar eine so große Insel, ja – wie man sagen könnte – einen meerumspülten Erdteil, besitzen eine eigene Welt und sind durch den Ozean von all den übrigen Menschen so weit getrennt, daß man glauben könnte, wir lebten auf einer anderen Erde und unter einem anderen Himmel, und daß einige von jenen Leuten – und gerade die größten Gelehrten – bisher nicht einmal unseren Namen sicher kannten. Doch trotz alledem wurden wir mißachtet und mit Füßen getreten von Menschen, die sich auf nichts anderes als auf das Gewinnmachen verstehen!

Wenn wir es auch früher versäumten, so wollen wir doch jetzt, meine Landsleute, Freunde und Blutsbrüder – ich sehe nämlich in euch allen Verwandte, da ihr Bewohner einer einzigen Insel seid und einen einzigen Namen gemeinsam tragt –, in dieser späten Stunde unsere Pflicht tun, solange wir uns noch daran erinnern können, was Freiheit ist, damit wir unseren Kindern nicht nur den Begriff ‚Freiheit', sondern auch die wirkliche Freiheit übergeben können! Wenn wir nämlich den glücklichen Zustand, in dem wir geboren und erzogen wurden, völlig vergessen, was werden dann jene einmal tun, die bereits in Sklaverei aufgewachsen sind?

Von all dem rede ich nicht, um euch mit Haß gegen die gegenwärtigen Zustände – diesen tragt ihr ja bereits in euch – oder mit Furcht vor der Zukunft zu erfüllen – diese Furcht fühlt ihr ja schon; ich will euch vielmehr loben, weil ihr aus eigenem Antrieb alles Notwendige wählt, und dafür danken, daß ihr mir und euch so bereitwillig helft.

Habt keinerlei Angst vor den Römern! Sie sind weder zahlreicher noch tapferer als wir. Als Beweis kann euch folgendes dienen: Sie haben sich mit Helmen, Brustpanzern und Beinschienen umhüllt und dazu noch mit Palisaden, Mauern und Gräben versehen, um durch feindlichen Angriff keinen Schaden zu erleiden. Aus Furcht geben sie nämlich dieser Kampfesweise den Vorzug gegenüber dem Draufgängertum, wie wir es lieben. Tatsächlich sind wir ihnen so weit an Tapferkeit überlegen, daß wir unsere Zelte für sicherer als ihre Wälle und unsere Schilde für einen besseren Schutz halten als ihre Rüstung, die vom Kopf bis zum Fuß reicht. So können wir sie im Falle eines Sieges zu Gefangenen machen – und bei einer Niederlage uns ihnen entziehen. Und wenn wir uns je zu einem Rückzug irgendwohin entschließen wollen, dann verstecken wir uns in solch unzugänglichen Sümpfen und Gebirgen, so daß man uns weder aufspüren noch fassen kann. Die Römer hingegen können wegen ihrer schweren Rüstung niemanden verfolgen und auch nicht selbst entkommen – und wenn sie uns dennoch einmal entwischen, dann suchen sie an bestimmten Punkten Zuflucht und schließen sich dort wie in eine Falle ein.

Und nicht nur hinsichtlich des eben Gesagten sind sie uns weit unterlegen, sondern auch darin, daß sie Hunger und Durst, Kälte und Hitze nicht so ertragen können wie wir; vielmehr brauchen sie Schatten und Obdach, geknetetes Brot, Wein und Olivenöl, und wenn eines davon fehlt, sind sie des Todes. Uns Britanniern hingegen dient jedes Gras und jede Wurzel als Brot, jeder Pflanzensaft als Olivenöl, jedes Wasser als Wein, jeder Baum als Wohnstätte. Außerdem ist uns die Landschaft hier vertraut und kommt uns zu Hilfe, während sie sich den Gegnern unbekannt und feindlich erweist. Was schließlich die Flüsse betrifft, so durchschwimmen wir sie nackt, die Römer indes können sie nicht einmal zu Schiff leicht überqueren!

So wollen wir gegen sie ins Feld ziehen und kühn auf unser gutes Glück vertrauen! Wollen wir ihnen beweisen, daß sie als Hasen und Füchse, die sie doch nur sind, sich erdreisten, über Hunde und Wölfe herrschen zu wollen!“

Nachdem Boudicca so gesprochen hatte, bediente sie sich einer Art Zukunftsdeutung und ließ aus dem Bausch ihres Gewands einen Hasen entwischen. Der rannte nun auf die Seite, die sie für die günstige hielten, worauf die Masse in einen Jubelruf ausbrach. Boudicca hob nun ihre Hand zum Himmel und rief:

„Ich danke dir, Siegesgöttin Andraste, und rufe dich an, wie eben eine Frau zur Frau spricht. Ich herrsche weder über lastentragende Ägypter wie einst Nitokris noch über handeltreibende Assyrer wie Semiramis – denn davon haben wir schon durch die Römer erfahren –, viel weniger über die Römer selbst wie einst Messalina und später Agrippina und jetzt Nero, der zwar dem Namen nach ein Mann, tatsächlich aber ein Weib ist, wie er durch seinen Gesang, sein Leierspiel und seinen Schmuck bestätigt hat. Nein, ich gebiete vielmehr über britannische Männer, die nichts vom Ackerbau oder Handwerk verstehen, aber in der Kriegskunst gründlich ausgebildet sind und alles – selbst Kinder und Frauen – für Gemeinbesitz halten, so daß letztere es den Männern an Tapferkeit gleichtun. Als Königin über solche Männer und Frauen bitte ich dich und fordere ich von dir, daß du uns Sieg, Rettung und Freiheit gegenüber übermütigen, ungerechten, unersättlichen und ruchlosen Männern verleihen mögest – sofern wir Menschen als Männer bezeichnen dürfen, die in warmem Wasser baden, künstlich zubereitete Leckerbissen verspeisen, ungemischten Wein trinken, sich mit Myrrhe einsalben, auf weichen Polstern mit Knaben – schon abgeblühten Burschen freilich – als Bettgenossen schlafen und als Sklaven einem Leierspieler, und zwar einem schlechten, dienen. Daher soll dieses Weib, Domitia-Nero, nicht mehr über mich oder über euch Männer herrschen! Laßt doch das Weib singen und seine Römer beherrschen – verdienen sie es doch sicherlich, Sklaven solch einer Frau zu sein, nachdem sie sich so lange unter ihre Tyrannei gebeugt haben. Doch uns, Herrin, sollst immer du allein anführen!"

Nachdem Boudicca etwa in dieser Art zu ihrem Volk gesprochen hatte, führte sie das Heer gegen die Römer.

*Der Text folgt hier mit freundlicher Genehmigung des Verlags Artemis & Winkler der Gesamtübersetzung der Römischen Geschichte des Cassius Dio von Otto Veh (5 Bde., Bibliothek der Alten Welt, Zürich und München 1985-1987).*

Karl-Friedrich Krieger

# Papst Urban II.
# Aufruf zum Kreuzzug
# (1095)

Am 27. November des Jahres 1095 drängte sich eine unübersehbare Menschenmenge vor den Mauern der Stadt Clermont in der Auvergne zusammen. Was war geschehen? Papst Urban II., der seit zehn Tagen in der Stadt weilte und das hierhin einberufene Konzil leitete, hatte für diesen Tag eine wichtige Rede angekündigt. Da offensichtlich mit einer großen Zuhörerschaft gerechnet wurde, war der Ort des Geschehens von der Kathedrale auf das weiträumige Gelände vor dem Osttor der Stadt verlegt worden, wo inmitten der herbeigeströmten Menge der Thronsessel des Papstes errichtet worden war.

Die Zuhörer hatten sicher das Gefühl, daß ihnen etwas Besonderes geboten wurde; schließlich hatte man auch im Mittelalter nicht jeden Tag die Möglichkeit, einen Papst leibhaftig von Angesicht zu Angesicht zu erleben. Aber wir dürfen auch annehmen, daß kaum einer der Anwesenden ahnen konnte, daß er geradezu Zeuge einer ‚historischen Sternstunde' werden würde. Erst dem Historiker bleibt es vorbehalten, aus der Rückschau heraus zu konstatieren, daß diese Papstrede gewissermaßen zur Initialzündung für eine große Massenbewegung wurde, die über zwei Jahrhunderte andauern sollte und unter dem Sammelbegriff ‚Kreuzzüge' in die Geschichte eingegangen ist.

Die Wirkung dieser Ansprache muß gewaltig gewesen sein. Schon während seiner Rede wurde der Papst immer wieder von Begeisterungsrufen der erregten Menge unterbrochen, und am Ende brach unter den Anwesenden fromme Ekstase oder eine Art Massenhysterie – wie man es auch nennen mag – aus. Unter den Rufen „Gott will es" stürzte man sich auf rote, dann auch auf bunte Tücher, riß sie in Streifen, um hieraus Kreuzeszeichen zu bilden und sich diese an die Gewänder zu heften. Von Clermont aus sprang die Kreuzzugsbewegung – übermittelt von zahlreichen Wanderpredigern und unterstützt durch weitere päpstliche Aufrufe – in Windeseile auf das übrige Frankreich über, und wie ein großer Flächenbrand erfaßte sie bald das gesamte christliche Abendland – über alle Grenzen hinweg und quer durch alle Gesellschaftsschichten.

Natürlich war erste Voraussetzung für diesen Erfolg, daß der selbst aus Frankreich stammende Papst seine meist aus Landsleuten bestehende Zuhörerschaft nicht in der Kirchensprache Latein, sondern auf französisch ansprach, was auch die Laien verstehen konnten. Für die Wirkung war – dies wird man wohl kaum bezweifeln können – vor allem aber auch der Inhalt der Rede von entscheidender Bedeutung.

Doch was hat der Papst seinen Zuhörern eigentlich konkret gesagt? Obwohl vier Zeitgenossen, von denen einer mit Sicherheit und die anderen mit hoher Wahrscheinlichkeit als Augen- und Ohrenzeugen bei dem großen Ereignis anwesend waren, alle eine „wörtliche" Version der Rede zumindest in ihren wesentlichen Passagen überliefern, ist diese Frage nicht einfach zu beantworten. Denn alle vier Fassungen weichen nicht nur im Wortlaut, sondern auch in der Sache voneinander ab, was nicht verwundert, wenn man bedenkt, daß alle Autoren erst einige Jahre später unter dem Eindruck des ersten Kreuzzuges, der zur Eroberung Jerusalems und zur Gründung der Kreuzfahrerstaaten geführt hatte, ihren Bericht über die Rede niedergeschrieben haben. Im Grunde müssen wir daher davon ausgehen, daß keiner der Autoren eine historisch authentische Fassung der Rede bietet, sondern daß alle mehr oder weniger die eigene Bewertung in ihre Darstellung haben einfließen lassen und durch Auslassung ihrer Ansicht nach weniger wichtiger oder sogar durch Hinzufügung ursprünglich nicht enthaltener Passagen neue Akzente gesetzt haben. Vor diesem Hintergrund hat bereits die ältere Forschung (so D.C. Munro) versucht, durch einen sorgfältigen Vergleich der überlieferten zeitgenössischen Fassungen wenigstens mit einer gewissen Wahrscheinlichkeit den Kern der historischen Rede zu rekonstruieren. Dabei ist deutlich geworden, daß vor allem zwei Fassungen, obwohl sie sich selbst erheblich voneinander unterscheiden, doch zusammengenommen mit hoher Wahrscheinlichkeit alle wesentlichen Passagen der Originalrede enthalten. Da diese beiden Versionen auch vom angenommenen Abfassungszeitpunkt her dem Ereignis von Clermont zeitlich am nächsten kommen, sollen sie im folgenden in deutscher Übersetzung im Wortlaut wiedergegeben werden.

Besteht somit für den Leser wenigstens eine Chance, sich auf diese Weise einen unmittelbaren Eindruck von der Argumentation des Papstes zu verschaffen, verspricht der Vergleich dieser beiden Fassungen außerdem Antworten auf weitere in diesem Zusammenhang interessierende Fragen zu geben: Welche Gründe waren es eigentlich, die die Massen damals dazu bewogen haben, den Aufrufen zu folgen und sich den Kreuzzügen anzuschließen? Und: Entsprach die entstehende Massenbewegung eigentlich den ursprünglichen Intentionen des Papstes oder entfaltete sie bald eine Eigendynamik, auf die die Kurie nur noch reagieren konnte?

Bei den beiden Versionen der Papstrede, die nun näher betrachtet werden sollen, stammt die erste aus der Feder des Chronisten Fulcher von Chartres (1059-1127), der nach allgemeiner Auffassung als Ohrenzeuge das Ereignis von Clermont miterlebte, anschließend im Gefolge zunächst des Grafen Stefan von Blois, dann als Kaplan Balduins von Boulogne, des späteren Grafen von Edessa und Königs von Jerusalem, am ersten Kreuzzug teilnahm. Wahrscheinlich als Kanoniker der Grabeskirche in Jerusalem schrieb er bereits kurz nach 1100 seine Erlebnisse im Rahmen der ersten Redaktion seiner Geschichte des Königreichs Jerusalem (*Historia Hierosolymitana*) nieder, wobei ihm die Forschung für sein gesamtes Werk, was Zuverlässigkeit und Detailtreue angeht, ein sehr gutes Zeugnis ausgestellt hat.

Die zweite Version verdankt ihre Entstehung einer Initiative des Abts Bernhard von Marmoutier, der in der Zeit zwischen 1101 und 1107 auf eine anonyme Geschichte des ersten Kreuzzuges (*Gesta Francorum*) gestoßen war, die, da sie über die Anfänge wenig berichtete, sein Mißfallen erregt hatte. Er veranlaßte daher den Benediktinermönch Robert vom Remigiuskloster in Reims, der als Augenzeuge am Konzil in Clermont teilgenommen hatte, die Chronik entsprechend zu überarbeiten und zu ergänzen. Robert der Mönch dürfte sich dieser Aufgabe kaum vor 1102, wahrscheinlich erst einige Jahre später, angenommen haben. Auch der hieraus entstandenen, im Mittelalter sehr verbreiteten Chronik hat die Forschung einen hohen Quellenwert bescheinigt.

Vergleichen wir nun die beiden Fassungen miteinander, so werden zunächst – bei allen Unterschieden im einzelnen – doch die Grundlinien der Ansprache deutlich: Schon seit längerem sind beunruhigende Nachrichten aus dem Orient an das Ohr des Papstes gedrungen. Vor allem das ruchlose Volk der Türken hat die christlichen Glaubensbrüder in mehreren Schlachten besiegt und ist weit auf das Gebiet des byzantinischen Reiches vorgedrungen. Unzählige Christen wurden dabei getötet und gefangengenommen. Die Angreifer haben die Kirchen zerstört und das Land verwüstet; es ist daher dringend erforderlich, die schon oft erbetene und versprochene Hilfe jetzt schnell und entschlossen zu leisten und die gepeinigten Glaubensbrüder vom Joch der Ungläubigen zu befreien. Deshalb bittet und ermahnt der Papst – und nicht nur er, sondern Gott selbst – alle An- und Abwesenden, statt in privaten Fehden in verwerflicher Weise gegen Glaubensbrüder zu kämpfen, Krieg gegen die Ungläubigen zu führen. Denen, die diesem Aufruf folgen, verspricht er kraft der ihm von Gott erteilten Vollmacht (in einer nicht ganz klaren Form) Vergebung ihrer Sünden.

Haben wir jetzt auch eine – nur grobe – Vorstellung vom Inhalt der päpstlichen Rede gewonnen, so wird diese doch erst verständlich, wenn wir den allgemeinen historischen Hintergrund zur Zeit des Clermonter Konzils mit in die Betrachtung einbeziehen.

Aus der Rückschau gesehen waren die Aussichten für die Kreuzzugsbewegung im Jahre 1095, als der Papst seine berühmte Rede hielt, auf den ersten Blick denkbar ungünstig. Seit dem Jahr 1054 war die Einheit zwischen der päpstlichen Kirche des Abendlandes und der byzantinischen Ostkirche zerbrochen. Nachdem schon früher mannigfache Spannungen die Beziehungen belastet hatten, kam es in diesem Jahr in Fragen des Dogmas und der Liturgie zum endgültigen Bruch, der mit der gegenseitigen Exkommunikation der beiden Kirchenoberhäupter für immer besiegelt schien. Aber auch die abendländisch-christliche Kirche selbst wurde in dieser Zeit von erbitterten Auseinandersetzungen erschüttert. Denn noch immer tobte der Investiturstreit zwischen

Kaiser und Papst, wenn auch der Höhepunkt nach dem berühmten Canossagang Heinrichs IV. und nach dem Tode des streitbaren Papstes Gregor VII. bereits überschritten war. Kaiser Heinrich IV. befand sich – wieder, muß man sagen – im Kirchenbann. Noch zu Lebzeiten Gregors hatte er auf seine Weise die Auseinandersetzung geführt, indem er einen Gegenpapst hatte aufstellen lassen, der nach wie vor – nun gegen Urban – seine Ansprüche auf den Stuhl Petri verfocht. Am Vorabend der Kreuzzüge war also nicht nur die Kirche insgesamt gespalten, sondern es gab auch zwei Päpste, wenn auch der vom Kaiser protegierte Gegenpapst nurmehr ein Schattendasein führte.

Fiel somit schon der Kaiser als weltliches Oberhaupt der Christenheit für den Kreuzzug aus, so waren auch die westeuropäischen Könige hierfür nicht einzusetzen. Der französische König Philipp I. (1060-1108) hatte seine ihn langweilende Ehefrau verstoßen und eine – ebenfalls verheiratete – französische Adlige entführt. Das sittenstrenge Reformpapsttum reagierte mit aller Härte, und die Synode von Clermont hatte unter anderem die delikate Aufgabe, gegen den Frevler in dessen eigenem Lande die höchste Kirchenstrafe, die Exkommunikation, zu verhängen.

Auch der englische König Wilhelm Rufus war für den Kreuzzug nicht ansprechbar, da er ganz damit beschäftigt war, mit der ihm eigenen, wenig kirchenfreundlichen Einstellung die normannische Herrschaft in England, die sein Vater Wilhelm der Eroberer begründet hatte, gegenüber Adel und Kirche weiter auszubauen.

Wie kam der Papst dazu, angesichts dieser – wie es scheint – wenig günstigen Umstände die Christenheit zu einem gemeinsamen militärischen Unternehmen gegen die Muslime im Orient aufzurufen? Um dies zu verstehen, muß man sich zunächst vergegenwärtigen, daß sich im Verlauf des 11. Jahrhunderts auch innerhalb des islamischen Machtbereiches in Kleinasien bedeutsame Wandlungen vollzogen hatten.

Hier war mit dem aus Innerasien stammenden Volk der Türken eine neue Macht ins Licht der Geschichte getreten, die von nun an die Entwicklung im Osten entscheidend bestimmen sollte. Im Vergleich zu den hochzivilisierten Arabern handelte es sich zunächst um wenig kultivierte Scharen, die von den Arabern als

Söldner angeheuert wurden. Vor allem dem türkischen Stamm der Seldschuken gelang es dabei jedoch bald, die arabische Welt völlig zu unterwandern und ein neues Großreich zu errichten, so daß auch in Kleinasien fast der gesamte islamische Machtbereich im Laufe des 11. Jahrhunderts zu einer türkischen Domäne wurde.

Die neuen Herren, die den islamischen Glauben angenommen hatten, erfüllten bald auch die Idee des Dschihad, des heiligen Krieges nach islamischer Lehre, wieder mit neuem Leben, indem sie die alten Angriffsziele gegen die Ungläubigen wieder aufnahmen. Dies mußte vor allem das byzantinische Kaiserreich erfahren, wo man nach der militärischen Katastrophe von Manzikert (1071) nicht verhindern konnte, daß sich in Anatolien das sogenannte ‚Rum-Seldschuken-Sultanat' (von *Rum* = [Ost-]Rom abgeleitet) mit dem Zentrum in Ikonium (heute Konya) herausbildete. Vor dem Hintergrund dieser prekären Situation entschloß sich der byzantinische Kaiser Alexios Komnenos (1081-1118) dazu, das westliche Abendland um Hilfe zu bitten. Auf der Synode von Piacenza erschien im Frühjahr des Jahres 1095 eine byzantinische Gesandtschaft, die vor dem Papst und dem versammelten Klerus in düstersten Farben die Unterdrückung der Christen durch die Türken im Orient schilderte und um die Entsendung von Söldnertruppen bat. Wenn die Berichte über die Situation der Christen in Kleinasien nach dem heutigen Forschungsstand auch stark übertrieben erscheinen, so zeigte sich doch Papst Urban II. hiervon tief beeindruckt.

Dazu kam, daß das Kirchenoberhaupt hier wohl eine Möglichkeit sah, über eine Verständigung mit dem byzantinischen Kaiser auch das Schisma im Sinne der römischen Kurie zu überwinden, zumal Alexios Komnenos in dieser Frage auch Entgegenkommen signalisiert hatte.

Endlich entsprach es auch dem neuen Selbstverständnis des Reformpapsttums, seinen Führungsanspruch gegenüber den weltlichen Gewalten, vor allem gegenüber dem Kaiser, durch ein von ihm initiiertes spektakuläres militärisches Unternehmen auf eindrucksvolle Weise zu demonstrieren. Aus der Rückschau gesehen stand somit die geschilderte trostlose politische Lage der Kreuzzugsbewegung nur scheinbar im Wege; in Wirklichkeit bot gerade der Umstand, daß der Kaiser und die westeuropäischen Könige ausfielen, dem Papst die Möglichkeit, seine hohe moralische Autorität auszuspielen und sich unmittelbar an die abendländische Ritterschaft zu wenden.

Kehren wir zu den ausgewählten Fassungen zurück, fallen – wie bereits angedeutet – neben den gemeinsamen Grundaussagen doch auch bemerkenswerte Unterschiede ins Auge. Betrachten wir unter diesem Gesichtspunkt zunächst die von Fulcher von Chartres stammende Version der Papstrede, so ist zunächst festzuhalten, daß es sich um die kürzeste aller überlieferten Fassungen handelt, die die Rede nur in einem gedrängten, notwendigerweise stark verkürzten Abriß wiedergibt. Dabei liegt der Schluß nahe, daß die selbst auferlegte Beschränkung den Autor auch dazu nötigte, sich auf die in seinen Augen wichtigsten Passagen zu Lasten des weniger Wichtigen zu beschränken. Dabei ist nun interessant, daß Fulcher einen Komplex, den nicht nur die von Robert dem Mönch stammende, sondern auch alle anderen überlieferten Fassungen ausführlich thematisieren, mit keinem Wort erwähnt: das zentrale Kriegsziel des ersten Kreuzzuges, die Befreiung des Heiligen Grabes und damit die Stadt Jerusalem aus der Hand der Ungläubigen. Dies erscheint um so verwunderlicher, als Jerusalem – und darüber besteht in der Forschung Einigkeit – nicht nur als Kriegsziel des ersten Kreuzzuges, sondern auch für die Motivation im Rahmen der Kreuzzugsbewegung an sich eine zentrale Rolle gespielt hat. In diesem Zusammenhang müssen wir uns vor Augen halten, daß allein der bloße Namen ‚Jerusalem' bei den Menschen des 11. Jahrhunderts ganz außergewöhnliche Assoziationen und Vorstellungen erweckte, die von uns heute nurmehr schwer nachempfunden werden können. Jerusalem, das war nicht nur die heilige Stadt, in der Christus am Kreuz gelitten hatte und auferstanden war; Jerusalem war in den Augen der Zeitgenossen auch eine unvorstellbar reiche Stadt, in der ‚Milch und Honig flossen' und deren Mauern und Türme mit Gold und Edelsteinen besetzt waren. Da man diese Vorstellungen nicht nur auf das Jenseits, sondern ganz konkret auch auf das irdische Leben bezog, erschien Jerusalem in der Vorstellungswelt breiter Bevölkerungskreise als Ziel aller Sehnsüchte und Glückseligkeit – kurz: als eine Art Inkarnation des paradiesischen Endzustands auf Erden.

Wie ist es also angesichts dieser Vorstellungen zu erklären, daß nach Fulcher von Chartres der Papst nur allgemein von der Hilfe für die Ostkirchen gesprochen und den Namen Jerusalems dabei aber gar nicht erwähnt haben soll, während alle anderen Chronisten die Befreiung der Stadt und des heiligen Grabes geradezu in das Zentrum der päpstlichen Rede rückten? Verschob Fulcher hier aus der Erinnerung heraus bewußt oder unbewußt die Akzente der Papstrede, oder hat Urban II. in Clermont wirklich nur die Ostkirchen insgesamt im Blick gehabt und Jerusalem selbst gar nicht oder nur am Rande erwähnt?

Ist man auf den ersten Blick auch geneigt, sich unter dem Eindruck der in diesem Punkt übereinstimmenden Berichte der übrigen drei Zeitzeugen gegen Fulchers Version zu entscheiden, so geht doch ein Teil der Forschung (so H.E. Mayer) mit guten Gründen davon aus, daß die Befreiung Jerusalems zunächst wirklich nicht im Zentrum der Überlegungen des Papstes stand und daher in seiner Rede in Clermont auch nicht oder allenfalls nur am Rande angesprochen wurde. Hiernach scheint es vielmehr so gewesen zu sein, daß der Papst und seine Berater – trotz der getroffenen Vorbereitungen – selbst von der ungeheuren, an Massenhysterie grenzenden Wirkung der Rede überrascht wurden, wobei die nun entstehende Kreuzzugsbewegung schnell eine Eigendynamik entwickelte und damit der Kontrolle ihrer Initiatoren mehr und mehr entglitt. Hatte der Papst in Clermont noch lediglich zur militärischen Hilfe für die bedrängten Ostkirchen aufgerufen, wurde diese eher vage Aufforderung von den zahllosen Wanderpredigern und ihren Zuhörern schnell in ein den Sehnsüchten der Massen entgegenkommendes konkretes Kriegsziel umgedeutet: die Befreiung des Heiligen Grabes in Jerusalem. Unter dem Eindruck dieser Entwicklung blieb der Kurie kaum eine andere Wahl, als das Beste aus der Situation zu machen und das neue Kriegsziel zu akzeptieren.

Für die These, daß Urban II. von der Wirkung seiner Rede selbst überrascht wurde und dann vor der mit der Kreuzzugsbewegung entstehenden ‚öffentlichen Meinung' kapitulierte, sprechen auch zwei weitere Punkte der Papstrede in der Fassung Fulchers, die sich in dieser Form bei den anderen Zeitzeugen nicht finden.

Dies gilt zunächst für Fulchers Bericht, wonach Papst Urban

ausdrücklich alle, ob reich oder arm, ob Ritter oder Fußkämpfer, zum Krieg gegen die Ungläubigen aufgerufen, während nach Robert dem Mönch der Papst sich vor allem an die französische Ritterschaft gewandt habe. Für Fulchers Version spricht dabei, daß zunächst gerade die Armen – und dabei sogar Kranke, Alte, Frauen und Kinder – sich dazu berufen fühlten, am Kampf gegen die Ungläubigen teilzunehmen. Diese Entwicklung gipfelte dann in einer Massenbewegung der Unterschichten, im sogenannten ‚Kreuzzug der Armen', dessen Teilnehmer unter der Führung Peters des Einsiedlers und anderer bereits Monate vor dem Ritterheer des ‚offiziellen' Kreuzzugs Anatolien erreichten, aber bereits bei der ersten Feindberührung von den Seldschuken fast vollständig niedergemetzelt wurden. Wie auch mahnende Aufrufe des Papstes unmittelbar nach seiner Rede erkennen lassen, entsprach diese Entwicklung kaum den päpstlichen Zielvorstellungen, war aber von der Kurie auch nicht mehr zu bremsen.

Daß sich die Kreuzzugsbewegung sehr schnell von den ursprünglichen Intentionen der Kirche entfernte, wird auch am Beispiel der berühmt gewordenen Passage der Rede deutlich, in der Urban II. kraft seiner von Gott erhaltenen Vollmacht geistlichen Lohn für die Teilnahme an dem Unternehmen in Aussicht stellte. Wenn auch die Tatsache, daß der Papst ein solches Versprechen abgab, kaum bezweifelt werden kann, lassen bereits die beiden ausgewählten Fassungen erhebliche Unterschiede über den Umfang dieses Versprechens erkennen. Während nach Fulcher von Chartres nur denen, die während des Unternehmens den Tod fanden, die „Vergebung ihrer Sünden" versprochen wurde, sollte dies nach Robert dem Mönch für alle gelten, auch für die überlebenden Teilnehmer. Dazu kam, daß Papst Urban offensichtlich unter „Vergebung der Sünden" etwas anderes meinte, als die Masse der Zuhörer und vor allem die „öffentliche Meinung" der sich formierenden Kreuzzugsbewegung später hierunter begriffen haben.

Um dies zu verstehen, muß man sich die katholische Kirchenlehre zum Sündenerlaß vor Augen führen – und zwar in der Form, in der sie gegen Ende des 11. Jahrhunderts ausgebildet war. Hiernach erlangte der reuige Sünder durch die Beichte und die anschließende Absolution die Vergebung seiner Sündenschuld durch Gott, verbunden mit der Umwandlung der ewigen Höllenstrafe in zeitlich begrenzte Sündenstrafen, die ihn bereits auf dieser Erde oder auch im Jenseits, in der Form des Fegefeuers, treffen konnten. Im Rahmen des Bußsakraments wurde also nach katholischer Lehre nur die Sündenschuld getilgt; die Folgen der Sünden blieben als von Gott verhängte zeitliche Sündenstrafen bestehen. Um diese zu tilgen, erlegte die Kirche dem Sünder im Anschluß an die Absolution gewisse Bußleistungen – als Anrechnung auf die zu erwartenden Sündenstrafen – auf. Damit beim jüngsten Gericht Gott das „Bußangebot" als Äquivalent der verwirkten Sündenstrafen anerkannte, neigte man in der frühmittelalterlichen Praxis regelmäßig dazu, harte Bußstrafen auszusprechen. Trotzdem konnte niemand – auch nicht der Papst – garantieren, daß Gott dieses Angebot akzeptieren und dem Sünder alle Sündenstrafen erlassen werde. Wie vor diesem Hintergrund das Versprechen Urbans II. auf „Sündenerlaß" zu verstehen war, geht deutlich aus dem hierzu einschlägigen, offiziellen Konzilsbeschluß von Clermont hervor, wonach allen, die allein aus Frömmigkeit am Kreuzzug teilnahmen, diese Teilnahme „an Stelle aller kirchlich auferlegter Bußstrafen" (*pro omni poenitentia*) angerechnet werden sollte. Der Papst versprach daher in seiner Rede sicher nur das, was er – theologisch vertretbar – auch versprechen konnte, wobei dies angesichts der verbreiteten drakonischen Bußpraxis auch nicht wenig war.

Genauso sicher scheint aber zu sein, daß bereits die meisten Zuhörer in Clermont wie auch die zahllosen Wanderprediger, die den Aufruf an der Basis weiter vermittelten, das Versprechen des Papstes gründlich mißverstanden haben, nämlich im Sinne einer Garantie der Kirche, daß Gott die Teilnahme am Kreuzzug mit dem Erlaß der Sündenstrafen belohnen werde. Daß es zu diesem Mißverständnis kommen konnte, lag dabei nicht nur an der komplizierten Lehrmeinung, die einfache Gemüter wohl überforderte, sondern auch an dem vereinfachenden Sprachgebrauch des „Sündenerlasses" (*remissio peccatorum*), dessen sich nicht nur der Klerus an der Basis, sondern auch der Papst selbst – abgesehen von seiner Rede – in offiziellen Schreiben bediente. Bezeichnend ist auch hier, daß Papst und Kurie angesichts der ihrer Kontrolle entglittenen Kreuzzugsbewegung weder in der Lage noch ernstlich daran interessiert waren, die „öffentliche Meinung" wieder in Einklang mit der offiziellen Lehre der Kirche zu bringen. Man zog es vielmehr vor, den Widerspruch zwischen Praxis und Theorie dadurch aufzuheben, daß man gewissermaßen eine theoretische Begründung für die eingerissene Praxis nachlieferte. Als solche wurde wohl nicht vor dem Ende des 12. Jahrhunderts dann die Lehre vom ‚Kirchenschatz' entwickelt, die davon ausging, daß die Kirche über einen umfangreichen ‚Gnadenschatz' verfüge, der – gespeist durch das Leiden Christi und die Verdienste aller Heiligen und Märtyrer – sie in die Lage versetze, Gott in jedem Fall ein den verwirkten Sündenstrafen angemessenes Bußersatzangebot zu unterbreiten. Jetzt erst – mit der Besinnung auf den ‚Kirchenschatz' – wurde die theoretische Grundlage für die sich von nun an weiter entwickelnde katholische Ablaßlehre geschaffen.

Beide Zeitzeugen, Fulcher von Chartres wie auch Robert der Mönch, dürften das Versprechen Papst Urbans II. in Clermont als Erlaß der Sündenstrafen mißverstanden haben. Dabei scheint wieder Fulcher von Chartres dem Konzil und den ursprünglichen Intentionen des Papstes und der Kurie näher zu kommen als Robert der Mönch. Als einziger der Zeitzeugen, die über die Rede berichteten, scheint er die Worte des Papstes, wie er sie verstand, als eine theologische Neuerung von außergewöhnlicher Tragweite erkannt zu haben, die seiner Ansicht nach nicht wahllos auf alle, sondern nur auf einen engeren Kreis von Teilnehmern anwendbar war. In diesem Sinne war es folgerichtig, daß nach seiner Version das päpstliche Ablaßangebot in Clermont auf die Teilnehmer beschränkt war, die „auf der Fahrt, zu Lande oder zu Wasser oder in der Schlacht gegen die Heiden ihr Leben verlieren". Da weder der offizielle Konzilsbeschluß noch die übrigen überlieferten Versionen der Papstrede von dieser Beschränkung ausgehen, spricht wenig dafür, daß der Papst wirklich die Worte gebraucht hat, die ihm Fulcher von Chartres in den Mund legt. Eher zeigt sich hier wohl der Versuch des gebildeten Theologen, das päpstliche Versprechen mit der überlieferten Kirchenlehre in Einklang zu bringen, da diejenigen, die im Auftrag der Kirche für den christlichen Glauben ihr Leben gewissermaßen als Märtyrer verloren, nach Fulchers Ansicht mit einer – im Vergleich zu den übrigen Teilnehmern – höheren, schon an Gewißheit grenzenden Sicherheit darauf hoffen konnten, daß ihr Opfer mit der Fürbitte des Papstes auch im Angesicht Gottes ausreichen werde, alle fälligen Sündenstrafen zu tilgen.

Im Gegensatz zu den anderen Zeitzeugen scheint Fulcher in seiner Version außerdem den Lohngedanken auf das Versprechen geistlichen Lohnes beschränkt zu haben. So fehlen nicht nur Hinweise darauf, daß die eroberten Länder an die Kreuzfahrer fallen sollen, sondern nach Fulcher gab der Papst seinen Zuhörern auch die Aufforderung mit auf den Weg, daß die, die bisher für billigen Lohn als Soldritter gekämpft hatten, nun die Chance nützen sollten, ewigen Lohn zu erringen. Diese Konzentration auf den geistlichen Lohn entsprach auch dem offiziellen Konzilsbeschluß der für den Sündenerlaß voraussetzte, daß der Begünstigte „allein aus Frömmigkeit, nicht, um Ehre oder Geld zu erwerben" (Mansi 1767, S. 816), handelte. Ganz anders hört sich dies bei Robert dem Mönch an, wenn dieser den Papst sprechen läßt: „Tretet den Weg zum Heiligen Grab an, nehmt das Land dort dem gottlosen Volk, macht es euch untertan! Gott gab dieses Land in den Besitz der Söhne Israels; die Bibel sagt, daß dort Milch und Honig fließen …". Nach Roberts Version führte der Papst im Zusammenhang mit dem Lohngedanken in seiner Rede auch noch ein besonderes Argument für eine Teilnahme am Kreuzzug an, das in dieser Form in den anderen Fassungen nicht überliefert ist: „Denn", so läßt Robert den Papst sprechen, „dieses Land, in dem ihr wohnt, ist allenthalben von Meeren und Gebirgszügen umschlossen und beängstigend dicht besiedelt. Es fließt nicht vor Fülle und Wohlstand über und liefert seinen Bauern kaum die bloße Nahrung …" Diese Feststellung wurde auch von der historischen Forschung bestätigt, die nach wie vor in der Überbevölkerung und ihren gravierenden Folgen für die Sozial- und Wirtschaftsstruktur einen bedeutenden Motivkomplex und damit auch eine wichtige Erklärungsmöglichkeit (von vielen) für die Entstehung der Kreuzzugsbewegung sieht.

## Papst Urban II. Aufruf zum Kreuzzug am 27. November 1095

### Version bei Fulcher von Chartres

Nachdem dieses und noch anderes mehr in angemessener Form erläutert worden war, dankten alle Anwesenden, Kleriker und Laien, Gott, stimmten spontan den Worten des Herrn Papstes Urban zu und bekräftigten durch ein Treueversprechen, dessen Anordnungen genau einzuhalten. Doch alsbald fügte er [der Papst] noch hinzu, daß Weiteres, noch Schlimmeres an Heimsuchung als das bereits Angesprochene aus einer anderen Weltgegend der Christenheit drohe, und fuhr fort:

„Nachdem ihr, Söhne Gottes, also Gott bereits versprochen habt, noch mannhafter als gewohnt dafür einzustehen, Frieden unter euch zu halten und die Rechte der Kirche zu wahren, bleibt als lohnende Aufgabe, daß ihr, durch die göttlich erhabene Zurechtweisung soeben ermuntert, eure ganze Kraft auf eine andere, Gott und euch gleichermaßen berührende Angelegenheit richtet. Es ist nämlich erforderlich, euren Brüdern im Orient die schon oft versprochene Hilfe auf schnellstem Wege zu bringen. Wie den meisten von euch bekannt ist, haben die Türken, ein persisches Volk, sie angegriffen und sind bis zum Mittelmeer und dabei bis zu jenem Abschnitt, den man den Arm Sankt Georgs [Bosporus] nennt, vorgegestoßen. Als sie im Lande von Romanien [Byzanz] immer tiefer in christliche Länder vordrangen, haben sie die Christen öfter in Schlachten besiegt, wobei sie viele töteten oder in Gefangenschaft verschleppten, Kirchen zerstörten und das Reich Gottes verwüsteten. Würde man sie unbehelligt lassen, so würden die Getreuen Gottes in einem noch weiteren Umkreis unterjocht werden. Deshalb bitte ich euch demütig und ermahne euch, aber nicht nur ich, sondern der Herr ermahnt euch, daß ihr als Herolde Christi allen, welchen Standes sie auch sind, Rittern und Fußkämpfern, Reichen und Armen durch häufige Bekanntmachung zuredet, alles daran zu setzen, unverzüglich den dort wohnenden Christen zu Hilfe zu kommen, um dieses nichtswürdige Volk aus unseren Gebieten zu vertreiben. Ich spreche zu den

Anwesenden, den Abwesenden trage ich es auf, es ist aber Christus, der befiehlt. Allen aber, die dort hinziehen und während der Fahrt, zu Lande oder zu Wasser oder im Kampf mit den Heiden, ihr Leben verlieren, wird die Vergebung ihrer Sünden (*remissio peccatorum*) zuteil werden. Was ich ihnen zusage, gewähre ich kraft des mir von Gott verliehenen Amtes. Welche Schande wäre es, wenn ein so verachtenswertes, verkommenes und vom Teufel besessenes Gezücht gegenüber dem Volk des allmächtigen Gottes, auf welches, gestärkt durch den Glauben, der Name Christi seinen Glanz wirft, dermaßen die Oberhand behielte! Wie groß wird die Schmach sein, die Gott selbst euch zurechnen wird, wenn ihr nicht denen zu Hilfe kommt, die, wie ihr, zu den Bekennern des christlichen Glaubens gezählt werden! Mögen diejenigen, die sich bisher daran gewöhnt haben, auf verwerfliche Weise ihre Privatfehden gegen Glaubensgenossen zu führen, gegen die Ungläubigen kämpfen und diesen Krieg, der schon längst hätte begonnen werden sollen, zum siegreichen Ende bringen. Mögen die, die Räuber waren, zu Kämpfern Christi werden und die, die einst gegen ihre Brüder und Verwandten fochten, jetzt mit Recht gegen die Barbaren vorgehen. Mögen die, die noch vor kurzem Söldner für geringen Lohn waren, jetzt die ewige Belohnung gewinnen. Mögen die, die bisher ihre Kräfte erschöpft haben zu Lasten von Leib und Seele, sich jetzt anstrengen für eine doppelte Ehre. Was soll man noch mehr dazu sagen? Auf der einen Seite werden die Unseligen und Armen sein, auf der anderen aber die Glücklichen und wirklich Reichen; hier die Feinde des Herrn, dort aber seine Freunde. Der Aufbruch soll ohne Verzögerung erfolgen. Nachdem sie ihre Besitzungen verpachtet und sich das für die Reise erforderliche Geld beschafft haben, sollen die Kämpfer sich, wenn der Winter zu Ende geht und der Frühling kommt, unter Führung des Herrn entschlossen auf den Weg machen."

## Papst Urban II.
## Aufruf zum Kreuzzug
## am 27. November 1095

### Version bei Robert dem Mönch

Im Jahr der Fleischwerdung des Herrn 1095 wurde auf französischem Boden ein großes Konzil gefeiert, und zwar in der Auvergne, in einer Stadt namens Clermont. Den Vorsitz führte Papst Urban II., begleitet von römischen Bischöfen und Kardinälen. Dieses Konzil war von Bischöfen und auch Fürsten aus Frankreich und Deutschland ganz ungewöhnlich stark besucht. Nachdem die kirchlichen Angelegenheiten erledigt waren, ging der Herr Papst auf einen weiträumigen Platz hinaus, denn kein geschlossener Bau konnte die ganze Menge fassen. Hier setzte der Papst zu folgender Ansprache an, die sich voll Überzeugungskraft und Redekunst an alle und jeden wandte:

„Ihr Volk der Franken, ihr Volk nördlich der Alpen, ihr seid, wie eure vielen Taten erhellen, Gottes geliebtes und auserwähltes Volk, herausgehoben aus allen Völkern durch die Lage des Landes, die Katholizität des Glaubens und die Hochschätzung für die heilige Kirche. An euch richtet sich unsere Rede, an euch ergeht unsere Mahnung; wir wollen euch wissen lassen, welcher traurige Anlaß uns in euer Gebiet geführt, welche Not uns hierher gezogen hat; sie betrifft euch und alle Gläubigen. Aus dem Land Jerusalem und der Stadt Konstantinopel kam schlimme Nachricht und drang schon oft an unser Ohr: Das Volk im Perserreich, ein fremdes Volk, ein ganz gottfernes Volk, eine Brut von ziellosem Gemüt und ohne Vertrauen auf Gott [Psalm 77, 8], hat die Länder der dortigen Christen besetzt, durch Mord, Raub und Brand entvölkert und die Gefangenen teils in sein Land abgeführt, teils elend umgebracht; es hat die Kirchen Gottes gründlich zerstört oder für seinen Kult beschlagnahmt. Sie beflecken die Altäre mit ihren Abscheulichkeiten und stürzen sie um; sie beschneiden die Christen und gießen das Blut der Beschneidung auf die Altäre oder in die Taufbecken. Denen, die sie schändlich mißhandeln und töten wollen, schlitzen sie den Bauch auf, ziehen den Anfang der Gedärme heraus, binden ihn an einen Pfahl und treiben sie mit Geißelhieben solange rundherum, bis die Eingeweide ganz herausgezogen sind und sie am Boden zusammenbrechen. Sie binden manche an Pfähle und erschießen sie mit Pfeilen. Sie ziehen manchen den Hals lang, gehen mit bloßem Schwert auf sie los und versuchen, ob sie sie mit einem Streich köpfen können. Was soll ich von der ruchlosen Schändung der Frauen sagen? Davon reden ist schlechter als schweigen. Schon haben sie das Griechenreich verstümmelt und sich ein Gebiet einverleibt, das zu durchwandern zwei Monate Reise nicht hinreichen.

Wem anders obliegt nun die Aufgabe, diese Schmach zu rächen, dieses Land zu befreien, als euch? Euch verlieh Gott mehr als den übrigen Völkern ausgezeichneten Waffenruhm, hohen Mut, körperliche Gewandtheit und die Kraft, den Scheitel eurer Widersacher zu beugen. Bewegen und zu mannhaftem Entschluß aufstacheln mögen euch die Taten eurer Vorgänger, die Heldengröße König Karls des Großen, seines Sohnes Ludwig und eurer anderen Könige. Sie haben die Heidenreiche zerstört und dort das Gebiet der heiligen Kirche weit ausgedehnt. Besonders bewegen mögen euch das Heilige Grab unseres Herrn und Erlösers, das von unreinen Völkern besetzt ist, und die heiligen Stätten, die jetzt ohne Ehrfurcht behandelt und mit dem Unrat dieser Leute frech beschmutzt werden. Ihr überaus tapferen Ritter, ihr Sprößlinge unbesiegter Ahnen, entartet nicht, sondern denkt an die Tatkraft eurer Vorfahren! Wenn euch zärtliche Liebe zu Kindern, Verwandten und Gattinnen festhält, dann bedenkt, was der Herr im Evangelium sagt: Wer Vater oder Mutter mehr als mich liebt, ist meiner nicht wert [Matthäus 10, 37]; jeder, der sein Haus, Vater, Mutter, Gemahlin, Kinder oder Äcker um meines Namens willen verläßt, wird Hundertfältiges erhalten und ewiges Leben haben [Matthäus 19, 29].

Kein Besitz, keine Haussorge soll euch fesseln. Denn dieses Land, in dem ihr wohnt, ist allenthalben von Meeren und Gebirgszügen umschlossen und von euch beängstigend dicht bevölkert. Es fließt nicht vor Fülle und Wohlstand über und liefert seinen Bauern kaum die bloße Nahrung. Daher kommt es, daß ihr euch gegenseitig beißt und bekämpft, gegeneinander Krieg führt und euch meist gegenseitig verletzt und tötet. Aufhören soll unter euch der Hass, schweigen soll der Zank, ruhen soll der Krieg, einschlafen soll aller Meinungs- und Rechtsstreit! Tretet den Weg zum heiligen Grab an, nehmet das Land dort dem gottlosen Volk, macht es euch untertan! Gott gab dieses Land in den Besitz der Söhne Israels; die Bibel sagt, daß dort Milch und Honig fließen [2. Buch Moses 3, 8]. Jerusalem ist der Mittelpunkt der Erde, das fruchtbarste aller Länder, als wäre es ein zweites Paradies der Wonne. Der Erlöser der Menschheit hat es durch seine Ankunft verherrlicht, durch seinen Lebenswandel geschmückt, durch sein Leiden geweiht, durch sein Sterben erlöst, durch sein Grab ausgezeichnet. Diese Königsstadt also, in der Erdmitte gelegen, wird jetzt von ihren Feinden gefangengehalten und von denen, die Gott nicht kennen, dem Heidentum versklavt. Sie erbittet und ersehnt Befreiung, sie erfleht unablässig eure Hilfe. Vornehmlich von euch fordert sie Unterstützung, denn euch verlieh Gott, wie wir schon sagten, vor allen Völkern ausgezeichneten Waffenruhm. Schlagt also diesen Weg ein zur Vergebung eurer Sünden; nie verwelkender Ruhm ist euch im Himmelreich gewiß."

Als Papst Urban dies und derartiges mehr in geistreicher Rede vorgetragen hatte, führte er die Leidenschaft aller Anwesenden so sehr zu einem Willen zusammen, daß sie riefen: „Gott will es, Gott will es!" Wie der ehrwürdige Papst von Rom dies hörte, hob er die Augen zum Himmel, dankte Gott, gebot mit der Hand Schweigen und sprach: „Meine geliebten Brüder, heute hat sich an uns erwiesen, was der Herr im Evangelium sagt: Wo zwei oder drei in meinem Namen versammelt sind, da bin ich mitten unter ihnen [Matthäus 18, 20]. Wenn nicht der Herrgott in euren Herzen gewesen wäre, wäre euch aller Ruf nicht eins gewesen. Denn auch wenn euer Ruf vielstimmig ertönte, sein Ursprung war eins. Deshalb sage ich euch, daß Gott, der ihn euch in die Brust senkte, ihn aus euch herauszog. Dieser Ruf soll euch nun im Kampf das Losungswort sein, denn dieses Wort hat Gott gesprochen. Wenn ihr den Feind angreift und bekämpft, werden alle vom Heere Gottes dies eine rufen: ‚Gott will es, Gott will es!' "

Michael Erbe

# Martin Luther
# Gott helfe mir
# (1521)

„Hier stehe ich, ich kann nicht anders. Gott helfe mir, Amen." Diese Sätze gehören zu den geflügelten Worten unseres Zitatenschatzes, auch über den deutschen Sprachraum hinaus. Sie bilden den Schluß einer der folgenreichsten Reden der Geschichte, die Martin Luther vor dem im Frühjahr 1521 in Worms durch Kaiser Karl V. (1519-1556) versammelten Reichstag gehalten hat. Jedoch: so bekannt dieses Zitat auch ist, diese Worte hat Luther nicht so ausgesprochen. Sie finden sich vielmehr als späterer handschriftlicher Zusatz der lateinischen Fassung der Wormser Rede in der Formulierung: „Ich kann nicht anderst, hie stehe ich, Gott helff mir, Amen." Dieser Zusatz fand Eingang in die erste, noch zu Luthers Lebzeiten begonnene Gesamtedition seiner Werke, die sogenannte ‚Wittenberger Ausgabe'.

An sich ging es bei diesem ersten Reichstag in der Regierungszeit des Kaisers um die Absicherung der Wahlversprechen, die er in der Form einer „Wahlkapitulation" (d. h. eines in Einzelkapitel unterteilten Textes von Zugeständnissen an die Reichsfürsten, die ihnen u. a. weitgehende Mitbestimmung in Regierungsangelegenheiten zusicherten) hatte abgeben müssen. Nur so konnte nach der am 28. Juni 1519 in Frankfurt durch die Kurfürsten erfolgten Wahl die Krönung Karls zum deutschen König in Aachen stattfinden. Dies war am 23. Oktober 1520 der Fall, nachdem der junge Habsburger (seit 1516 König von Spanien) von den Niederlanden her kommend zum ersten Mal in seinem Leben deutschen Boden betreten hatte. Bereits in seinen niederländischen Herrschaftsgebieten hatte ihn der päpstliche Nuntius Hieronymus Aleander aufgesucht und ihn dazu bewogen, die Lehren Luthers, die in Deutschland bereits auf großen Widerhall gestoßen waren, zu verbieten. Der Kaiser selbst stand aufgrund seiner Erziehung wie auch seiner Herrschaftsauffassung treu zur Papstkirche und war der Meinung, daß es seine vornehmste Aufgabe sei, jegliche Form von Ketzerei zu unterdrücken. In Deutschland angelangt, mußte er sich indes davon überzeugen, daß die Lehren des Wittenbergers inzwischen auf breiten Widerhall gestoßen waren. Bereits die im Herbst 1517 veröffentlichten 95 Thesen Luthers gegen den Ablaßhandel, seine gegen die theologische Leitkompetenz von Papsttum und Konzilien bezogene Stellung während der Leipziger Disputation im Sommer 1519 und seine drei großen Schriften von 1520 („An den christlichen Adel deutscher Nation", „Über die Babylonische Gefangenschaft der Kirche" und „Von der Freiheit eines Christenmenschen") hatten Intellektuelle wie Volksmassen tief berührt. Auch die am 10. Dezember 1520 durch ihn vor den Toren Wittenbergs vollzogene öffentliche Verbrennung eines Drucks der päpstlichen Urkunde, mit der ihm der Kirchenbann angedroht wurde, hatte große Zustimmung gefunden. Luther artikulierte offenbar eine nicht nur in Deutschland seit langem bestehende tiefe Unzufriedenheit mit der Kirche, mit ihrem Fiskalismus und ihrer Verweltlichung sowie mit ihrer offenbaren Unfähigkeit, den für sie eigentlich wesentlichen seelsorgerischen Aufgaben gerecht zu werden. Daß hierauf am 3. Januar 1521 vom Papst über Luther der förmliche Bann verhängt wurde, machte letzteren nur noch populärer.

Karl V. stieß mit seiner anfänglichen Neigung, Luther einfach als Ketzer zu behandeln und ihn dementsprechend aburteilen zu lassen, sowohl bei seinen engsten Beratern wie auch bei dem angesehensten unter den Kurfürsten, Friedrich dem Weisen von Sachsen, auf Bedenken, ja Widerstand. Machten die Ratgeber ihm klar, daß die Kurie zwei Jahre zuvor schließlich versucht hatte, seine Wahl zum deutschen König und damit zum Kaiser zu verhindern, so mußte er selbst einsehen, daß es ein Fehler war, den sächsischen Kurfürsten zu verprellen, der – obwohl in seiner Glaubensauffassung keineswegs mit Luther im Einklang – über diesen als Landeskind und mittlerweile angesehensten Professor seiner Landesuniversität Wittenberg schützend die Hand hielt. Es wurde daher zugesagt, Luther, der bereits auf dem Augsburger Reichstag von 1518, dem letzten von Karls Großvater und Vorgänger Kaiser Maximilian I., von einem päpstlichen Legaten verhört worden war, auf dem in Worms anberaumten Reichstag noch einmal anzuhören und ihm hierfür freies Geleit zuzusichern.

Luthers Reise nach Worms gestaltete sich zu einem regelrechten Triumphzug. In Worms nach zweiwöchiger Reise am 16. April 1521 angelangt, wurde er am Abend des folgenden Tages vor die Reichsversammlung geführt. Hier befragte ihn der vom Kaiser zu seinem Verhandlungsführer und Sprecher („Orator") bestimmte Leiter des obersten kurtrierischen Gerichts („Offizial") Johann von der Ecken, ob er die Bücher, die ihn als Verfasser auswiesen, geschrieben habe und ob er bereit sei, etwas von ihrem Inhalt zu widerrufen. Der harsche Ton schüchterte den Wittenberger Theologen zunächst dermaßen ein, daß er die erste Frage unmittelbar bejahen wollte. Doch der ihm als Rechtsbeistand beigegebene Wittenberger Jurist Hieronymus Schurff forderte, daß die Titel der Schriften zunächst verlesen würden. Luther vermochte sich währenddessen zu fassen und antwortete dann sowohl auf lateinisch wie auf deutsch, er erkenne die genannten Bücher als seine eigenen an, erbete sich aber zur Beantwortung der zweiten Frage eine Bedenkzeit. Sie wurde ihm gewährt, die Frist hierfür wurde jedoch auf einen Tag begrenzt.

Am 18. April 1521 hat Luther nun die im folgenden abgedruckte Rede auf deutsch und dann – da Karl V. damals des Deutschen noch nicht mächtig war – auf lateinisch gehalten. Sie ist nur in der lateinischen Fassung erhalten. Wie der gut durchformulierte Text zeigt, war sie überaus sorgfältig vorbereitet. Sie hat sich in handschriftlicher Form in der Staatsbibliothek Dresden erhalten. Luther hat ihr einen Zusatz – die Aufforderung kurtrierischen Richters, kurz zu antworten, und die eigene Antwort darauf – beigefügt. Beide Teile erschienen alsbald zu Wittenberg in Druckform *(Ad Cesaree Maiest[ati] interrogata D[octoris] Martini L[utheri] responsum Wurmacie xvj.* [sic] *Aprilis. Anno M. d. xxi.* bzw. *Doctoris Martini Lutheri oratio coram Cesare Carolo, Electoribus Principibus, & Statibus Imperii, in conventu Imperiali Vormacie die xviii. Aprilis hoc est F[eria] v. post Misericordia Domini habita M. D. XXI.).* Außerdem gibt es einen erweiterten Bericht über Luthers Aufenthalt in Worms unter dem Titel *Acta et res gestae D[octoris] Martini Lutheri in Comitijs Principum Vuormaciae, Anno M. D. XXI.*, gleichfalls noch 1521 in Wittenberg erschienen, dazu zwei weitere Drucke desselben Jahres. Dieser Bericht beschreibt den Ablauf der Ereignisse an beiden Tagen. Er wird gestützt durch den Bericht Aleanders, zu dem der kurtrierische Offizial von der Ecken unter dem Titel *Acta comparationis Lutheri in Diaeta Wormatiensi* beigetragen hat; er wurde erst im späten 19. Jahrhundert im Vatikanischen Archiv entdeckt und 1884 veröffentlicht. Für die Wirkung der Wormser Rede Luthers bedeutsamer sind die zahlreichen deutschen Übersetzungen geworden, die noch im gleichen Jahr im Druck verbreitet wurden.

Welthistorisch bedeutsam ist die Rede deswegen, weil sie die Verhängung der Reichsacht zur Folge hatte, die im Zusammenhang mit dem Kirchenbann erlassen werden mußte. Dies erfolgte Ende Mai 1521 in der Form des sogenannten ‚Wormser Edikts', das sich aber als ‚Schlag ins Wasser' erwies und das Gegenteil von dem zur Folge hatte, was der Kaiser damit erreichen wollte. In der Tat wurde Luther jetzt als notorischer Ketzer in Acht und Bann getan, und es wurden auch alle diejenigen unter Strafe gestellt, die künftig seine Schriften verbreiten oder sie lesen sollten. Damit sollte die gewaltige publizistische Wirkung, welche die Lehre des Wittenbergers inzwischen durch Bücher und Flugblätter erzielt hatte, unterbunden werden. Zwar hat man klugerweise vermieden, das Versprechen des freien Geleits zu brechen und so aus ihm einen Märtyrer zu machen, wie es Jan Hus ein Jahrhundert zuvor geworden war – ja bis Luther am 26. April abreiste, wurde durch ihm wohlgesonnene Juristen, die auf Vermittlung bedacht waren, versucht, ihn wenigstens zur Rücknahme seines auf der Leipziger Disputation geäußerten Verdikts gegen die Unfehlbarkeit kirchlicher Konzilien zu bewegen. Luther blieb jedoch unbeugsam. Der Kaiser sah darin nurmehr Verstocktheit und Halsstarrigkeit und fühlte sich in seiner konsequent ablehnenden Haltung bestärkt, die er kurz nach Luthers Äußerungen in einer eigenhändig abgefaßten Rede in französischer Sprache an die deutschen Fürsten bekundet hatte. Darin sah er es sowohl mit der Tradition des Kaisertums wie auch mit der des Hauses Habsburg als unvereinbar an, die Ketzerei eines einzelnen hinzunehmen. Wenn dieser mit seiner Meinung gegen alle Christen stehe, dann könne man ihm nicht Recht geben, weil sonst die gesamte Christenheit von

Beginn an geirrt haben müsse. In beiden Reden werden die fundamentalen Standpunkte deutlich, welche den Fortgang der „Reformation“ bestimmen sollten: der universale Anspruch der vom Kaiser gestützten Papstkirche auf Glaubensgehorsam gegen den Anspruch des Individuums auf Glaubensfreiheit.

Das Wormser Edikt erwies sich letztlich als nicht durchsetzbar. Der Kaiser war in den folgenden Jahren vor allem in Italien in Auseinandersetzungen mit dem König von Frankreich verstrickt und mußte 1527 sogar gegen den Papst militärisch vorgehen. In Spanien beschäftigten ihn Aufstände, und im Reich sprengte 1529 die „Protestation“ der lutherfreundlichen Fürsten den Reichstag von Speyer, während im gleichen Jahr ein Türkenheer vor Wien stand und die habsburgischen Besitzungen im Südosten des Reiches bedrohte. Ab 1530 folgte gegenüber den „Protestanten“ eine Politik des Einlenkens, gipfelnd in der Debatte um das von Luthers Freund Philipp Melanchthon auf dem Augsburger Reichstag vorgelegte „Bekenntnis“, die sogenannte ‚*Confessio Augustana*‘. Luther und der Kaiser, die beiden Kontrahenten von 1521, sind sich nicht wieder begegnet. Als Karl V. 1547 im Schmalkaldischen Krieg die deutschen Protestanten militärisch überwand (ohne anschließend mit politischen Mitteln die Glaubenseinheit im Reich wiederherstellen zu können), war der Wittenberger Reformator bereits seit einem Jahr tot. Mit seiner Wormser Rede begann der Prozeß der Glaubensspaltung in Deutschland, die im Ausgburger Religionsfrieden von 1555 und im Westfälischen Frieden von 1648 besiegelt werden sollte und aus Deutschland ein bikonfessionelles Land machte.

## Martin Luther<br>Rede vor dem Reichstag zu Worms<br>am 18. April 1521

Jesus. – Allergnädigster Herr und Kaiser! Durchlauchtigste Fürsten! Gnädigste Herren!

Gehorsam erscheine ich zu dem Zeitpunkt, der mit gestern Abend bestimmt ward, und bitte um Gottes Barmherzigkeit willen die allergnädigste Majestät und die durchlauchtigsten Fürsten und Herren, sie mögen meine Sache, die, so hoffe ich, gerecht und wahrhaftig ist, in Gnaden anhören. Und wenn ich aus Unkenntnis irgend jemanden nicht in der richtigen Form anreden oder sonst in irgendeiner Weise gegen den höfischen Brauch und Benehmen verstoßen sollte, dann bitte ich, mir dies freundlich zu vergeben, bin ich doch nicht bei Hofe, sondern im engen mönchischen Winkel zuhause und kann ich doch von mir lediglich sagen, daß ich bislang mit solcher Einfalt des Gemüts gelehrt und geschrieben habe, daß ich einzig auf Gottes Ruhm und die redliche Unterweisung der Christen aus gewesen bin.

Allergnädigster Kaiser, durchlauchtigste Fürsten! Mir wurden gestern durch Eure allergnädigste Majestät zwei Fragen vorgelegt, nämlich ob ich die genannten, unter meinem Namen veröffentlichten Bücher als meine Bücher anerkennen wollte und ob ich dabei bleiben wollte, sie zu verteidigen, oder bereit sei, sie zu widerrufen. Zum ersten Punkt habe ich bereitwillig eine unverhohlene Antwort gegeben, zu der ich noch stehe und in Ewigkeit stehen werde: Es sind meine Bücher, die ich selbst unter meinem Namen veröffentlicht habe, es sei denn, daß die Tücke meiner Feinde oder eine unzeitige Klugheit darin nachträglich etwas geändert oder fälschlich gestrichen hat. Denn ich erkenne schlechterdings nur das an, was allein mein eigen und von mir geschrieben ist, aber keine weisen Auslegungen von anderer Seite.

Hinsichtlich der zweiten Frage bitte ich aber Eure allergnädigste Majestät und fürstliche Gnaden dies beachten zu wollen, daß meine Bücher nicht alle von der gleichen Art sind.

Es gibt einige Schriften, in denen ich über den rechten Glauben und rechtes Leben so schlicht und evangelisch gehandelt habe, daß sogar meine Gegner zugeben müssen, sie seien nützlich, ungefährlich und durchaus lesenswert für einen Christen. Ja, auch die Bulle erklärt trotz ihrer wilden Gegnerschaft einige meiner Bücher für unschädlich, obschon sie sie dann in einem ganz abenteuerlichen Urteil dennoch verdammt. Wollte ich also anfangen, diese Bücher zu widerrufen – wohin, frage ich, sollte das führen? Ich wäre dann der einzige Sterbliche, der eine Wahrheit verdammte, die Freund und Feind gleichermaßen bekennen, der einzige, der sich gegen das einmütige Bekenntnis aller Welt stellen würde!

Die zweite Gruppe greift das Papsttum und die Taten seiner

Anhänger an, weil ihre Lehren und ihr schlechtes Beispiel die ganze Christenheit sowohl geistlich wie leiblich zerstört haben. Denn das kann niemand leugnen oder übersehen, da jedermann die Erfahrung macht und die allgemeine Unzufriedenheit bezeugt, daß päpstliche Gesetze und die Lehren der Menschen das Gewissen der Gläubigen aufs jämmerlichste verstrickt, beschwert und gequält haben, daß aber darüber hinaus die unglaubliche Tyrannei auch Hab und Gut verschlungen hat und fort und fort auf empörende Weise weiter verschlingt, ganz besonders in unserer hochberühmten deutschen Nation. Dabei sehen sie in ihren Dekreten selbst vor (wie in *Distinctio* 9 und 25, *quaestio* 1 und 9 zu lesen steht)*, daß päpstliche Gesetze, die der Lehre des Evangeliums und den Sätzen der Kirchenväter widersprächen, als irrig und ungültig anzusehen seien. Wollte ich also diese Bücher widerrufen, so würde ich die Tyrannei damit geradezu kräftigen und stützen, ich würde dieser Gottlosigkeit für ihr Zerstörungswerk nicht mehr ein kleines Fenster, sondern Tür und Tor öffnen, weiter und bequemer, als sie es bisher je vermocht hat. So würde mein Widerruf ihrer grenzenlosen, schamlosen Bosheit zugute kommen, und ihre Herrschaft würde das arme Volk noch unerträglicher bedrücken, und nun erst recht gesichert und gegründet sein, vor allem, wenn man damit prahlen würde, ich hätte das auf Geheiß Eurer allergnädigsten Majestät und des ganzen römischen Reiches getan. Guter Gott, wie sehr würde ich da der Bosheit und Tyrannei zur Deckung dienen!

Die dritte Gruppe sind die Bücher, die ich gegen einige sozusagen für sich stehende Einzelpersonen geschrieben habe, solche nämlich, die darauf hingearbeitet haben, die römische Tyrannei zu schützen und das Christentum, wie ich es lehrte, zu erschüttern. Ich bekenne, daß ich gegen diese Leute heftiger vorgegangen bin, als in Sachen des Glaubens und bei meinem Stande schicklich war. Denn weder mache ich mich zu einem Heiligen, noch trete

* Es geht um die 1140/42 abgeschlossene *Concordia discordantium canonum* des Kamaldulensermönchs Gratian, auch *Decretum Gratiani* genannt. Das Werk besteht aus 101 *Distinctiones* und bildet den ersten Teil des mittelalterlichen *Corpus Iuris Canonici.*

ich hier für meinen Lebenswandel ein, sondern ich streite für die Lehre Christi. Trotzdem wäre mein Widerruf auch für diese Bücher nicht statthaft; denn er würde wiederum zur Folge haben, daß sich die gottlose Tyrannei auf mich berufen könnte und das Volk Gottes grausamer beherrschen und mißhandeln würde denn je zuvor.

Aber ich bin ein Mensch und nicht Gott. So kann ich meinen Schriften auch nicht anders beistehen, als wie mein Herr Christus selbst seiner Lehre beigestanden hat. Als ihn Hannas nach seiner Lehre fragte und der Diener ihm einen Backenstreich gegeben hatte, sprach er [Johannes 18, 23]: „Habe ich übel geredet, so beweise, daß es böse gewesen sei." Wenn also der Herr selbst, der doch wußte, daß er nicht irren könne, es nicht von sich wies, einen Beweis wider seine Lehre anzuhören, dazu noch von einem elenden Knecht: Wieviel mehr muß ich erbärmlicher Mensch, der nur irren kann, da bereit sein, jedes Zeugnis wider meine Lehre, das sich vorbringen läßt, zu erbitten und zu erwarten. Darum bitte ich um der göttlichen Barmherzigkeit willen Eure allergnädigste Majestät, durchlauchtigste fürstliche Gnaden oder wen immer sonst, er sei höchsten oder niedersten Standes, man möge mir Beweise vorlegen, mich des Irrtums überführen und mich durch das Zeugnis der prophetischen oder evangelischen Schriften überwinden. Ich werde völlig bereit sein, jeden Irrtum, der mir nachgewiesen wird, zu widerrufen, ja, der erste sein, der meine Schriften ins Feuer wirft.

Es wird hiernach, nehme ich an, klar sein, daß ich die Nöte und Gefahren, die Unruhe und Zwietracht, die sich um meiner Lehre willen in aller Welt erhoben haben und die man mir gestern hier mit Ernst und Nachdruck vorgehalten hat, sorgsam genug bedacht und erwogen habe. Für mich ist es ein denkbar erfreulicher Anblick, zu sehen, wie um Gottes Wort Unruhe und Zwietracht entsteht. Dies ist nämlich der Lauf, Weg und Erfolg von Gottes Wort, wie Christus spricht [Matthäus 10, 34 ff.]: „Ich bin nicht gekommen, Frieden zu senden, sondern das Schwert; denn ich bin gekommen, den Menschen zu erregen wider seinen Vater usw." Darum müssen wir bedenken, wie unser Gott wunderbar und schrecklich ist in seinen Ratschlüssen, damit am Ende nicht das, was wir ins Werk setzen, um die Leidenschaften zu besänftigen, dazu führt, daß wir Gottes Wort zu verdammen beginnen und so vielmehr einer neuen Sintflut ganz unerträglicher Leiden zustrebt. Und wir müssen dafür sorgen, daß die Regierung unseren jungen, vortrefflichen Kaisers Karl, auf dem nächst Gott die meisten Hoffnungen ruhen, nicht eine unselige, verhängnisvolle Wendung nimmt. Ich könnte mit zahlreichen Beispielen aus der Schrift vom Pharao, vom König Babylons und den Königen Israels veranschaulichen, wie sie sich gerade dann am sichersten zugrunde richteten, wenn sie mit besonders klugen Plänen darauf aus gingen, Ruhe und Ordnung in ihren Reichen zu behaupten. Denn er, Gott, fängt die Schlauen in ihrer Schlauheit und kehret die Berge um, ehe sie es inne werden [Hiob 5, 13; 9, 5]. Darum ist es die Gottesfurcht, deren wir bedürfen. Ich sage das nicht in der Meinung, so hohe Häupter hätten meine Belehrung oder Ermahnung nötig, sondern weil ich meinem lieben Deutschland den Dienst nicht versagen wollte, den ich ihm schuldig bin. Hiermit will ich mich Euer allergnädigsten kaiserlichen Majestät und fürstlichen Gnaden demütig befehlen und bitten, sie mögen sich von meinen eifrigen Widersachern nicht ohne Grund gegen mich einnehmen lassen. Ich habe gesprochen.

Nach diesen Worten sagte der Redner des Kaisers in harschem Ton: Ich hätte nicht zur Sache geantwortet, und was ehedem auf Konzilien verdammt und beschlossen sei, dürfe nicht in Zweifel gezogen werden. Man wünsche von mir daher eine einfache Antwort ohne Spitzfindigkeiten, ob ich widerrufen wolle oder nicht. Darauf antwortete ich:

Da denn Eure allergnädigste Majestät und fürstliche Gnaden eine einfache Antwort verlangen, will ich sie ‚ohne Hörner und Zähne' [*neque cornutum neque dentatum,* ohne Spitzfindigkeiten] und unverfänglich erteilen, nämlich so: Wenn ich nicht mit Zeugnissen der Schrift oder mit offenbaren Vernunftgründen besiegt werde, so bleibe ich von den Schriftstellen besiegt, die ich angeführt habe, und mein Gewissen bleibt gefangen in Gottes Wort. Denn ich glaube weder dem Papst noch den Konzilien allein, weil es offenkundig ist, daß sie öfters geirrt und sich selbst widersprochen haben. Widerrufen kann und will ich nichts, weil es weder sicher noch geraten ist, etwas gegen sein Gewissen zu tun.

Gott helfe mir, Amen.

Reiner Wild

# Johann Wolfgang Goethe
# Zum Shakespeare-Tag
# (1771)

Am 14. Oktober 1771, dem Namenstag William Shakespeares nach dem protestantischen Namenskalender, fanden in Goethes Vaterhaus in Frankfurt und ebenso in Straßburg, im Kreis um Johann Daniel Salzmann, dem auch Goethe während des Straßburger Aufenthalts angehört hatte, Feiern zu Ehren Shakespeares statt. Die Anregung war, so scheint es, von Goethe gekommen, der sich seinerseits von den Shakespearefeiern hatte inspirieren lassen, die der berühmte Schauspieler David Garrick vom 6. bis 8. September 1769 in Stratford-upon-Avon veranstaltet hatte. Zur Feier in Frankfurt war auch Herder eingeladen; Goethe hoffte vor allem darauf, daß die Abhandlung, die Johann Gottfried Herder gerade über Shakespeare schrieb, dort vorgelesen werden könnte. Dazu kam es nicht; die Abhandlung war nicht fertig (und wurde auch erst 1773 veröffentlicht). So mußte Goethe selbst einspringen, und es ist, wenngleich die Quellen letzte Gewißheit nicht zulassen, höchst wahrscheinlich, daß Goethes Rede *Zum Schäkespears Tag* in den Tagen oder Wochen vor dem 14. Oktober 1771 geschrieben und bei der Feier im väterlichen Hause vorgetragen wurde (deren Kosten übrigens von Goethes Vater getragen wurden). In Straßburg hielt Franz Christian Lersé, der Goethes Tischgenosse gewesen war und dem er im *Götz von Berlichingen* in der Figur des Lerse ein Denkmal gesetzt hatte, die Festrede; ob auch Goethes Rede dort vorgelesen wurde, läßt sich nicht ermitteln. Immerhin enthält sie einige Bemerkungen, die als Anspielungen auf Straßburg verstanden werden können, so der Hinweis auf das „Angaffen eines tausendfüsigen königlichen Einzugs“, der sich möglicherweise auf die Ankunft Marie Antoinettes am 7. Mai 1770 in Straßburg beziehen läßt, oder auch die Bemerkung von der „Wunderhand", die „das Gesicht in einem Augenblicke schenckt", die wohl auf die damals berühmten Staroperationen des Straßburger Professors Johann Friedrich Lobstein verweisen. Ausdrücklich wird im Text auf die Schreibsituation Bezug genommen: „Ich will abbrechen, meine Herren, und morgen weiterschreiben"; zudem ist die überlieferte Handschrift in einer für Briefe des 18. Jahrhunderts üblichen Weise gefaltet. So ist wohl davon auszugehen, daß es sich bei diesem Text um eine Art Brief, um ein Sendschreiben handelt, als dessen Adressaten sich leicht die Freunde und Bekannten in Straßburg denken lassen; dafür spricht auch, daß Goethe den Text mit seinem Namen unterzeichnet hat. Zugleich sind jedoch Elemente der Mündlichkeit nicht zu verkennen, so der unvermittelte Beginn mit dem Personalpronomen der ersten Person, weiter die nicht seltenen elliptischen Sätze oder die Ausrufe. Auch die mehrfache Anrede „meine Herren" insinuiert eine Situation mündlicher Kommunikation, wenngleich wiederum eine dieser Anreden gerade mit dem Verweis aufs Schreiben verbunden ist. So changiert der Text eigentümlich zwischen Sendschreiben und Rede, zwischen Schriftlichkeit und Mündlichkeit.

Unabhängig davon freilich, ob dieser Text als mündlich vorgetragene Rede oder als Sendschreiben (das gleichwohl vorgelesen werden konnte) konzipiert war, sind mit dem Anlaß, für den er geschrieben wurde, spezifische Erwartungen verknüpft. Zu erwarten wäre eine Lobrede auf die im Titel genannte Person, ein Panegyrikus, in dem diese Person gepriesen, zugleich jedoch über sie informiert wird und nicht zuletzt in angemessener Breite die Gründe für das Lob vorgetragen werden. Doch dieser Erwartung verweigert sich Goethe. Schon der Anfang der Rede zeigt diese Verweigerung. Goethe beginnt nicht mit der bei einer solchen Rede üblichen, in der rhetorischen Tradition geforderten *dispositio*, vielmehr setzt er unmittelbar mit einer Selbstaussage ein, die mit allgemeinen Feststellungen verbunden wird, deren Zusammenhang mit dem Anlaß nicht unbedingt einleuchtend erscheint (und zunächst auch nicht hergestellt wird). Erst nach zwei Absätzen und nach der emphatischen Anrede an die Zuhörer „Auf die Reise, meine Herren!" erscheint überhaupt der Anlaß der Rede, wobei der Name Shakespeare noch nicht fällt: „Wir ehren heute das Andencken des grössten Wandrers". Kurz danach wird, in deutlicher Anspielung auf den rhetorischen Terminus der ordentlichen Schreibart, die Verweigerung ausdrücklich benannt: „Erwarten Sie nicht, das ich viel und ordentlich schreibe". Und die Rede bestätigt – jedenfalls auf den ersten Blick – dieses Eingeständnis. Eine klare und durchsichtige Gliederung oder eine logisch geordnete argumentative Struktur sind nicht auszumachen, vielmehr erscheint das Gesagte in assoziativer Reihung. Schon der Sachverhalt, daß das Eingeständnis, nicht ordentlich zu verfahren, erst nach dem persönlichen Bekenntnis des Beginns, nach der emphatischen Anrede an die Zuhörer und nach der Nennung des Redeanlasses erfolgt, erweckt den Eindruck des Spontanen und also einer mündlichen Rede, deren Ablauf eher dem gerade sich einstellenden Einfall als einer zuvor durchdachten Anordnung folgt. Dazu paßt auch, daß Goethe Elemente sehr unterschiedlicher Gattungen und Redeweisen nützt und miteinander vermischt; das Selbstbekenntnis steht neben der literaturkritischen Anmerkung, die Stilhaltung der Predigt etwa am Beginn der Rede neben der des Manifests an ihrem Ende.

Unmittelbar nach seinem Eingeständnis, nicht „ordentlich" zu schreiben, nennt Goethe den Grund, warum er sich dazu nicht in der Lage sieht: „Ruhe der Seele ist kein Festtagskleid". Die für eine durchdachte Konzeption einer Rede erforderliche Ruhe, die Gelassenheit einer nüchtern-sachlichen Auseinandersetzung paßt nicht zum gegebenen Anlaß. Die adäquate Seelenhaltung ist wenige Sätze zuvor genannt, wenn es heißt, daß allein schon der Anblick auch nur eines Fußstapfens des allen voranschreitenden Wanderers (mit dem, ohne daß ein Name bisher fiel, Shakespeare gemeint ist) „unsre Seele feuriger und grösser" mache. Nicht „Ruhe der Seele", sondern Enthusiasmus ist die dem Anlaß, also der Feier Shakespeares angemessene Haltung. Goethe begründet dies mit der eigenen Erfahrung: „Die erste Seite die ich in ihm las, machte mich auf Zeitlebens ihm eigen, und wie ich mit dem ersten Stücke fertig war, stund ich wie ein blindgebohrner, dem eine Wunderhand das Gesicht in einem Augenblicke schenckt. Ich erkannte, ich fühlte auf's lebhaffteste meine Existenz um eine Unendlichkeit erweitert, alles war mir neu, unbekannt, und das ungewohnte Licht machte mir Augenschmerzen. Nach und nach lernt ich sehen." Diese emphatisch beschriebene Shakespeare-Erfahrung den Zuhörern zu vermitteln, ist die zentrale Absicht dieser Rede; sie soll beim Zuhörer den Enthusiasmus hervorzurufen, den der Redner für Shakespeare empfindet. Um aber diese Absicht zu erreichen, folgt Goethe der rhetorischen Tradition; er richtet sich nach der seit der Antike gültigen Regel, daß der Redner die Empfindungen, die er bei seinen Zuhörern hervorrufen will, selbst haben muß. Deshalb spricht Goethe mit solcher Begeisterung, ja religiöser Überhöhung von der Überwältigung, die er in seiner Lektüre Shakespeares erfahren hat. Mehr noch: Die Rede führt vor, wie sich der Redner immer mehr in Begeisterung, in Enthusiasmus redet. Schon der Beginn zeigt diese Absicht. Auf die in verhältnismäßig lange und komplexe Sätze gefaßten Eingangsreflexionen folgen erste Ausrufe: „Für nichts gerechnet! Ich!"; sie werden in eine wieder eher ruhige Syntax überführt, freilich mit deutlich hyperbolischer Redeweise, auf die der an die Zuhörer gerichtete emphatische Ausruf folgt: „Auf die Reise, meine Herren!" Die Selbstbegeisterung des Redners führt fast zum Abbruch der Rede; nach einer aufsteigenden Reihe leidenschaftlicher Sätze, zu denen auch der berühmte Ausspruch über die Natur der Menschen Shakespeares gehört, kann der Redner nur noch ausrufen: „Lasst mir Lufft dass ich reden kann!"

In der Vorführung dieses Enthusiasmus folgt die Rede freilich einem genauen Kalkül; was als Unmittelbarkeit einer sich selbst anfeuernden, sich steigernden Begeisterung erscheint, ist inszeniert. Dafür spricht auch das Manuskript der Rede. Die Handschrift ist, wie es im Apparat der Weimarer Ausgabe der Werke Goethes heißt, eine „feine Reinschrift", in schöner Diktion geschrieben, mit sorgfältig gesetzter Interpunktion sowie nur wenigen, kleineren Sofortkorrekturen und Flüchtigkeitsfehlern.

In der Erfüllung der Redeabsicht ist es durchaus konsequent, daß der Redner wesentlich von sich selbst und seiner Erfahrung mit Shakespeare, weniger von diesem selbst spricht; es ist gleichermaßen folgerichtig, daß er dabei von seinen Empfindungen und Gefühlen und nicht von sachlich-nüchterner Auseinandersetzung spricht: „Ich sprang in die freye Lufft, und fühlte erst dass ich Hände und Füsse hatte", „Ich kann mich nicht erklären was das heisst, aber ich fühls". Nicht das Lob Shakespeares steht im

Vordergrund der Rede (obgleich es selbstverständlich auch darum geht), sondern die Erfahrung mit Shakespeare, damit aber auch die Selbstdarstellung und Selbstfeier des Redners. Hier erhält der ausgedehnte Bescheidenheitstopos am Beginn, der in die Entgegensetzung des „grössten Wandrers“ Shakespeare und seinen „gigantischen Schritte<n>“ mit den gewissermaßen normalen Fußgängern des Lebens gefaßt ist, seine genaue Funktion. Durch ihn wird der Abstand zwischen Shakespeare und dem Redner deutlich markiert; im Enthusiasmus der Rede wird dieser Abstand jedoch überbrückt und so die Möglichkeit einer Annäherung, gleichsam einer Identifizierung von unten, geschaffen. Weiterhin erzeugt die Feststellung der „unendlichen“ Überlegenheit Shakespeares eine Nähe zwischen Redner und Publikum, die beide gleich weit von ihm entfernt sind. Der Redner artikuliert, indem er sich in dieser Weise charakterisiert, zugleich die Haltung des Publikums. Er wird damit zu dessen Repräsentanten und spricht insofern, wenn er von sich spricht, stets auch von ihm; nur so wird auch gewährleistet, daß sich sein Enthusiasmus auf die Zuhörer überträgt. Die Rede beruht also auf dem vorausgesetzten Einverständnis zwischen Redner und Publikum über die Größe Shakespeares und mithin die Berechtigung des Enthusiasmus. Im Zusammenspiel von Bescheidung vor der Größe Shakespeares, Enthusiasmus in der Erfahrung dieser Größe und Identifizierung mit ihr kommen Redegegenstand, Redner und Publikum gewissermaßen überein und werden zu einer Einheit. Goethe spricht es aus: „Wir ehren heute das Andencken des grössten Wandrers und thun uns dadurch selbst eine Ehre an. Von Verdiensten die wir zu schätzen wissen, haben wir den Keim in uns.“ Im Lobpreis des Größten preist der Redner für sich und stellvertretend für sein Publikum, preisen also die Lobenden zugleich sich selbst; sie haben an dem, was seine Größe ausmacht, selbst Anteil, sie tragen sie, jedenfalls als Keim und also zur Entwicklung fähig, in sich. Damit aber sind, in Umkehrung dieser innigen Verschränkung der zentralen Momente der Rede, die Aussagen über Shakespeare zugleich Selbstaussagen; die Feier Shakespeares und seines Genies kann zur Selbstfeier des Redners wie der Zuhörer werden.

Im übrigen wird in der Perspektive der Verschränkung dieser Momente auch sichtbar, daß die Inszenierung dieser Rede einer durchaus stimmigen und durchdachten Abfolge gehorcht. Sie hat deutlich erkennbar vier voneinander unterschiedene Teile. Auf die Einleitung mit der Einstimmung der Zuhörer, dem Bescheidenheitstopos und der schließlichen Nennung des Anlasses – „Wir ehren heute das Andencken des grössten Wandrers" – folgt auf das Eingeständnis, nicht „ordentlich" zu schreiben, und den Bericht des Redners über seine Shakespeare-Erfahrung zunächst die kritische Diagnose der gegenwärtigen literarischen Situation, dargestellt im Lichte der Erfahrung Shakespeares; sie schließt mit der Apostrophe des Redners an den „Freund" Shakespeare und dem Hinweis auf die Unterbrechung der Niederschrift. Als Zentrum der Rede, das vergleichsweise knapp gehalten ist, zugleich jedoch ihren emotionalen Höhepunkt bildet, folgt die Kennzeichnung Shakespeares, von der aus mit dem Hinweis auf das eigene „Jahrhundert" wieder zurückgelenkt wird in die Gegenwart des Redners und seiner Zuhörer, die mit einer Aufforderung entlassen werden: „Auf, meine Herren!" Nicht zu übersehen ist, daß diese Gliederung die Rede nur im Groben strukturiert; sie wird vor allem dadurch überspielt und verdeckt, daß Goethe in der Mikrostruktur immer wieder Gedankensprünge einbaut, auch vor- und zurückgreift und so den Eindruck einer nicht ‚ordentlichen' Schreibart, den Schein von Spontaneität und Unmittelbarkeit vermittelt.

Ein tragendes Element des Einverständnisses zwischen Redner und Zuhörern ist die gemeinsame kritische Diagnose der aktuellen Situation der deutschen Literatur; in der polemischen Abwehr des französischen Theaters und seiner vermeintlichen Vorbildlichkeit kann sich Goethe der Zustimmung seines Publikums sicher sein, ebenso in der scharfen Entgegensetzung von griechischem und französischem Theater: „Französgen, was willst du mit der griechischen Rüstung, sie ist dir zu gros und zu schweer." Dies gilt umso mehr, als Goethe hier eine zwar noch immer avancierte, aber seit Gotthold Ephraim Lessing durchaus gängige Einschätzung aufnimmt; Lessings berühmter 17. Literaturbrief, in dem er Shakespeare gegen das klassische französische Drama ausspielt und ihm bescheinigt, er sei der antiken Tragödie stets näher als Corneille, wurde 1759 veröffentlicht, also etwas mehr als ein Jahrzehnt vor Goethes Rede. Und wie Lessing stilisiert Goethe

Shakespeare zum Widerpart der aktuellen Situation, wobei er ihm zudem, über Lessing hinausgehend, den gleichen Rang wie der antiken Dramatik zuerkennt; gemeinsam ist beiden das Merkmal „Colossalischer Größe". Auch in der genaueren Charakteristik Shakespeares folgt Goethe seit längerem gängigen Einschätzungen, und dies nicht zuletzt in dem vielzitierten Ausruf: „Und ich rufe Natur! Natur! nichts so Natur als Schäkespears Menschen." Goethe greift eine bereits vorhandene Topik des Shakespeare-Lobs auf, die er gleichfalls bei Lessing, vor allem aber bei englischen Autoren finden konnte, von denen diese Topik im 18. Jahrhundert ausgebildet wurde, bei Edward Young, bei Alexander Pope oder etwa bei David Garrick, der in seiner Festrede zur Shakespeare-Feier 1769 (die Goethe zu der eigenen Feier angeregt hatte) Shakespeare „the poet of nature" nennt und seinen Figuren bescheinigt, sie seien keine Geschöpfe der Phantasie, sondern von gleicher Natur wie die Menschen. Zugleich ist Natur der Zentralbegriff zur Bestimmung des Genies; auch hier schließt Goethe an bereits gängige Einschätzungen an und folgt wiederum vor allem Lessing, der im 17. Literaturbrief Shakespeare ausdrücklich ein Genie nennt und von ihm sagt, daß er „alles bloß der Natur zu danken zu haben scheint". Allerdings radikalisiert Goethe, darin Herder folgend, die noch vorsichtig zurückhaltende Position Lessings. Das Genie *ist*, insofern in ihm die Schöpferkraft der Natur wirksam ist, selbst Natur, und umgekehrt kann Natur als das Ganze angemessen nur vom Genie erkannt und erfaßt werden. Dafür steht Shakespeare exemplarisch ein, wenn es von ihm heißt, daß aus ihm die „Natur weissagt"; deshalb kann er mit Prometheus ‚wetteifern' und ist ihm gleich, dem ‚alter deus' und Inbegriff des genialen Schöpfers, den Goethe in seiner etwa ein Jahr nach der Shakespeare-Rede entstandenen Ode ausrufen läßt: „Hier sitz ich forme Menschen / Nach meinem Bilde / Ein Geschlecht das mir gleich sei." In den Aussagen über Shakespeare wie in denen über das Genie bietet mithin Goethes Rede *Zum Schäkespears Tag* zwar avancierte, am Beginn der siebziger Jahre des 18. Jahrhunderts auch höchst aktuelle, kaum jedoch neue oder gar umstürzlerische Positionen. Durchaus neu und innovativ oder, im Sprachgebrauch des späten 18. Jahrhunderts, durchaus originell ist hingegen die sprachliche und stilistische Umsetzung dieser Position (wenngleich anzumerken ist, daß Goethe sich hierzu von Herder und, durch diesen vermittelt, vor allem auch von Johann Georg Hamann anregen ließ). In der Abwehr einer ‚ordentlichen' Schreibart, in der Inszenierung von Spontaneität, Unmittelbarkeit und Selbstbegeisterung, in der scheinbar chaotischen Diktion des Enthusiasmierten – kurz: in der genialischen Schreibart bietet die Rede die adäquate Umsetzung des an Shakespeare exemplarisch dargestellten neuen Verständnisses künstlerischer Produktivität, des zum Inbegriff des schöpferischen Subjekts emporgehobenen Genies.

Zugleich ist diese Redeweise Ausdruck der Identifizierung Goethes mit Shakespeare, einer Identifizierung jedenfalls in dem Sinne, daß die Erfahrung des Genies Shakespeare die eigene genialische Redeweise ermöglicht und damit, bei aller Betonung des Unterschieds zwischen Shakespeares Größe und der eigenen Kleinheit, die Möglichkeit der Nachfolge eröffnet. Diese Identifizierung wird auch in der Bezeichnung Shakespeares als des „grössten Wandrers" deutlich. Das Motiv des Wanderers, in dem Unruhe und Unbehaustheit, Ausgesetztheit und Sicheinlassen auf Welt und Natur, Überwältigung und Selbstbehauptung komprimiert sind, ist eine der Zentralmetaphern gerade auch des jungen Goethe für das Genie und zugleich eine Chiffre der Selbstdeutung; er selbst wurde in der Frankfurter Zeit von seinen Freunden der Wanderer genannt. So werden die Aussagen über Shakespeare zu Selbstaussagen Goethes. Das zeigt sich auch in dem einzigen explizit literaturkritischen, das Werk Shakespeares kennzeichnenden Satz der Rede: „Seine Plane sind, nach dem gemeinen Styl zu reden, keine Plane, aber seine Stücke, drehen sich alle um den geheimen Punckt, (den noch kein Philosoph gesehen und bestimmt hat) in dem das Eigenthümliche unsres Ich's, die prätendirte Freyheit unsres Wollens, mit dem nothwendigen Gang des Ganzen zusammenstösst." Als Kennzeichnung der Dramatik Shakespeares ist diese Aussage nicht unbedingt angemessen; deutlich aber ist zugleich, daß Goethe hier eine Kernproblematik seines *Götz von Berlichingen* benennt, dessen erste, noch *Geschichte Gottfriedens von Berlichingen* genannte Fassung er im Herbst 1771 schrieb, vermutlich in den Wochen vor der Shakespeare-Rede. Zudem ist in diesem auf Shakespeare gemünzten und die eigene

Produktion charakterisierenden Satz eine zentrale Problemstellung formuliert, an der sich, ausgehend nicht zuletzt von der Dramatik des Sturm und Drang, die deutsche Literatur im letzten Drittel des 18. und im beginnenden 19. Jahrhundert abarbeiten wird.

Goethe beschreibt seine Shakespeare-Erfahrung nicht nur als ein Befreiungserlebnis: „Ich sprang in die freye Lufft", sondern zudem in einem deutlich religiös gestimmten Vokabular als Erweckungs- und Offenbarungserlebnis, wenn er sich einen „Blindgeborenen" nennt, den eine „Wunderhand" sehend macht, wenn er sich um eine „Unendlichkeit" erweitert sieht und ihm das „ungewohnte Licht" Neues erschließt. So ist es durchaus konsequent, daß diese Erfahrung vor allem als Empfindung und Gefühl artikuliert wird. Zur religiösen Sprache paßt zudem die Wahl des Namenstags als Datum für die Feier Shakespeares und offensichtlich auch deren geplante Gestaltung; als Goethe Herder darum bittet, ihm zum 14. Oktober seine Abhandlung über Shakespeare zu schicken, schreibt er ihm, diese werde einen „Theil unsrer Liturgie" ausmachen. Die Wahl der religiösen Sprache bedeutet vor allem eine enorme Aufwertung Shakespeares, damit aber auch und insbesondere des Genies überhaupt. Der Vergleich Shakespeares mit Prometheus erhält hier seine eigentliche Bedeutung; die Rede auf Shakespeare ist vor allem auch Feier des schöpferischen, sich seiner Schöpferkraft gewissen Subjekts. So läßt sich die emphatische Selbstapostrophe des Redners am Beginn – „Ich! Der ich mir alles binn, da ich alles nur durch mich kenne!" – trotz des anschließenden Bescheidenheitstopos, der ja in der Identifizierung mit dem „Wandrer" Shakespeare wieder aufgehoben wird, als Selbstermächtigung des selbstbewußten und autonomen Subjekts verstehen; darin liegt ihre eigentliche, im zeitgenössischen Kontext gleichermaßen säkulare wie säkularisierende Botschaft. Durchaus folgerichtig schließt deshalb die Rede auch mit einem Aufruf an die Zuhörer, der als ein Missionsauftrag verstanden werden kann: „Auf meine Herren! trompeten Sie mir alle edle Seelen."

Goethe hat diese Rede nie veröffentlicht; so blieb die zeitgenössische Kenntnis begrenzt auf die kleine Zahl der Zuhörer in Frankfurt und, möglicherweise, in Straßburg. Er hat die Rede auch später nie mehr erwähnt, auch nicht bei den weiteren Beschäftigungen mit Shakespeare; in *Dichtung und Wahrheit* sind weder die Rede noch die Shakespearefeier am 14. Oktober 1771 angeführt. Erst 1854 wurde das Manuskript gedruckt und damit der Öffentlichkeit überhaupt bekannt und zugänglich; die allgemeine Rezeption geschah so von vornherein im Kontext der Goethe-Philologie und Goethe-Deutung. Von diesem Beginn an gibt es kontroverse, ja oppositionelle Beurteilungen der Rede. Goethe reproduziere, so die eine Deutungslinie, lediglich gängige Einschätzungen Shakespeares und folge vor allem Herder; noch in einer neueren umfänglichen Darstellung der Geschichte des Geniegedankens wird sie deshalb als ein „unbedeutendes Nebenwerk" des jungen Goethe abgetan. Dem steht die Deutung der Rede als genialisch originelles Frühwerk entgegen; sie hat einen ihrer Höhepunkte bei Friedrich Gundolf, der in seinem Goethe-Buch die Rede emphatisch als Ausdruck von Goethes Shakespeare-Erlebnis darstellt, durch das erst Goethe zu sich selbst, zu „seiner Natur" gekommen sei. Die neuere Goetheforschung ist gegenüber solcher Einschätzung eher skeptisch-zurückhaltend; erarbeitet wird vor allem die historische Situierung der Rede, so in jüngster Zeit in der Arbeit von Norbert Christian Wolf, in der sie in umfassender Weise als eine Schnittstelle wesentlicher Traditionen und Diskurse des 18. Jahrhunderts erwiesen wird. Nicht zu verkennen ist zudem, daß in dieser Rede manches formuliert ist, was Goethe später ausgeführt und entfaltet hat. So ist die Rede *Zum Schäkespears Tag* Vorklang auf Späteres, darin aber vor allem auch ein Text der Selbstverständigung im Zeichen Shakespeares und damit zugleich der Positionierung in der zeitgenössischen Literatur; das gilt für die Aussagen, die in ihr über Shakespeare und über Genie gemacht werden, mehr noch und vor allem aber für die Schreibweise, in der Goethe seinem Gegenstand durchaus kongenial umsetzt, was Herder und auch Hamann vorgedacht und vorgeformt hatten. Und darin ist sie, im formulierten Anspruch des genialen Künstlers wie im ungestümen jugendlichen Gestus des Vortrags, ein gleichermaßen bemerkenswertes wie aufschlußreiches Zeugnis der beginnenden Literaturrevolte des Sturm und Drang.

## Johann Wolfgang von Goethe
## Zum Schäkespears Tag
## am 14. Oktober 1771

Mir kommt vor, das sey die edelste von unsern Empfindungen, die Hoffnung, auch dann zu bleiben, wenn das Schicksaal uns zur allgemeinen Nonexistenz zurückgeführt zu haben scheint. Dieses Leben, meine Herren, ist für unsre Seele viel zu kurz, Zeuge, dass ieder Mensch, der geringste wie der höchste, der unfähigste wie der würdigste, eher alles müd wird, als zu leben; und dass keiner sein Ziel erreicht, wornach er so sehnlich ausging – denn wenn es einem auf seinem Gange auch noch so lang glückt, fällt er doch endlich, und offt im Angesicht des gehofften Zwecks, in eine Grube, die ihm, Gott weis wer, gegraben hat, und wird für nichts gerechnet.

Für nichts gerechnet! Ich! Der ich mir alles binn, da ich alles nur durch mich kenne! So ruft ieder, der sich fühlt, und macht grosse Schritte durch dieses Leben, eine Bereitung für den unendlichen Weeg drüben. Freylich ieder nach seinem Maas. Macht der eine mit dem stärcksten Wandrertrab sich auf, so hat der andre siebenmeilen Stiefel an, überschreitet ihn, und zwey Schritte des letzten, bezeichnen die Tagreise des ersten. Dem sey wie ihm wolle, dieser embsige Wandrer bleibt unser Freund und unser Geselle, wenn wir die gigantischen Schritte ienes anstaunen und ehren, seinen Fustapfen folgen, seine Schritte mit den unsrigen abmessen.

Auf die Reise, meine Herren! die Betrachtung so eines einzigen Tapfs macht unsre Seele feuriger und grösser, als das Angaffen eines tausendfüsigen königlichen Einzugs.

Wir ehren heute das Andencken des grössten Wandrers und thun uns dadurch selbst eine Ehre an. Von Verdiensten die wir zu schätzen wissen, haben wir den Keim in uns.

Erwarten Sie nicht, das ich viel und ordentlich schreibe, Ruhe der Seele ist kein Festtagskleid; und noch zur Zeit habe ich wenig über Schäkespearen gedacht; geahndet, empfunden wenns hoch kam, ist das höchste wohin ich's habe bringen können. Die erste Seite die ich in ihm las, machte mich auf Zeitlebens ihm eigen, und wie ich mit dem ersten Stücke fertig war, stund ich wie ein blindgebohrner, dem eine Wunderhand das Gesicht in einem Augenblicke schenckt. Ich erkannte, ich fühlte auf's lebhaffteste meine Existenz um eine Unendlichkeit erweitert, alles war mir neu, unbekannt, und das ungewohnte Licht machte mir Augenschmerzen. Nach und nach lernt ich sehen, und, danck sey meinem erkenntlichen Genius, ich fühle noch immer lebhafft was ich gewonnen habe.

Ich zweifelte keinen Augenblick dem regelmäsigen Theater zu entsagen. Es schien mir die Einheit des Orts so kerckermäßig ängstlich, die Einheiten der Handlung und der Zeit lästige Fesseln unsrer Einbildungskrafft. Ich sprang in die freye Lufft, und fühlte erst dass ich Hände und Füsse hatte. Und ietzo da ich sahe wieviel Unrecht mir die Herrn der Regeln in ihrem Loch angethan haben, wie viel freye Seelen noch drinne sich krümmen, so wäre mir mein Herz geborsten wenn ich ihnen nicht Fehde angekündigt hätte, und nicht täglich suchte ihre Türne [Türme] zusammen zu schlagen.

Das griechische Theater, das die Franzosen zum Muster nahmen, war, nach innrer und äuserer Beschaffenheit, so, dass eher ein Marquis den Alcibiades nachahmen könnte, als es Corneillen dem Sophokles zu folgen möglich wär.

Erst Intermezzo des Gottesdiensts, dann feyerlich politisch, zeigte das Trauerspiel einzelne grose Handlungen der Väter, dem Volck, mit der reinen Einfalt der Vollkommenheit, erregte ganze grose Empfindungen in den Seelen, denn es war selbst ganz, und gros.

Und in was für Seelen!

Griechischen! Ich kann mich nicht erklären was das heisst, aber ich fühls, und berufe mich der Kürze halben auf Homer und Sophokles und Theokrit die habens mich fühlen gelehrt.

Nun sag ich geschwind hinten drein: Französgen, was willst du mit der griechischen Rüstung, sie ist dir zu gros und zu schweer.

Drum sind auch alle Französche Trauerspiele Parodien von sich selbst.

Wie das so regelmäsig zugeht, und dass sie einander ähnlich sind wie Schue, und auch langweilig mit unter, besonders in genere im vierten Ackt das wissen die Herren leider aus der Erfahrung und ich sage nichts davon.

Wer eigentlich zuerst drauf gekommen ist die Haupt und Staatsaktionen auf's Theater zu bringen weiss ich nicht, es giebt Gelegenheit für den Liebhaber zu einer kritischen Abhandlung. Ob Schäkespearen die Ehre der Erfindung gehört, zweifl' ich; genung, er brachte diese Art, auf den Grad, der noch immer der höchste geschienen hat, da so wenig Augen hinauf reichen, und also schweer zu hoffen ist, einer könne ihn übersehen oder gar übersteigen. Schäckespear, mein Freund, wenn du noch unter uns wärest ich könnte nirgend leben als mit dir, wie gern wollt ich die Nebenrolle eines Pylades spielen, wenn du Orest wärst, lieber als die geehrwürdigte Person eines Oberpriesters im Tempel zu Delphos.

Ich will abbrechen meine Herren und morgen weiter schreiben, denn ich binn in einem Ton, der Ihnen vielleicht nicht so erbaulich ist als er mir von Herzen geht.

Schäckespears Theater ist ein schöner Raritäten Kasten, in dem die Geschichte der Welt vor unsern Augen an dem unsichtbaaren Faden der Zeit vorbeywallt. Seine Plane sind, nach dem gemeinen Styl zu reden, keine Plane, aber seine Stücke, drehen sich alle um den geheimen Punckt, (den noch kein Philosoph gesehen und bestimmt hat) in dem das Eigenthümliche unsres Ich's, die prätendirte Freyheit unsres Wollens, mit dem nothwendigen Gang des Ganzen zusammenstösst. Unser verdorbner Geschmack aber, umnebelt dergestalt unsere Augen, dass wir fast eine neue Schöpfung nötig haben, uns aus dieser Finsternis zu entwickeln.

Alle Franzosen und angesteckte Deutsche, sogar Wieland, haben sich bey dieser Gelegenheit, wie bey mehreren wenig Ehre gemacht. Voltaire der von ieher Profession machte, alle Maiestäten zu lästern, hat sich auch hier, als ein ächter Tersit bewiesen. Wäre ich Ulysses; er sollte seinen Rücken unter meinem Scepter verzerren.

Die meisten von diesen Herren, stosen auch besonders an seinen Carackteren an.

Und ich rufe Natur! Natur! nichts so Natur als Schäkespears Menschen.

Da hab ich sie alle überm Hals.

Lasst mir Lufft dass ich reden kann!

Er wetteiferte mit dem Prometheus, bildete ihm Zug vor Zug seine Menschen nach, nur in *Colossalischer Grösse*; darinn liegts dass wir unsre Brüder verkennen; und dann belebte er sie alle mit dem Hauch *seines* Geistes, er redet aus allen, und man erkennt ihre Verwandtschafft.

Und was will sich unser Jahrhundert unter stehen von Natur zu urteilen. Wo sollten wir sie her kennen, die wir von Jugend auf, alles geschnürt und geziert, an uns fühlen, und an andern sehen. Ich schäme mich offt vor Schäkespearen, denn es kommt manchmal vor, dass ich beym ersten Blick dencke, das hätt ich anders gemacht! Hinten drein erkenn ich dass ich ein armer Sünder binn, dass aus Schäkespearen die Natur weissagt, und dass meine Menschen Seifenblasen sind von Romanengrillen aufgetrieben.

Und nun zum Schluss, ob ich gleich noch nicht angefangen habe.

Das was edle Philosophen von der Welt gesagt haben, gilt auch von Schäkespearen, das was wir bös nennen, ist nur die andre Seite vom Guten, die so nothwendig zu seiner Existenz, und in das Ganze gehört, als Zona torrida brennen, und Lapland einfrieren muss, dass es einen gemäsigten Himmelsstrich gebe. Er führt uns durch die ganze Welt, aber wir verzärtelte unerfahrne Menschen schreien bey ieder fremden Heuschrecke die uns begegnet: Herr, er will uns fressen.

Auf meine Herren! trompeten Sie mir alle edle Seelen, aus dem Elysium, des sogenanndten guten Geschmacks, wo sie schlaftruncken, in langweiliger Dämmerung halb sind, halb nicht sind, Leidenschafften im Herzen und kein Marck in den Knochen haben; und weil sie nicht müde genug zu ruhen und doch zu faul sind um tähtig zu seyn, ihr Schatten Leben zwischen Myrten und Lorbeergebüschen verschlendern und vergähnen.

Goethe.

Erich Pelzer

# Maximilien Robespierre
# Die revolutionäre Regierung
# (1793)

Robespierre war einer der brillantesten und scharfzüngigsten Redner der Französischen Revolution. Von den annähernd 650 kleinen und großen Reden, die er im Zeitraum vom Mai 1789 bis zu seiner Hinrichtung im Juli 1794 in der Nationalversammlung, im Konvent, im Jakobinerklub sowie in einzelnen Pariser Sektionsversammlungen gehalten hat, zählen die Reden gegen den Krieg (2. Januar 1792), im Königsprozeß (3. Dezember 1792) sowie die politische Grundsatzrede „Über die Prinzipien der politischen Moral" vom 5. Februar 1794 zu den bekanntesten und gehaltvollsten. Die hier ausgewählte Rede ist dem turbulenten Machtkampf der „Faktionen" aus dem Herbst 1793 entnommen, als die *Montagnards* (Anhänger der ‚Bergpartei') den Terror zur obersten Regierungsmaxime erhoben. Robespierres Rede vom 25. Dezember 1793 ist im christlichen Sinn das Gegenteil einer Weihnachtsrede: Sie propagiert nicht den gesellschaftlichen Frieden, sondern definiert den notwendigen und provisorischen Charakter der Diktatur mit den Mitteln der Tugend und des Terrors.

Seit dem Frühjahr 1793 – die Republik war gerade erst vor einem halben Jahr gegründet worden – befand sich die Revolution in einer gefährlichen Krise: Frankreich führte an seinen Außengrenzen beinahe gegen ganz Europa Krieg, im Lande selbst tobte der Bürgerkrieg; Ökonomie und Geldwirtschaft lagen darnieder. Währenddessen kämpften in Paris die beiden führenden politischen Gruppierungen der gemäßigten Girondisten und der radikalen *Montagnards* um den einzuschlagenden Kurs und nicht zuletzt um die Teilhabe an der Macht. Was zunächst als politische Maßnahme verstanden werden konnte, um den Staatsnotstand zu beseitigen, wie die Einführung von Sondergerichten, die Gründung des Wohlfahrtsausschusses mit Exekutivgewalt und die Verhängung eines Preismaximums für Brot und Lebensmittel, wurde den Girondisten zum Verhängnis. Im Verlauf eines Aufstands in Paris am 2. Juni 1793 ließ der Wohlfahrtsausschuß die führenden girondistischen Abgeordneten verhaften und ins Gefängnis werfen. Die Gironde war damit politisch ausgeschaltet, die Idee des Parlamentarismus hatte einen schweren Schlag erlitten.

Daraufhin erhoben sich die großen Städte des Südens wie Lyon, Bordeaux, Marseille, Toulon und Nîmes. Das Strafgericht der republikanischen Armeen folgte umgehend: Marseille wurde im August eingenommen und in *Ville-sans-nom* (Stadt-ohne-Namen) umgetauft, Bordeaux folgte im September; einen Monat später fiel Lyon, das den Namen *Ville-Affranchie* (befreite Stadt) erhielt. Die jakobinische Regierung in Paris duldete keinen Separatismus und behauptete sich, indem sie eine konsequent demokratische Verfassung (die berühmte Jakobinerverfassung vom 24. Juni 1793, die nie in Kraft trat) erließ, die allgemeine Wehrpflicht einführte (*Levée en masse*) und den christlichen durch den republikanischen Kalender offiziell ersetzte. Die *tabula rasa* des Jakobinismus schreckte vor nichts zurück: Am 1. August entlud sich der kulturelle Vandalismus mit der Schändung der Königsgräber in Saint-Denis, am 17. September wurde das Gesetz gegen die Verdächtigen verkündet, das den Beginn der Schreckensherrschaft markiert, und kurze Zeit später fielen die Häupter des Ancien Régime wie die der Revolutionäre der ersten Stunde (Marie-Antoinette, Philippe-Égalité, Barnave, Bailly) unter der Guillotine. Aber es gab auch Lichtblicke. Der französische Kriegshafen Toulon am Mittelmeer, der den Engländern in die Hand gespielt worden war, wurde von einem noch unbekannten Major namens Napoleon Bonaparte zurückerobert. Für den gebürtigen Korsen bedeutete dies der Beginn einer beispiellosen Karriere.

Der Volkstribun Georges Danton verfolgte derweil die politischen Exzesse und Repressionen aus der Provinz, wohin er sich nach dem Sturz der Girondisten schmollend zurückgezogen hatte. Am 20. November kehrte er nach Paris zurück, um das Heft erneut in die Hand zu nehmen. Zusammen mit seinem politischen Weggefährten, dem Journalisten Camille Desmoulins, nahm er den Kampf für die nationale Einheit auf. Ihr gemeinsamer Tenor war eine Politik der Versöhnung, die Desmoulins mit der Herausgabe einer neuen Zeitschrift, des *Vieux Cordelier*, öffentlich propagierte. In fünftägigem Abstand erschienen zwischen dem 5. und dem 24. Dezember 1793 beim Drucker Desenne in Paris fünf Einzelausgaben (denen zwei weitere Ausgaben folgten, bevor das Blatt eingestellt wurde), in denen der politische Publizist die Extremisten (u. a. Sansculotten) als Agenten des britischen Premierministers William Pitt entlarvte, die Entchristianisierungswelle eines Jacques-René Hébert oder Anacharsis Cloots anprangerte, im Rahmen eines Vergleichs zwischen Republik und Monarchie der Revolutionsregierung die prinzipielle Berechtigung absprach und schließlich die Freilassung von 200.000 Verdächtigen sowie die Schaffung eines Begnadigungsausschusses forderte.

In dieser zum Zerreißen angespannten Situation, in der die Republik Gefahr lief, zwischen ihren divergierenden Kräften den „Citras“ (Gemäßigten) auf der einen Seite und den „Ultras“ auf der anderen Seite zerrieben zu werden, ergriff Robespierre mit seiner ganzen Autorität das Wort im Nationalkonvent. Wer war dieser bedeutende Redner, dem die Abgeordneten mit Respekt und hoffnungsvoller Erwartung ihr Gehör schenkten?

Maximilien-François-Marie-Isidore Robespierre wurde am 6. Mai 1758 in nordfranzösischen Arras als Sohn eines Advokaten geboren. Vom Dritten Stand seiner Heimatstadt als Abgeordneter der Generalstände gewählt, tat sich der klein gewachsene, sorgfältig mit der gepuderten Perücke des Ancien Régime gekleidete, von Ehrgeiz zerfressene Anwalt aus der Provinz sowohl durch Arbeitsdisziplin und prinzipientreue Gesinnung als auch durch pedantische Genauigkeit in der verfassungsgebenden Versammlung (*Constituante*) hervor. Scharfsinnig sah er die politische Zukunft der neuen revolutionären Ordnung voraus und trotzte zugleich allen Versuchen politischer Korrumpierung, was ihm den ehrenvollen Beinamen des „Unbestechlichen“ eintrug. Auf seinen Antrag vom Mai 1791 erklärte die *Constituante* die Mitglieder der *Législative* (gesetzgebenden Versammlung) für nicht wiederwählbar, so daß er nach einjähriger Tätigkeit als Staatsanwalt am Pariser Strafgerichtshof im September 1792 als Abgeordneter im Nationalkonvent erneut die politische Bühne betrat. Robespierre, der leidenschaftlich für das allgemeine Wahlrecht, anfangs für die politische, dann die soziale Demokratie eintrat, formierte die *Mon-*

*tagnards* zu einem kampfkräftigen Instrument der revolutionären Regierung, das sich nacheinander erfolgreich gegenüber gemäßigten Kräften (Girondisten) und radikalen Elementen (Hébertisten) zur Wehr setzte. Am 27. Juli 1793 trat er in den Wohlfahrtsausschuß, der eigentlichen Revolutionsregierung, ein, dem er bis zu seinem Sturz am 9 Thermidor An II (27. Juli 1794) in leitender Funktion vorstand.

In hymnischer Anrufung und natürlich stets unter Berufung auf die antiken Republiken von Athen und Rom beschwört Robespierre in seiner Rede die Tugend als das Lebenselement der Volksregierung. Ihr Inhalt ist zugleich ein Plädoyer zur Systematisierung und Rechtfertigung der Schreckensherrschaft. Zwei miteinander verbundene Ziele stehen programmatisch im Mittelpunkt des Diskurses: Zuerst definiert Robespierre den typischen, notwendigen und provisorischen Charakter jener Art von Diktatur, zu deren Ausübung der 12-köpfige Wohlfahrtsausschuß in seiner Gesamtheit benötigt wird. Die radikalen wie die gemäßigten „Abweichler" sollen gleichermaßen entlarvt werden, weil sie sich dem revolutionären Charakter der Regierung in den Weg stellen: die einen im Namen einer absoluten Demokratie, die unfähig ist, das Allgemeinwohl zu verwirklichen, die anderen im Namen einer Mäßigung, die auf das Allgemeinwohl verzichtet. Besonders entschieden wendet sich Robespierre gegen Geist und Intention des Autors des *Vieux Cordelier*. Der zweite und längste Teil der Rede wendet sich gegen Danton und dessen Anhänger. Die zeitgenössischen Zuhörer waren besonders von der Kühnheit der ersten Sätze angetan, aus der sie eine Verwandtschaft mit den Gedanken Jean-Paul Marats, der am 13. Juli 1793 einem Attentat durch Charlotte Corday zum Opfer gefallen war, ableiteten. Robespierres Unterscheidung zwischen der konstitutionellen Regierung des Friedens und der revolutionären Regierung in Kriegszeiten ist ein politisch problematisches Konstrukt, das ein halbes Jahrhundert später von Karl Marx und Friedrich Engels als Modell auf ihr Konzept des Klassenkampfs übertragen wird.

## Maximilien Robespierre
## Rede vor dem Nationalkonvent in Paris
## am 25. Dezember 1793 (5 Nivôse An II)

Bürger, Abgeordnete des Volkes!

Das Glück wiegt schwache Seelen in Schlaf, die starken spornt es zu größeren Taten an. Europa und die Geschichte mögen die Wundertaten von Toulon rühmen; wir wollen der Freiheit neue Triumphe bereiten. Die Verteidiger der Republik nehmen Cäsars Grundsatz an; sie glauben, *daß man noch nichts getan habe, solange noch etwas zu tun übrig sei*. Es sind uns noch Gefahren genug geblieben, um unsere ganze Aufmerksamkeit zu beschäftigen. Engländer und Verräter besiegen, ist für die Tapferkeit unserer republikanischen Truppen eine leichte Sache. Es gibt aber noch eine Unternehmung, die nicht weniger wichtig, und schwieriger ist; sie besteht darin, die ewigen Intrigen aller Feinde unserer Freiheit durch eine immerwährende Energie zu vereiteln, und die Grundsätze triumphieren zu lassen, auf welchen die öffentliche Glückseligkeit beruhen muß.

Dies sind die ersten Pflichten, welche Ihr Eurem Wohlfahrtsausschusse auferlegt habt. Zuerst wollen wir die Grundsätze und Notwendigkeit der revolutionären Regierung entwickeln; nachher wollen wir die wahre Ursache zeigen, welche darauf abzielt, sie in ihrer Geburt zu lähmen. Die Theorie der revolutionären Regierung ist ebenso neu wie die Revolution selbst, durch welche sie herbeigeführt wurde. Man muß sie nicht in den Büchern der politischen Schriftsteller suchen, welche diese Revolution nicht vorausgesehen haben; noch in den Gesetzen der Tyrannen, welche, mit dem Mißbrauch ihrer Gewalt zufrieden, sich wenig um ihre Rechtmäßigkeit bekümmern. Daher ist auch schon dieses Wort dem Aristokratismus ein Gegenstand des Schreckens und der Verleumdung; den Tyrannen ein Ärgernis; vielen Leuten ein Rätsel; man muß es nun allen erklären, um wenigstens die guten Bürger an die Grundsätze des allgemeinen Interesses zu fesseln.

Das Geschäft der Regierung ist, die moralischen und physischen Kräfte der Nation auf den Zweck ihrer ursprünglichen Einrichtung hinzulenken. Der Zweck der konstitutionellen Regierung ist, die Republik zu erhalten; derjenige der revolutionären Regierung ist, sie zu gründen.

Die *Revolution* ist ein *Krieg* der Freiheit gegen ihre Feinde; die *Konstitution* ist die Regierung der siegreichen und friedlichen Freiheit. Die *revolutionäre* Regierung erfordert eine außerordentliche Tätigkeit, eben darum, weil sie im Kriege ist. Sie ist weniger einförmigen und strengen Regeln unterworfen, weil die Umstände, in denen sie sich befindet, stürmisch und veränderlich sind, vorzüglich aber, weil sie gezwungen ist, beständig neue und schnelle Hilfsmittel gegen neue und dringende Gefahren anzuwenden. Die *konstitutionelle* Regierung beschäftigt sich vornehmlich mit der bürgerlichen, die revolutionäre aber mit der öffentlichen Freiheit. Unter der konstitutionellen Regierung ist es beinahe genug, die Individuen gegen den Mißbrauch der öffentlichen Gewalt zu schützen. Unter der revolutionären Regierung muß die öffentliche Gewalt sich selbst gegen alle Faktionen verteidigen, von denen sie angegriffen wird. Die revolutionäre Regierung ist den guten Bürgern allen Nationalschutz, den Feinden des Volkes aber nur den Tod schuldig.

Diese Begriffe sind hinreichend, den Ursprung und die Natur der Gesetze zu erklären, die wir ‚revolutionäre' nennen. Diejenigen, welche dieselben für willkürlich oder tyrannisch verschreien, sind dumme oder boshafte Sophisten, die entgegengesetzte Dinge miteinander zu vermischen suchen; sie wollen dem Frieden und dem Kriege, der Gesundheit und der Krankheit gleiche Gesetze vorschreiben; oder vielmehr sie wollen nur die Wiederauflebung der Tyrannei und den Tod des Vaterlandes. Wenn sie die buchstäbliche Befolgung der konstitutionellen Vorschriften fordern, so geschieht dies nur darum, um sie ungestraft verletzen zu können; es sind niederträchtige Meuchelmörder, welche sich Mühe geben, um die Republik ohne Gefahr in der Wiege zu erwürgen, dieselbe durch schwankende Grundsätze zu fesseln, von denen sie selbst sich schon loszumachen wissen.

Das konstitutionelle Schiff ist nicht gebaut worden, um immer auf der Werft zu bleiben; aber mußte man es im stärksten Sturm und beim widrigsten Wind ins Wasser lassen? Dies wollten die Tyrannen und ihre Sklaven, welche sich dem Bau desselben widersetzt hatten; aber das französische Volk hat Euch befohlen, die Wiederkunft der Ruhe zu erwarten; seine einmütigen Wünsche stillten plötzlich das Geschrei der Aristokratie und des Föderalismus, und verlangten von Euch die baldige Befreiung von allen seinen Feinden. Die Tempel der Götter sind nicht gemacht, um den Gottlosen, welche sie entweihten, zum Schutz zu dienen; die Konstitution nicht, um die Komplotte der Tyrannen, welche sie zu zerstören suchen, zu beschützen.

Wenn aber die revolutionäre Regierung tätiger in ihrem Gange und freier in ihren Bewegungen sein muß, als die gewöhnliche Regierung: Ist sie darum minder gerecht und minder rechtmäßig? Nein, sie stützt sich auf das heiligste aller Gesetze, auf das Wohl des Volkes; auf das unverwerflichste aller Rechte, auf die Notwendigkeit. Sie hat auch ihre Regeln, welche alle aus der Gerechtigkeit und der öffentlichen Ordnung gezogen sind. Sie hat nichts mit der Anarchie und mit der Unordnung gemein; im Gegenteil, ihr Zweck ist, diese zu unterdrücken, um die Herrschaft der Gesetze herbeizuführen und zu befestigen. Sie hat nichts mit dem Willkürlichen gemein. Nicht Privatleidenschaften, sondern das allgemeine Interesse muß sie leiten. Sie muß sich nach gewöhnlichen Grundsätzen in allen Fällen richten, wo sie streng angewendet werden können, ohne die allgemeine Freiheit in Gefahr zu setzen. Die Verwegenheit und die Treulosigkeit der Konspiranten muß das Maß ihrer Stärke bleiben; je schrecklicher sie für die Bösewichter ist, desto günstiger muß sie den guten Bürgern sein; je mehr notwendige Strenge die Umstände von ihr fordern, desto mehr muß sie sich solcher Maßregeln enthalten, welche der Freiheit ohne Nutzen Zwang anlegen, und ohne irgendeinen allgemeinen Vorteil das Privatinteresse beleidigen. Sie muß sich zwischen zwei Klippen halten, der Schwachheit und der Verwegenheit, dem Moderantismus und der Ausschweifung. Der Moderantismus verhält sich zur Moderation [Mäßigung] wie die Unfähigkeit zur Keuschheit; die Ausschweifung verhält sich zur Energie wie die Wassersucht zur Gesundheit.

Die Tyrannen haben ständig gesucht, uns durch den Moderantismus zur Sklaverei zu bringen; sie wollten uns daher zuweilen in das entgegengesetzte Extrem werfen. Die beiden Extreme zielen auf ein und dieselbe Sache ab; man sei diesseits oder jenseits des Zieles, das Ziel ist immer verfehlt. Nichts gleicht mehr dem Apostel des Föderalismus, als der *unzeitige* Prediger der einen und unteilbaren Republik. Der Königsfreund und der Generalprokurator des menschlichen Geschlechts, verstehen sich wohl untereinander. Der Fanatiker im Skapulier, und der Fanatiker, welcher den Atheismus predigt, stehen in großer Verbindung. Die demokratischen Barone sind die Brüder der Koblenzer Marquis; und die roten Mützen stehen zuweilen in genauerer Verbindung mit den roten Absätzen als man glauben sollte.

Aber hier muß die Regierung die äußerste Vorsicht walten lassen; denn alle Feinde der Freiheit trachten danach, nicht nur ihre Fehler, sondern auch ihre weisesten Maßnahmen gegen sie zu gebrauchen. Bestraft sie das, was man Übertreibung nennt: so suchen sie, den Moderantismus und die Aristokratie zu beleben; verfolgen sie diese beiden Ungeheuer: so predigen sie mit aller Gewalt die Übertreibung. Es ist gefährlich, ihnen die Mittel zu lassen, wodurch sie den Eifer der guten Bürger irreleiten können; noch gefährlicher ist es, die von ihnen betrogenen guten Bürger mutlos zu machen und zu verfolgen. Durch das eine würde die Republik Gefahr laufen, in einer konvulsivischen Bewegung zugrunde zu gehen; durch das andere würde sie unfehlbar vor Kraftlosigkeit umkommen.

Was ist nun zu tun? – Man muß die schuldigen Erfinder der niederträchtigen Systeme verfolgen; den Patriotismus selbst in seinen Verirrungen beschützen; die Patrioten aufklären; und das Volk unaufhörlich zu der Höhe seiner Rechte und seiner Bestimmung erheben. Wenn Ihr diese Regel nicht annehmt, so verliert Ihr alles. Müßte man zwischen einem Übermaß von patriotischer Wärme, der Nichtswürdigkeit des Incivismus, und der Kraftlosigkeit des Moderantismus wählen, so dürfte man keinen Augenblick in der Wahl schwanken. Ein starker, von einem Überfluß an Säften leidender Körper, ist doch noch besser als ein Leichnam. Vorzüglich müssen wir uns in acht nehmen, daß wir nicht den Patriotismus töten, indem wir ihn heilen wollen. Der Patriotismus ist von Natur aus hitzig. – Wer kann das Vaterland kalt lieben? – Er ist besonders das Erbteil einfacher Menschen, die nicht fähig sind, die politischen Folgen eines Schrittes zu berechnen, welchen sie auf seinen Antrieb tun. Welcher selbst aufgeklärte und einsichtsvolle Patriot kann sagen, daß er sich nie geirrt habe? Wenn man einräumt, daß es Gemäßigte und Feiglinge eines guten Glaubens gibt, warum sollte es nicht auch aufrichtige Patrioten geben, die eine lobenswürdige Gesinnung manchmal zu weit treibt? Wenn man daher alle diejenigen als strafbar betrachten wollte, die in der revolutionären Bewegung die Grenze überschritten haben, welche von der Klugheit genau gezogen wurde: so würde man nebst den schlechten Bürgern alle natürlichen Freunde der Freiheit, Eure eignen Freunde, und alle Stützen der Republik in eine allgemeine Proskription mit hineinziehen. Die geschickten Sendlinge der Tyrannei, welche sie irregeleitet hatten, würden selbst ihre Ankläger, und vielleicht gar ihre Richter werden. Wer will nun alle diese Schattierungen genau bestimmen? Wer will die Grenzlinie zwischen den beiden Extremen ziehen? Die Liebe für das Vaterland und die Wahrheit. Die Könige, die Betrüger und die Ehrsüchtigen werden diese immer zu vertilgen suchen; sie wollen weder mit der Vernunft noch mit der Wahrheit etwas zu tun haben.

Indem wir die Pflichten der revolutionären Regierung anzeigten, bezeichneten wir auch ihre Gefahren: Je größer ihre Gewalt, je freier und schneller ihre Tätigkeit ist, desto mehr muß sie von der Redlichkeit geleitet werden. Fällt diese Macht in unreine und treulose Hände, so ist die Freiheit verloren; ihr Name wird der Vorwand und die Entschuldigung der Gegenrevolution, und selbst ihre Energie wird die Kraft eines heftigen Giftes sein.

Auch hängt das Zutrauen des französischen Volkes mehr an dem Charakter, welchen der Nationalkonvent gezeigt hat, als an der eigentlichen Verfassung. Indem das Volk alle Gewalt in Eure Hände legte, erwartete es von Euch, daß Eure Regierung ebenso wohltätig für die Patrioten, als furchtbar für die Feinde des Vaterlandes sein werde. Es hat Euch die Pflicht auferlegt, zu gleicher Zeit den Mut und die Politik zu zeigen, welche notwendig sind, die letzteren zu vertilgen, und vorzüglich die Einigkeit unter Euch zu erhalten, die Ihr nötig habt, um Eure große Bestimmung zu erfüllen. Die Gründung der französischen Republik ist kein Kinderspiel; sie kann weder das Werk des Eigensinnes oder der Sorglosigkeit, noch das zufällige Resultat des Aufeinandertreffens aller Privatabsichten und aller revolutionären Elemente sein. Bei der Erschaffung der Welt hatte die Weisheit ebensoviel zu tun als die Macht. Indem Ihr verschiedenen, aus Eurem Schoße genommenen Mitgliedern das furchtbare Geschäft aufgetragen habt, unaufhörlich über das Schicksal des Vaterlandes zu wachen: Habt Ihr Euch selbst das Gesetz gegeben, sie mit Eurer Macht und Eurem Zutrauen zu unterstützen. Wenn die revolutionäre Regierung nicht von der Energie, den Einsichten, dem Patriotismus und dem Wohlwollen aller Volksrepräsentanten unterstützt wird, woher soll sie denn eine Schöpfungskraft hernehmen, die den Kräften Europas, von welchem sie angegriffen wird, und allen Feinden der Freiheit, welche sie von allen Seiten drängen, gewachsen ist? Unglück über uns, wenn wir unser Herz den treulosen Eingebungen unserer Feinde öffnen, die uns nur durch unsere Entzweiung überwinden können! Unglück über uns, wenn wir das Band zerreißen, anstatt es enger zu knüpfen; wenn das Privatinteresse und die beleidigte Eitelkeit sich an die Stelle des Vaterlandes und der Wahrheit setzen!

Laßt uns unsere Seele zu der Höhe republikanischer Tugenden und der Muster des Altertums erheben. Themistokles hatte mehr Genie als der spartanische Feldherr, welcher die Flotte der Griechen anführte. Als dieser, statt aller Antwort auf einen heilsamen Rat, der das Vaterland retten sollte, den Stock aufhob, um ihn zu schlagen, sagte Themistokles: „Schlage nur, aber höre"; und Griechenland triumphierte über Asiens Tyrannen. Scipio, der ebensoviele Talente, als jeder römische Feldherr besaß, machte sich eine Ehre daraus, nachdem er Hannibal und Karthago überwunden hatte, unter den Befehlen seines Feindes zu dienen. O Tugend großer Herzen! was sind alle Bewegungen des Stolzes und alle Ansprüche kleiner Seelen gegen dich? O Tugend! bist du weniger notwendig, um eine Republik zu gründen, als sie im Frieden zu regieren? O Vaterland! hast du weniger Rechte auf die Repräsentanten des französischen Volkes, als Griechenland und Rom auf ihre Feldherren hatten? Was sage ich, wenn die Geschäfte der revolutionären Regierung nicht mehr mühsame Pflichten, sondern Gegenstände des Ehrgeizes bei uns sind, so ist es schon um die Republik geschehen.

Das Ansehen des Nationalkonvents muß von ganz Europa geachtet werden. Um es herabzuwürdigen, um es zu vernichten, erschöpfen die Tyrannen alle Kräfte ihrer Politik, verschwenden sie ihre Schätze. Der Konvent muß den festen Entschluß fassen, seine eigene Regierung derjenigen des Londoner Kabinetts und der europäischen Höfe vorzuziehen; wenn er nicht regiert, so werden die Tyrannen herrschen.

Welche Vorteile werden diese nicht in dem Kriege der List und der Bestechung haben, den sie gegen die Republik führen? Alle Laster kämpfen für sie; die Republik hat nur die Tugenden auf ihrer Seite.

Die Tugenden sind einfach, bescheiden, arm, oft unwissend, zuweilen ungeschliffen; sie sind das Leibgedinge der Unglücklichen, das Erbteil des Volkes. Die Laster sind von allen Schätzen umgeben, mit allen Reizen der Wollust und allen Lockungen der Treulosigkeit geziert; sie werden von allen gefährlichen Talenten begleitet, die im Verbrechen geübt sind.

Mit welcher Kunst brauchen nicht die Tyrannen, ich will nicht sagen unsere Schwachheiten, sondern auch unsern Patriotismus gegen uns? Mit welcher Schnelligkeit könnte sich nicht der Keim der Zwietracht entwickeln, den sie unter uns werfen, wenn wir nicht eilen, ihn zu ersticken?

Den fünf Jahren der Verräterei und der Tyrannei, der zu großen Unvorsichtigkeit und Leichtgläubigkeit und einigen Zügen der Stärke, auf die nur zu bald eine kleinmütige Reue folgte, ist es zuzuschreiben, daß Österreich, England, Rußland, Preußen und Italien Zeit hatten, in Frankreich eine geheime Regierung zu errichten, welche eine Nebenbuhlerin der französischen Regierung ist. Sie hat auch ihre Ausschüsse, ihren Schatz, ihre Agenten. Sie gewinnt die Kraft, die wir unserer Regierung entziehen; sie hat die Einheit, welche uns lange gefehlt hat; die Politik, deren wir nur zu sehr entbehren zu können glauben; die Beharrlichkeit und die Eintracht, deren Notwendigkeit wir nicht immer genug gefühlt haben.

Auch haben die fremden Höfe seit langer Zeit all die geschickten Bösewichter, die sie in ihrem Solde haben, nach Frankreich geschickt; ihre Agenten unterwandern immer noch unsere Armeen; selbst der Sieg von Toulon ist ein Beweis hiervon. Es bedurfte aller Tapferkeit der Soldaten, aller Treue der Generale, allen Heldenmuts der Volksrepräsentanten, um über die Verräterei zu triumphieren. Jene Agenten beraten in unsern Administrationen, in unsern Sektionsversammlungen und schleichen sich in unsere Klubs ein; sie haben sich sogar Sitze im Heiligtum der

Nationalrepräsentation verschafft; sie leiten die Gegenrevolution nach einem Plan und werden sie immer so leiten.

Sie schwärmen um uns herum, erschleichen unsere Geheimnisse, schmeicheln unsern Leidenschaften, suchen sogar auf unsere Meinungen Einfluß zu haben, und brauchen unsere Beschlüsse als Waffen gegen uns. Seid Ihr schwach, so loben sie Eure Klugheit; seid Ihr klug, so klagen sie Euch der Schwachheit an; Euren Mut nennen sie Verwegenheit; Eure Justiz Grausamkeit. Schont ihrer, so werden sie öffentlich konspirieren; droht ihnen, so verschwören sie sich im Dunklen. Unter der Larve des Patriotismus ermordeten sie gestern die Verteidiger der Freiheit, und heute mischen sie sich in ihren Leichenzug; fordern für sie göttliche Ehrenbezeigungen; und spähen die Gelegenheit aus, ihresgleichen zu morden. Soll der Bürgerkrieg erregt werden: so predigen sie alle Torheiten des Aberglaubens. Ist der Bürgerkrieg auf dem Punkt, durch die Ströme französischen Blutes zu erlöschen: so schwören sie ihrem Priestertum und ihrem Gott ab, um jenen wieder anzufachen.

Man sah Engländer und Preußen sich in der Stadt und auf dem Lande verbreiten, und im Namen des Nationalkonvents eine unsinnige Lehre predigen; entpriesterte Priester sah man an der Spitze aufrührerischer Versammlungen, deren Bewegungsgrund und Vorwand die Religion war. Schon sind Patrioten ermordet worden, die sich durch den bloßen Haß gegen den Fanatismus zu unvorsichtigen Schritten verleiten ließen. Schon floß Blut in verschiedenen Gegenden wegen jener traurigen Zänkereien, als wenn wir zur Bekämpfung der Tyrannen Europas des Blutes zu viel hätten. O Schande! O Schwachheit der menschlichen Vernunft! eine große Nation schien das Spiel der elendesten Sklaven der Tyrannen zu sein.

Die Ausländer schienen einige Zeit die Schiedsrichter der öffentlichen Ruhe zu sein. Das Geld zirkulierte und verschwand nach ihrem Belieben. Wenn sie wollten, hatte das Volk Brot; wenn sie wollten, war es dessen beraubt; auf ihren Wink entstanden und zerstreuten sich wieder die Aufläufe vor den Bäckerläden. Sie umgeben uns mit ihren Meuchelmördern, mit ihren Spionen; wir wissen es, wir sehen es, und sie leben? Sie sind dem Schwert des Gesetztes unzugänglich? Ja, es ist selbst jetzt noch schwerer, einen wichtigen Konspiranten zu bestrafen, als einen Freund der Freiheit den Händen der Verleumdung zu entreißen.

Kaum hatten wir die scheinbar philosophischen Ausschweifungen angezeigt, welche von den Feinden Frankreichs angestiftet wurden; kaum hatte der Patriotismus auf dieser Tribüne das Wort ultrarevolutionär ausgesprochen, durch welche sie bezeichnet wurden, als die Verräter von Lyon und alle Anhänger der Tyrannei sogleich eilten, dasselbe auf die armen Patrioten anzuwenden, die aus Redlichkeit einigen Irrtum begangen hatten. Auf der einen Seite erneuern sie das alte System der Verfolgung gegen die Freunde der Republik; auf der andern Seite flehen sie um Nachsicht zugunsten der Bösewichter, die mit dem Blut des Vaterlandes befleckt sind.

Indessen häufen sich ihre Verbrechen; die gottlosen Banden der fremden Sendlinge vermehren sich jeden Tag; Frankreich ist von ihnen überschwemmt; sie erwarten und werden immerfort einen Augenblick erwarten, der ihren schädlichen Anschlägen günstig ist. Sie verschanzen sich, lagern sich mitten unter uns; sie werfen neue Bollwerke auf und errichten neue gegenrevolutionäre Batterien, indem die Tyrannen, in deren Sold sie stehen, neue Heere sammeln.

Ja, die niederträchtigen Sendlinge, die mit uns reden, die uns schmeicheln, sind die Brüder, sind die Mitschuldigen der grausamen Trabanten, die unsere Ernten plündern; die, von ihren Oberhäuptern gekauft, von unsern Städten und unsern Schiffen Besitz nahmen; die unsere Brüder ermordeten und ohne Mitleid unsere Gefangenen, unsere Weiber, unsere Kinder und die Repräsentanten des französischen Volkes erwürgten. Was sage ich? Die Ungeheuer, welche diese Laster begingen, sind tausendmal weniger abscheulich als die Elenden, welche heimlich unsere Eingeweide zerreißen; und sie leben? sie zetteln ungestraft Verschwörungen an?

Nicht ins Herz der Patrioten und der Unglücklichen muß man den Schrecken bringen; sondern in die Mordhöhlen der fremden Räuber, wo man sich die Beute des französischen Volkes teilt und von seinem Blute trinkt.

Sie erwarten nur Oberhäupter, um sich zu vereinigen; und diese suchen sie mitten unter uns. Ihr Hauptzweck ist, Euch untereinander zu entzweien. Ein solcher trauriger Kampf würde die

Hoffnungen des Aristokratismus wieder beleben; die Pläne des Föderalismus wieder erneuern; die girondistische Rotte wegen des Gesetzes, das ihre Laster bestraft hat, rächen; den Berg wegen seiner erhabenen Vaterlandsliebe bestrafen; denn der Berg, oder vielmehr der Konvent selbst ist es, den man angreift, indem man ihn entzweit und sein Werk zerstört.

Wir aber, wir werden nur gegen die Engländer, die Preußen, die Österreicher und ihre Mitschuldigen Krieg führen; durch ihre Vertilgung werden wir auf die Schmähschriften antworten; wir können nur die Feinde des Vaterlandes hassen.

Der Ausschuß hat bemerkt, daß das Gesetz nicht schnell genug zur Bestrafung großer Verbrechen ist. Ausländer, Agenten der verbündeten Könige, mit französischem Blut befleckte Generale, Mitschuldige Dumouriez', Custines und Lamarlières, sind seit langer Zeit in Haft und noch nicht gerichtet. Die Verschworenen sind zahlreich; sie scheinen sich zu vervielfältigen, und die abschreckenden Beispiele sind selten! Die Bestrafung von hundert unbekannten Verbrechern ist der Freiheit nicht so nützlich, als die Hinrichtung eines einzigen Oberhauptes einer Verschwörung.

Die Glieder des Revolutionstribunals, deren Patriotismus und Billigkeit man im ganzen genommen loben kann, haben selbst dem Wohlfahrtsausschuß die Ursachen angezeigt, welche zuweilen seinen Gang hemmen, ohne ihn sicherer zu machen; und haben von uns die Verbesserung eines Gesetzes verlangt, welches die Merkmale der unglücklichen Zeiten trägt, in denen es gegeben wurde. Wir schlugen Euch vor, dem Ausschuß die Befugnis zu erteilen, daß er Euch über diesen Punkt einige Veränderungen vorschlage, welche darauf abzielen, die Verwaltung gegenüber der Justiz gleichmäßiger, der Unschuld günstiger und zugleich dem Verbrechen und der Intrige furchtbarer zu machen. Ihr habt ihm auch schon durch ein Dekret diesen Auftrag gegeben.

Jetzt schlagen wir Euch vor, das Urteil über die Fremden und die Generale zu beschleunigen, welche wegen Verschwörung mit den Tyrannen, die uns bekriegen, angeklagt sind.

Es ist nicht genug, die Feinde des Vaterlandes zu erschrecken; man muß auch seine Verteidiger unterstützen. Wir werden daher Eure Gerechtigkeit um einige Anstalten zugunsten der Krieger bitten, welche für die Freiheit kämpfen und leiden.

Die französische Armee ist nicht nur ein Schrecken der Tyrannen, sie ist die Ehre der Nation und der Menschheit. Indem sie zum Siege hinziehen, rufen unsre tugendhaften Krieger: es lebe die Republik! Fallen sie unter dem Schwerte des Feindes, so rufen sie: es lebe die Republik! Ihre letzten Worte sind Lobgesänge auf die Freiheit; ihre letzten Seufzer sind Wünsche für das Vaterland. Wären alle Feldherren so gut als die gemeinen Soldaten gewesen: Europa wäre längst überwunden. Jede wohltätige Handlung gegen die Armee ist eine Handlung der Dankbarkeit der Nation.

Die den Verteidigern des Vaterlandes und ihren Familien bewilligten Unterstützungen scheinen uns klein. Wir glauben, daß sie ohne Schwierigkeiten um ein Drittel vermehrt werden können. Die unermeßlichen Hilfsquellen der Republik in Ansehung der Finanzen erlauben es; das Vaterland fordert es.

Es scheint uns auch, daß die verstümmelten Soldaten, wie auch die Witwen und Kinder derjenigen, die fürs Vaterland gestorben sind, in den von dem Gesetz geforderten Formalitäten und in der Vielfältigkeit der Bitten, zuweilen auch in der Kaltblütigkeit oder im bösen Willen einiger untergeordneter Administrationen Schwierigkeiten finden, welche den Genuß der Vorteile, die das Gesetz ihnen sichert, verzögern. Wir glauben daher, daß man diesem Übel abhelfen könnte, wenn man ihnen offizielle Verteidiger gäbe, um ihnen die Mittel, ihre Rechte geltend zu machen, zu erleichtern.

Erich Pelzer

# Metternich vor Napoleon
# Krieg und Frieden
# (1813)

Bei den beiden nachfolgend abgedruckten Quellentexten handelt es sich eigentlich nicht um eine Rede, sondern um eine Unterredung. Sie fand statt am 26. Juni 1813 in Dresden im Marcolini-Palais zwischen dem österreichischen Außenminister Clemens Fürst von Metternich (1773-1859) und dem französischen Kaiser Napoleon I. (1769-1821). Das Adelspalais, das der sächsische König Friedrich August für seinen italienischen Freund Camillo Marcolini Anfang des 18. Jahrhunderts erbauen ließ, lag 1813 an der Stadtgrenze Dresdens und diente Napoleon als Hauptquartier (heute beherbergt das Gebäude das städtische Krankenhaus Dresden-Friedrichstadt). Die plausibelste Erklärung, warum die Quelle in eine Textsammlung großer Reden aufgenommen wird, liefert uns einer der beiden Gesprächsteilnehmer: Selbst Metternich mußte zurückblickend unumwunden zugeben, daß von den Unterredungen mit Napoleon ein unsäglicher Zauber ausging, obgleich es keine Gespräche waren, sondern einfach Monologe. Mit anderen Worten: Napoleons politische Gedankenwelt, seine suggestive Rhetorik, aber auch seine menschlichen Abgründe entwickelten sich nirgendwo plastischer und eindringlicher als auf der Ebene des Gesprächs.

Die Dresdner Unterredung zwischen diesen beiden Lenkern der Geschicke Europas markiert einen Wendepunkt der neueren Geschichte. An diesem Tag, so könnte man zugespitzt sagen, begann der endgültige Niedergang Napoleons und damit die Ära Metternichs, eine Periode europäischer Gleichgewichtspolitik und finsterer Restauration, die erst in den revolutionären Ereignissen des Jahres 1848 ihr Ende fand.

Doch gehen wir zunächst auf die Vorgeschichte ein, um zu

verstehen, worin die Dramatik dieser weltgeschichtlichen Begegnung liegt. Napoleon und Metternich kannten sich seit etlichen Jahren sehr gut und führten zwischen 1806 und 1809, während der Zeit, als der gebürtige Pfälzer österreichischer Botschafter in Paris war, zahlreiche politische Gespräche. In Dresden begegneten sie sich 1813 zum letzten Mal. 1809 nach der Niederlage Österreichs gegen Frankreich zum Außenminister berufen, empfahl er seinem Kaiser Franz II. eine „Anschmiegung an das triumphierende französische System", um Österreichs Interessen zu sichern und dessen Kraft „auf bessere Zeiten aufzuheben." In dem für Napoleon verhängnisvollen Rußlandfeldzug 1812 stellte Österreich Truppenkontingente für die *Grande Armée*, danach übte es eine „wohlwollende Neutralität". Da Napoleon der Schwiegersohn des Kaisers Franz II. war, konnte Österreich zu Beginn der Befreiungskriege nicht daran interessiert sein, die europäische Allianz auf Kosten Frankreichs zu stärken. Geschickt wartete Metternich im Hintergrund die kriegerischen Auseinandersetzungen im Frühjahr 1813 ab, um danach als Vermittler zwischen Napoleon und der Dreimächte-Allianz (Rußland, Preußen, England) zu fungieren. In Wirklichkeit betrieb Österreich mit seinen geheimen Truppenkonzentrationen in Böhmen eine Doppelstrategie, um sich die Option für einen geeigneten Übertritt auf die Seite der Allianz gegen Napoleon offenzuhalten. Napoleon, der Österreichs Doppelspiel ahnte, spielte zunächst seine Karten vorsichtig aus, und besiegte in zwei Schlachten bei Lützen (2. Mai) und Bautzen (20. Mai) die preußisch-russische Armee. Danach beging Napoleon einen entscheidenden Fehler, indem er am 4. Juni in einen sechswöchigen Waffenstillstand einwilligte, um so den Konflikt von der militärischen auf die diplomatische Ebene zu verlagern. Hinter den Kulissen begannen nun in ganz Europa geheime Manöver, um der politisch-militärischen Vormachtstellung Napoleons ein Ende zu setzen. Die alliierten Armeen verstärkten sich durch Hunderttausende frischer Truppen und England, das durch Wellington auf der iberischen Halbinsel gegen Napoleons Marschälle erfolgreich vorging, unterstützte zudem die Allianz in Deutschland durch finanzielle Subsidien. Napoleons Spione meldeten aus ganz Europa unheilverkündende Anzeichen. Indes spielte Metternich weiterhin seine angebliche Mittlerrolle, konferierte mit den Herrschern der Allianz am 24. Juni in Reichenbach und sagte Österreichs Unterstützung zu, falls Napoleon nicht große Gebiete in Europa räumte. Zwei Tage später versicherte dieser Meisterintrigant in Dresden dem französischen Kaiser, daß „Österreich frei von allen Bindungen“ sei. Metternichs Strategie bestand darin, dem Kaiser eine Verlängerung des Waffenstillstands bis zum 10. August abzuringen, damit Österreich sich besser auf den vernichtenden Schlag vorbereiten konnte.

Napoleon seinerseits versprach sich von der Unterredung mit Metternich konkrete Aufschlüsse über die eigentlichen Ziele der österreichischen Politik, nachdem er zuvor Metternichs Bedingung einer „bewaffneten Vermittlung“ zugestimmt hatte. Als sich Napoleon weigerte, irgendwelche Territorien abzutreten, erklärte Metternich ausweichend, diese Fragen bis zur nächsten Friedenskonferenz zurückzustellen. Während Napoleon in dem Irrtum befangen war, den Frieden, wie er dies bislang praktiziert hatte, diktieren zu können, trachtete Metternich danach, das Ringen auf eine Ebene zu heben, die er meisterhaft beherrschte: die Ebene der Kabinettsdiplomatie. Als Napoleon schließlich einem Friedenskongreß in Prag zustimmte, um seinen ausweichenden Gegner zu fassen und zwecks eigener Truppenverstärkung eine weitere Ausdehnung der Waffenruhe zu erreichen, lief er Metternich in die Falle, denn es ging nicht mehr um den Frieden, sondern um den Anlaß zum Krieg. Dieses machiavellistische Faktum galt es der Nachwelt geschönt zu überliefern, indem der Mensch des Maßes (Metternich) den Menschen des Willens (Napoleon) als europäischen Unruhestifter hinstellte, mit dem keine weiteren Verhandlungen möglich waren.

Von dem berühmten Vier-Augen-Gespräch sind mindestens vier Berichte überliefert. Der maßgeblichste, hier abgedruckte, stammt von Metternich selbst. Der Kern des Gesprächs ist in einer knappen Depesche an Kaiser Franz kurz nach der Zusammenkunft mit Napoleon enthalten. Die ausführlichere Version wurde 1820 frei aus dem Gedächtnis niedergeschrieben und für die viele Jahre später veröffentlichten Staatsdokumente erweitert, mit weiteren Zusätzen versehen, in Metternichs 1880 posthum veröffentlichte Autobiographie aufgenommen. In diesem mit zeitlicher Distanz während der Restaurationszeit von Metternich rekonstruierten dramatischen Bericht über sein Treffen mit Napoleon schildert uns Metternich einen Vorraum voller Minister, die in ihm die letzte Chance für den Frieden sahen. Er spricht von einem glänzenden Napoleon und einem unerschütterlichen Metternich, von einem in eine Ecke geschleuderten Hut und der Weigerung, ihn wieder aufzuheben, und von einer kühnen Vorhersage über das bevorstehende Ende des Franzosenkaisers. Wenn sich auch darin vielleicht nicht niederschlägt, was sich wirklich ereignete, so ist dieser Bericht doch im Sinn des späteren „Kutschers Europas" und politischen Restaurateurs richtig – er ist psychologisch richtig.

Von französischer Seite liegen drei Versionen vor. Die eine ist Napoleons Monolog auf Sankt-Helena, nach dem Bericht *Récits de la captivité de l'Empereur Napoléon à Sainte-Hélène* des Grafen Charles-François-Tristan de Montholon (1783-1853). Eine andere stammt vom Baron Agathon-Jean-François Fain (1778-1836); sie ist in seinem *Manuscrit de 1813* enthalten und stützt sich auf die mündliche Rekonstruktion der Unterredung durch Hugues-Bernard Maret (1763-1839), Herzog von Bassano. Sie wurde von den meisten französischen Historikern, vor allem von Adolphe Thiers benutzt. Baron Fain berichtet, Napoleon habe Metternich höhnisch gefragt: „Wieviel hat England Ihnen denn angeboten?" Darüber haben sich die Deutschen – und natürlich auch die Österreicher – mokiert. Metternich, so protestierten sie, hätte nie eine so schändliche Beschuldigung geduldet. Eine dritte französische Fassung, die erst 1933 ans Licht kam, stammt von Armand-Louis-Augustin de Caulaincourt (1773-1827), Herzog von Vicenza, der später an Marets Stelle Napoleons Außenminister wurde. Caulaincourts Version stützt sich auf Napoleons temperamentvolle Erzählung, kurz nachdem Metternich den Marcolini-Palast verlassen hatte. Alle drei französischen Versionen stimmen darin überein, daß Napoleon nicht nur als Zeichen des guten Willens die illyrischen Provinzen an Österreich zurückgeben wollte, sondern auch Metternichs Doppelspiel durchschaute.

In Metternichs Augenzeugenbericht wechseln Erzählstil und direkte Rede einander ab. Er beginnt seine Schilderung der berühmten Dresdner Unterredung mit Napoleon wie folgt:

## Clemens Fürst von Metternich Unterredung mit Napoleon am 26. Juni 1813

Das Erscheinen des österreichischen Ministers der auswärtigen Angelegenheiten im Hauptquartier Napoleons konnte unter solchen Umständen von den Führern der französischen Armee nur als ein in seinen Ergebnissen entscheidendes aufgefaßt werden. Mit dieser Empfindung wurde ich in Dresden aufgenommen. Es wäre mir schwer, den Ausdruck der peinlichen Besorgnis zu schildern, der sich auf den Gesichtern der goldbestückten Schar zeichnete, die in den Dienstgemächern des Kaisers versammelt war. Der Fürst von Neufchâtel (Alexandre Berthier) sagte zu mir: „Vergessen Sie nicht, daß Europa des Friedens bedarf und vorzüglich Frankreich, welches nur den Frieden will.“ Ohne mich veranlaßt zu sehen, darauf zu antworten, trat ich in den Dienstsalon des Kaisers ein.

Napoleon erwartete mich stehend in der Mitte seines Kabinetts, den Degen an der Seite, den Hut unterm Arm. Er ging mit erkünstelter Fassung auf mich zu und erkundigte sich nach dem Befinden des Kaisers. Bald darauf verdüsterten sich seine Züge, und indem er sich vor mich hinstellte, sprach er mich folgendermaßen an:

„Sie wollen also den Krieg? Gut, Sie sollen ihn haben. Ich habe bei Lützen die preußische Armee vernichtet; ich habe die Russen bei Bautzen geschlagen; auch Sie wollen an die Reihe kommen. Es sei! In Wien sehen wir uns wieder! Die Menschen sind unverbesserlich, die Erfahrung ist für sie verloren. Dreimal habe ich den Kaiser Franz wieder auf den Thron gesetzt. Ich habe ihm versprochen, mein Leben lang mit ihm in Frieden zu bleiben; ich habe seine Tochter geheiratet. Damals sagte ich mir, du begehst eine Torheit, aber sie ist begangen, ich bereue sie heute.“

Diese Einleitung verdoppelte in mir das Gefühl der Stärke meiner Stellung, ich betrachtete mich in diesem Augenblick der Entscheidung als den Vertreter der gesamten europäischen Gesellschaft. Soll ich es sagen – Napoleon erschien mir klein!

„Krieg und Frieden“, erwiderte ich, „liegen in der Hand Eurer Majestät. Der Kaiser, mein Herr, hat Pflichten zu erfüllen, vor denen alle anderen Rücksichten in den Hintergrund treten. Das Schicksal Europas, seine Zukunft und die Ihrige, all das ruht in Ihrer Hand. Zwischen Europa und Ihren bisherigen Zielen besteht unlöslicher Widerspruch. Die Welt bedarf des Friedens. Um diesen Frieden zu sichern, müssen Sie in die mit der allgemeinen Ruhe vereinbarten Machtgrenzen zurückkehren, oder aber sie werden in dem Kampfe unterliegen. Heute können sie noch Frieden schließen, morgen dürfte es zu spät sein. Der Kaiser, mein Herr, läßt sich in seinem Handeln nur durch die Stimme seines Gewissens leiten; an Ihnen, Sire, ist es nun, auch das Ihrige zu Rate zu ziehen."

„Nun gut, was will man denn von mir?" fuhr mich Napoleon an, „daß ich mich entehre? Nimmermehr! Ich werde zu sterben wissen, aber ich trete keine Handbreit Bodens ab. Eure Herrscher, geboren auf dem Throne, können sich zwanzigmal schlagen lassen und doch immer wieder in ihre Residenzen zurückkehren; das kann ich nicht, ich, der Sohn des Glücks! Meine Herrschaft überdauert den Tag nicht, an dem ich aufgehört habe, stark und folglich gefürchtet zu sein. Ich habe einen großen Fehler begangen, indem ich außer acht ließ, was mich eine Armee gekostet hat, die herrlichste, die es je gegeben. Ich kann mich mit Menschen schlagen, aber nicht mit Elementen; die Kälte hat mich zugrunde gerichtet. In dieser Nacht verlor ich 30.000 Pferde. Alles habe ich verloren, nur die Ehre nicht und das Bewußtsein dessen, was ich einem tapferen Volke schulde, das nach so ungeheuren Unglücksfällen mir neue Beweise der Hingebung und seiner Überzeugung gegeben hat, daß ich allein es regieren kann. Ich habe die Verluste des vergangenen Jahres ausgeglichen, sehen Sie einmal die Armee an nach den Schlachten, die ich soeben gewonnen! Ich werde vor Ihnen Heerschau halten!"

„Und gerade die Armee ist es", erwiderte ich ihm, „die den Frieden verlangt."

„Nicht die Armee", unterbrach mich Napoleon mit Lebhaftigkeit, „nein, meine Generale wollen den Frieden! Ich habe keine Generale mehr. Die Kälte von Moskau hat sie demoralisiert. Ich sah die Tapfersten weinen wie die Kinder. Sie waren physisch und moralisch gebrochen. Vor vierzehn Tagen konnte ich noch Frieden schließen, heute kann ich es nicht mehr. Ich habe zwei

Schlachten gewonnen, ich werde nicht Frieden schließen."

„In alledem, was Eure Majestät mir soeben gesagt", bemerkte ich, „sehe ich einen neuen Beweis davon, daß Europa und Eure Majestät zu keiner Verständigung kommen können. Ihre Friedensschlüsse waren immer nur Waffenstillstände. Die Mißgeschicke wie die Erfolge treiben Sie zum Krieg. Der Augenblick ist da, wo Sie und Europa sich gegenseitig den Handschuh hinwerfen; Sie werden ihn aufheben, Sie und Europa, und nicht Europa wird es sein, das im Kampfe unterliegt."

„Wollen Sie mich etwa durch eine Koalition zugrunde richten?" versetzte Napoleon; „wieviel seid ihr denn, ihr Alliierten? Euer vier, fünf, sechs, zwanzig? Je mehr ihr seid, desto besser für mich! Ich nehme die Herausforderung an. Aber ich kann Sie versichern", fuhr er mit erzwungenem Lachen fort, „im nächsten Oktober sehen wir uns in Wien! Dann wird es sich zeigen, was aus Euren guten Freunden, den Russen und Preußen, geworden ist. Zählen Sie auf Deutschland? Schauen Sie was es im Jahre 1809 getan hat! Um dort die Bevölkerung im Zaum zu halten, genügen mir meine Soldaten, und für die Treue der Fürsten ist mir die Furcht Bürge, die sie vor euch haben. Erklären Sie ihre Neutralität und halten sie dieselbe, dann gehe ich auf Unterhandlungen in Prag ein. Wollen Sie eine bewaffnete Neutralität? Es sei! Legen Sie 300.000 Mann nach Böhmen, das Wort des Kaisers genügt mir, daß er nicht Krieg mit mir führen wird, bevor die Unterhandlung zu Ende ist."

„Der Kaiser", antwortete ich, „hat den Mächten seine Vermittlung, nicht seine Neutralität angeboten. Rußland und Preußen haben die Vermittlung angenommen, an Ihnen ist es, sich heute noch zu erklären. Sie werden das annehmen, was ich Ihnen soeben angeboten, und wir werden einen Zeitraum für die Dauer der Unterhandlungen festsetzen; Sie werden es verweigern, und der Kaiser, mein allergnädigster Herr, wird sich als frei betrachten in seinen Entschlüssen und seiner Haltung. Die Lage drängt, die Armee muß leben; in kurzem sind 250.000 Mann in Böhmen, sie können dort einige Wochen, nicht aber Monate lang im Quartier stehen!"

Hier unterbrach mich wieder Napoleon, um sich in einer langen Abschweifung über die mögliche Stärke unserer Armee zu ergehen. Nach seiner Berechnung könnten wir höchstens 75.000 Mann schlagfertig nach Böhmen schicken. Er gründete diese Berechnung auf den Normalstand der Bevölkerung in der Monarchie, auf die Abschätzung der Verluste an Mannschaft in den letzten Kriegen und auf unser Rekrutierungsreglement usw. Ich drückte mein Erstaunen über die Unrichtigkeit der von ihm eingezogenen Erkundigungen aus, da es ihm doch so leicht gewesen wäre, sich genauere und verläßlichere Daten zu verschaffen.

„Ich mache mich anheischig", erklärte ich ihm, „Ihnen die genaue Liste Ihrer Bataillone zu geben, und Eure Majestät sollen über die österreichische Armee nicht genauso gut unterrichtet sein?"

„Ich bin es", versetzte Napoleon; „ich besitze ganz genaue Aufstellungen über die Armee und bin sicher, mich über ihren Effektivstand nicht zu täuschen. Herr von Narbonne", fügte er bei, „hat eine Masse von Spionen ins Feld geschickt, und seine Erkundigungen erstrecken sich bis auf die Trommelschläger ihrer Armee; mein Hauptquartier hat das gleiche getan; aber ich kenne besser als irgend jemand den Wert, den man solchen Auskünften beilegen darf. Meine Berechnungen stützen sich auf mathematische Grundlagen und sind deshalb verläßlich, niemand hat schließlich mehr, als er haben kann."

Napoleon führte mich in sein Arbeitskabinett und zeigte mir die Standeslisten unserer Armee, wie sie ihm täglich zukamen. Er prüfte sie mit eingehender Genauigkeit und beinahe Regiment für Regiment. Unsere Erörterung über diesen Gegenstand dauerte mehr als eine Stunde.

Zurückgekehrt in sein Empfangszimmer, brachte er die politische Frage nicht mehr zur Sprache, und ich hätte glauben können, daß es seine Absicht sei, meine Aufmerksamkeit von dem Gegenstand meiner Sendung abzulenken, wenn nicht eine frühere Erfahrung mich gelehrt hätte, wie sehr ihm solche Abschweifungen geläufig seien. Er besprach die Gesamtheit seiner Operation in Rußland und verbreitete sich über lange und kleinliche Einzelheiten aus der Zeit seiner letzten Rückkehr nach Frankreich. Aus allem ward mir klar, wie er beständig darauf hinzielte, hervorzuheben, daß seine Niederlage von 1812 ganz auf Rechnung der Jahreszeit zu setzen und daß seine moralische Stellung in Frankreich nie fester gewesen sei, als infolge dieser nämlichen Ereignisse. „Es war eine harte Probe", sagte er mir, „aber ich habe sie vollkommen bestanden."

Nachdem ich ihn über eine halbe Stunde angehört hatte, unterbrach ich ihn mit der Bemerkung, daß ich in dem, was er soeben gesagt, einen starken Beweis der Notwendigkeit erkenne, so wechselvollen Geschicken ein Ziel zu setzen. „Das Glück", fügte ich bei, „kann sie ein zweitesmal wie im Jahre 1812 im Stiche lassen. In gewöhnlichen Zeiten bilden die Armeen nur einen kleinen Teil der Bevölkerung, heute ist es das ganze Volk, das Sie unter die Waffen rufen. Ist ihre jetzige Armee nicht eine verfrühte Generation? Ich habe Ihre Soldaten gesehen. Es sind Kinder. Eure Majestät haben das Gefühl, daß Sie der Nation unbedingt notwendig sind, brauchen Sie nicht aber auch die Nation? Und wenn diese jugendliche Armee, die Sie heute unter die Waffen gerufen haben, dahingerafft sein wird, was dann?"

Als Napoleon diese Worte hörte, übermannte ihn der Zorn, er ward bleich, und seine Züge verzerrten sich.

„Sie sind nicht Soldat", fuhr er mich an, „und wissen nicht, was in der Seele eines Soldaten vorgeht. Ich bin im Felde aufgewachsen, und ein Mann wie ich schert sich wenig um das Leben einer Million Menschen." Mit diesem Ausruf warf er den Hut, den er bisher in der Hand gehalten, in die Ecke des Zimmers. Ich blieb ganz ruhig, stützte mich an die Ecke einer Konsole zwischen den beiden Fenstern und sagte tief bewegt von dem, was ich eben gehört: „Warum haben Sie mich gewählt, um mir zwischen vier Wänden das zu sagen, was Sie eben ausgesprochen; öffnen wir die Türen, und mögen Ihre Worte von einem Ende Frankreichs zum andern ertönen. Nicht die Sache, die ich vor Ihnen vertrete, wird dabei verlieren."

Napoleon faßte sich, und mit ruhigerem Tone sagte er mir folgende Worte, die nicht minder merkwürdig als die vorigen waren: „Die Franzosen können sich nicht über mich beklagen; um sie zu schonen, habe ich die Deutschen und die Polen geopfert. Ich habe in dem Feldzug von Moskau 300.000 Mann verloren; es waren nicht mehr als 30.000 Franzosen darunter."

„Sie vergessen, Sire", rief ich aus, „daß Sie zu einem Deutschen sprechen!"

Napoleon ging wieder mit mir im Zimmer auf und ab, beim zweiten Gange hob er den am Boden liegenden Hut auf. Sofort kam er nochmals auf seine Heirat zu sprechen. „So habe ich denn“, hub er an, „einen recht dummen Streich gemacht, eine Erzherzogin von Österreich zu heiraten.“

„Da Eure Majestät meine Meinung wissen wollen“, erwiderte ich, „so will ich offen und frei sagen, Napoleon der Eroberer hat einen Fehler begangen.“

„Der Kaiser Franz will also seine Tochter entthronen?“

„Der Kaiser“, versetzte ich, „kennt nur seine Pflichten, und die wird er erfüllen. Was auch immer das Los seiner Tochter sein möge, Kaiser Franz ist vor allem Monarch, und das Interesse seiner Völker wird immer die erste Stelle in seinen Berechnungen einnehmen.“

„Jawohl“, unterbrach mich hier Napoleon, „was Sie da sagen, befremdet mich nicht, alles bestätigt meine Ansicht, daß ich da einen unverzeihlichen Fehler begangen habe. Indem ich eine Erzherzogin heiratete, habe ich das Neue mit dem Alten, die alten Vorteile mit den Einrichtungen meines Jahrhunderts verschmelzen wollen. Ich habe mich getäuscht und empfinde heute die ganze Größe meines Irrtums. Es kann mir den Thron kosten, aber ich werde die Welt unter seinen Trümmern begraben!“

Die Unterredung hatte sich bis 8½ Uhr abends hingezogen. Es war schon volle Nacht. Niemand hatte sich in das Kabinett hineingewagt. Nicht ein einziger Augenblick des Stillschweigens unterbrach diese lebhaften Erörterungen, in denen ich sechs Momente zählen kann, wo meine Worte ganz das Gewicht einer förmlichen Kriegserklärung hatten. Meine Absicht kann es nicht sein, hier alles wiederzugeben, was Napoleon während dieser langen Zusammenkunft gesprochen hat. Ich habe nur bei den hervorragenden Punkten verweilt, welche in direkter Beziehung zum Gegenstand meiner Sendung standen. Zwanzigmal hatten wir uns gar weit davon entfernt. Die Erzählung seines Feldzuges von 1812 hatte allein mehrere Stunden unserer Unterredung ausgefüllt; eine Menge anderer dem Gegenstand meiner Sendung ganz fremdartige Angelegenheiten beschäftigte ihn gleichfalls sehr lange Zeit. Die, welche Napoleon gekannt und Geschäfte mit ihm verhandelt haben, werden darüber nicht erstaunt sein.

Als mich Napoleon entließ, war der Ton seiner Rede ruhig und milde geworden. Ich konnte nicht mehr die Züge seines Gesichtes unterscheiden. Er begleitete mich bis an die Tür des Dienstsalons. Die Hand auf die Klinke des Türflügels legend, sagte er zu mir: „Wir sehen uns doch wieder?"

„Zu Befehl, Majestät", war meine Anwort, „aber ich habe keine Hoffnung, den Zweck meiner Mission zu erreichen."

„Nun wohl", entgegnete Napoleon, indem er mir auf die Schulter klopfte, „wissen Sie, was geschehen wird? Sie werden nicht Krieg mit mir führen."

„Sie sind verloren, Sire", rief ich lebhaft aus, „ich hatte ein Vorgefühl davon beim Kommen; jetzt beim Gehen habe ich die Gewißheit."

In den Vorzimmern fand ich die nämlichen Generale, die ich beim Eintreten gesehen hatte. Sie drängten sich um mich, um auf meinem Gesichte den Eindruck der fast neunstündigen Unterredung zu lesen. Ich hielt mich nicht auf und glaube nicht, ihre Neugierde befriedigt zu haben.

Berthier begleitete mich bis zu meinem Wagen. Er ergriff einen Augenblick, wo niemand in der Nähe war, um mich zu fragen, ob ich mit dem Kaiser zufrieden gewesen. „Ja", antwortete ich, „er hat mir vollen Aufschluß gewährt; mit dem Mann ist's aus!"

Ich erfuhr später, daß Napoleon noch am selben Abend beim Schlafengehen zu seiner Umgebung sich geäußert habe: „Ich hatte eine lange Unterredung mit Herrn von Metternich. Er hat sich wacker gehalten; dreizehnmal warf ich ihm den Handschuh hin, und dreizehnmal hat er ihn aufgehoben. Doch wird der Handschuh schließlich in meinen Händen bleiben." Ich habe allen Grund, zu glauben, daß keiner der Anwesenden durch diese Äußerung beruhigt wurde. Die ergebensten Höflinge Napoleons begannen an seiner Unfehlbarkeit zu zweifeln. Auch in ihren Augen wie in denen Europas begann sein Stern zu erbleichen.

## Baron Agathon-Jean-François Fain über die Unterredung zwischen Metternich und Napoleon am 26. Juni 1813

„Da sind Sie ja endlich, Metternich! Seien Sie mir willkommen! Aber warum kommen Sie so spät, wenn Sie ehrlich den Frieden wünschen? Warum haben Sie mich nicht von Anfang an über die Änderung Ihrer Politik unterrichtet? Sie wollen nicht mehr den unversehrten Bestand des französischen Kaiserreiches garantieren; nun gut, sei's drum! Dann mußten Sie aber den Mut haben, mir nach meiner Rückkehr aus Rußland dies ganz offen zu sagen. Vielleicht hätte ich meine Pläne geändert; vielleicht wäre ich nicht wieder ins Feld gezogen. Wir hätten uns verständigen können. Ich habe stets der Macht der Verhältnisse mich gebeugt. Sie rechneten ohne Zweifel damit, daß die Ereignisse sich weniger schnell entwickeln, oder daß meine Waffen weniger glücklich sein würden. Aber warum sprechen Sie mir von Vermittlung und laden mich zum Abschluß eines Waffenstillstandes ein, während Sie gleichzeitig mit meinen Feinden über ein Bündnis unterhandeln? Ohne ihr Dazwischentreten würde ich sie über die Weichsel zurückgeworfen haben, und der Frieden wäre bereits unterzeichnet. So aber kenne ich heute noch kein anderes Ergebnis Ihrer Vermittlung und des Waffenstillstandes als die Konvention von Reichenbach, durch die England sich verpflichtet hat, Preußen und Rußland fünfzig Millionen zum Kriege gegen mich zu liefern. Man berichtet mir auch von einem ähnlichen Vertrag mit einer dritten Macht; Sie müssen hierüber besser Bescheid wissen als ich, denn Graf Stadion nahm ja an den Verhandlungen teil. Gestehen Sie's Metternich: Österreich hat die Vermittlerrolle nur übernommen, um seinem Ehrgeiz und seiner Rachsucht gegen mich frönen zu können! Die Vermittlung Österreichs ist nicht unparteiisch, sondern feindselig gegen mich. Der Sieg bei Lützen hat Ihnen klar gemacht, daß Sie erst Ihre Armee verstärken müssen, bevor Sie sich gegen mich erklären können. Sie wollten Zeit gewinnen; Sie haben mir in verräterischer Weise Ihre Vermittlung angeboten und mich zum Waffenstillstand gedrängt. Und heute, da es Ihnen gelungen ist, hinter den böhmischen Bergen 200.000 Mann zu sammeln, die bereit sind, den Kampfplatz zu betreten – heute kommen Sie zu mir, um mir Ihre Gesetze zu diktieren!

Wenn Ihr Gebieter Vermittler ist, warum hält er dann nicht mit gerechter Hand die Waage im Gleichgewicht? Wenn er nicht Vermittler ist, warum stellt er sich nicht offen in die Reihen meiner Feinde? Solche Rolle wäre eines großen Königs würdig. Aber ich habe Ihr Spiel durchschaut. Sie wollen hier rekognoszieren [auskundschaften]. Sie wollen feststellen, ob es vorteilhafter für Sie wäre, ohne Kampf von mir ein Lösegeld zu erpressen, oder mich offen zu bekämpfen, um Ihre verlorenen Länder ganz oder zum Teil wieder zu erlangen.

Seien Sie offen, Metternich, was wollen Sie? Ich kenne meine Lage; ich weiß, daß ich vom Siege alles erhoffen kann, aber ich bin des Krieges müde, ich will den Frieden, und ich verhehle nicht, daß ich Ihrer Neutralität bedarf, um diesen ohne neue Kämpfe zu erlangen. Ich habe Ihnen als Preis Ihrer Neutralität Illyrien angeboten: Wollen Sie noch mehr? Sprechen Sie!“

Fürst Metternich gab zu, daß unter den obwaltenden Umständen Österreich nicht neutral bleiben könne und sich entweder für oder gegen Napoleon erklären müsse. Der Kaiser begann von neuem: „Nun, ich bin bereit, sagen Sie mir, was Österreich verlangt, um sich mir aufrichtig zu ergeben?“ Zugleich führte er Metternich an einen Tisch, auf welchem Landkarten ausgebreitet lagen. Seine Eitelkeit verblendete diesen; er hielt den Kaiser für besiegt, für ohnmächtig, ohne Österreichs Beihilfe den Frieden zu diktieren. Er zeigte auf der Karte an, was nach seiner Meinung der Friedenspreis sein müßte.

„Wie?“ rief Napoleon, „Sie verlangen ja für sich nicht nur Illyrien, sondern auch noch halb Italien und den Rheinbund! Da ist also Ihr Geist der Mäßigung und Ihre Achtung vor den Rechten der unabhängigen Staaten? Italien, das Protektorat über den Rheinbund und die Schweiz für Sie, Polen für Rußland, Norwegen für Schweden, Sachsen für Preußen, Holland und Belgien für England verlangen – das bedeutet ja mit einem Wort die Zerstückelung des französischen Reiches! Und Sie glauben, daß zur Erreichung eines solchen Ziels eine bloße Drohung Österreichs genüge? Auf Ihren Befehl sollen die Wälle von Danzig, Hamburg, Magdeburg, Wesel, Mainz, Antwerpen, Alessandria und Mantua fallen! Ich soll also die stärksten Festungen Europas aufgeben, deren Schlüssel ich nur kraft meiner Siege besitze! Sie verlangen, daß ich, dem Machtgebot Ihrer Politik mich fügend, Deutschland räume, von dessen Boden ich noch die Hälfte besetzt halte, daß ich meine siegreichen Legionen die Waffen strecken lasse und sie hinter den Rhein, Alpen, Pyrenäen zurückführe, daß ich mit einem Wort wie ein Tropf mich meinen Feinden ausliefere! Und das verlangen Sie, während meine siegreiche Armee vor den Toren von Berlin und Breslau steht, während ich persönlich an der Spitze von 200.000 Mann stehe? Und da bildet Österreich sich ein, mich zur Annahme solcher Bedingungen führen zu können, ohne auch nur das Schwert zu ziehen? Und ein solcher Schimpf wird mir von meinem Schwiegervater angetan? Er schickt Sie zu mir! Wie, glaubt er denn, soll ich dem französischen Volk gegenübertreten? Er ist in einer seltsamen Täuschung befangen, wenn er glaubt, mein Thron könne nach solcher Verstümmelung meines Reiches seiner Tochter und seinem Enkel noch eine Zuflucht gegen die Franzosen bieten! Wenn ich der Unterzeichnung eines solchen Friedens zustimmen wollte, würde mein Reich schneller noch zusammenbrechen, als es sich erhoben hat. Man kann innehalten, wenn man im Aufstieg, aber nicht, wenn man im Abstieg ist. Um es kurz zusammenzufassen: Die Bedingungen, unter welchen Österreich seine Allianz anbietet, könnten vielleicht von einem anderen angenommen werden, aber nicht von mir. Ludwig XIV. hat allerdings ebenso drückende angenommen. Ihr Kabinett möge also seine Ansprüche auf die Befriedigung Ihrer eigenen Interessen beschränken, es möge begreifen, daß mein Dasein für das monarchische Prinzip notwendig ist, daß ich diesem den alten Glanz wiedergegeben, den Todesstreich des Republikanertums von ihm abgewehrt habe, und daß es Europa dem Joch Rußlands ausliefern hieße, wollte man meine Macht gänzlich vernichten."

Metternich begriff, daß er zu weit gegangen war. Er beteuerte seine glühende Sehnsucht nach Frieden und gab die Notwendigkeit zu, das französische Reich stark genug zu lassen, um der russischen Macht ein Gleichgewicht entgegenzusetzen.

Alle Schwierigkeiten schienen geebnet zu sein; Metternich gab in allen Punkten nach, seitdem Napoleon erklärt hatte, daß in bezug auf Österreich die Wiederabtretung von Illyrien noch nicht sein letztes Wort sei. Der Kaiser glaubte, ihn für seine Sache gewonnen zu haben; da ließ er sich in der Erregung zu den Worten hinreißen: „Ich habe Ihnen zwanzig Millionen gegeben; wollen Sie noch zwanzig? Ich werde Sie ihnen geben. Wieviel hat England Ihnen denn angeboten?"

Diese Worte schlugen ein wie ein Blitz. Fürst Metternich wurde totenbleich; daran erkannte Napoleon sofort, welch einen ungeheuren Fehler er begangen hatte. Er hatte sich einen unversöhnlichen Feind geschaffen. Tiefes Stillschweigen trat ein, beide gingen mit großen Schritten auf und ab. Der Hut des Kaisers war zu Boden gefallen, sie schreiten mehrmals daran vorbei. Bei jeder anderen Gelegenheit würde Herr von Metternich sich beeilt haben, ihn aufzuheben, was endlich der Kaiser tut. Auf beiden Seiten braucht man Zeit zur Sammlung.

Endlich nimmt der Kaiser die Unterhaltung mit mehr Kaltblütigkeit wieder auf. Er erklärt, daß er noch nicht an der Aufrechterhaltung des Friedens zweifle, wenn Österreich sein wahres Interesse im Auge behalte. Er dringt auf die Einberufung des Kongresses und verlangt in aller Form, daß, im Falle der Wiederaufnahme der Feindseligkeiten, die Unterhandlungen nicht unterbrochen werden sollten, damit wenigstens das letzte Tor der Völkerversöhnung offen bleibe.

Wolfgang von Hippel

# Heinrich von Gagern Die Deutsche Frage (1848)

Die Auswahl von zwei „großen Reden" aus dem Deutschland des 19. Jahrhunderts erfordert den Mut zur Fast-Beliebigkeit und erfordert gleichzeitig eine kurze Begründung der getroffenen Entscheidung. „Große Reden" sollten ein Thema betreffen, das den Zeitgenossen auf den Nägeln brannte, und sie sollten in dem jeweiligen zeitgenössischen Diskurs Bedeutung gewonnen haben, sei es wegen des Ansehens, der rhetorischen Befähigung und der Sachargumente des Redners, sei es wegen der besonderen Situation, in der sie gehalten wurden, oder wegen des Publikums, das sie erreichten und beeinflußten. So lag es nahe, zwei zentrale Themenfelder der deutschen Geschichte des 19. Jahrhunderts zu berücksichtigen: 1. die sogenannte ‚Deutsche Frage', genauer: das Problem der nationalen Identität in enger Verbindung mit dem Problem einer gesamtdeutschen Verfassung und der Stellung Deutschlands in Europa, und 2. die „Soziale Frage" oder „Arbeiterfrage": die Frage, wie man „die Lage der von Unternehmern beschäftigten Lohnarbeiter in ökonomischer, moralischer, sozialer und politischer Hinsicht" mit den „Aufgaben und Zielen des Rechts- und Kulturstaats" in Einklang bringen könne (so die Erläuterung in Meyers Konversations-Lexikon 1893).

„Deutsche Frage" und „Arbeiterfrage" haben lebhafte und entsprechend vielschichtige, auch kontroverse Diskurse angeregt – oder richtiger: Sie haben in diesen Diskursen selbst erst Gestalt angenommen. Schlüsseldokumente der hierbei geleisteten Gedankenarbeit lassen sich für beide in reicher Fülle finden – Bücher, Zeitschriftenaufsätze, Zeitungsartikel und natürlich auch Reden. Für große Reden auf gesamtdeutscher Ebene fehlte noch lange das geeignete Forum; es blieb als Ersatz nur die gedruckte Form, um ein größeres Publikum zu erreichen und zu beeinflussen. Johann Gottlieb Fichte z.B. nutzte sie zur Zeit der napoleonischen Fremdherrschaft in seinen „Reden an die deutsche Nation". Aus seinem Appell, die deutsche Nation möge ihre weltgeschichtliche Mission wahrnehmen, „das Reich des Geistes und der Vernunft zu begründen und die rohe körperliche Gewalt insgesamt als Beherrschendes der Welt zu vernichten" (aus der 14. Rede), konnte konkrete politische Gestaltung kaum erwachsen, die wurde einstweilen noch – ohne große Reden – von Diplomaten, Kabinettspolitikern, Verwaltungsbeamten und nicht zuletzt Militärs betrieben. Bei ihnen stieß der Wunsch einer zunächst noch verhältnismäßig kleinen Bildungsschicht, nach den siegreichen „Freiheitskriegen" und dem Zusammenbruch des napoleonischen Empire (1813/15) dem „Volk" verfassungsmäßig garantierte Freiheits- und Mitspracherechte in einem deutschen Bundesstaat einzuräumen, auf tiefes Mißtrauen.

Das 1815 geschaffene föderale Gebilde, der Deutsche Bund, wurde solchen Vorstellungen keinesfalls gerecht: Es sollte im Herzen Europas die Machtinteressen der beiden deutschen Großmächte Österreich und Preußen austarieren, den deutschen Klein- und Mittelstaaten existenzsichernden Rückhalt gewähren und auf diese Weise einen wesentlichen Beitrag zur Wahrung des wiederhergestellten europäischen Gleichgewichts und Friedens leisten. Der Nationalstaatsgedanken mußte demgegenüber als ernste Bedrohung erscheinen, zumal er auch die überkommene obrigkeitliche Ordnung in Frage stellte, indem nun die „Nation" zum Träger der Souveränität avancierte und der Monarch im Spiel der politischen Kräfte zumindest seinen bisherigen Alleinvertretungsanspruch verlor. Vor allem ein Vielvölkerstaat wie Österreich sah sich durch das Konzept des geschlossenen Nationalstaats früher oder später existenziell in Frage gestellt. Nicht zufällig wurde der österreichische Staatskanzler Fürst Metternich zum herausragenden Verfechter konservativ-monarchischer Staatlichkeit im Kampf gegen alle als „revolutionär" verdächtigten Bewegungen; den Durchbruch zum liberal oder gar demokratisch inspirierten Konzept eines deutschen Nationalstaats konnte er jedoch nicht aufhalten.

1848 endlich sorgte die von Frankreich angestoßene „Märzrevolution“ dafür, daß sich eine reale Chance zur Lösung der Deutschen Frage zu eröffnen schien in jenem Geiste, den die dritte Strophe des „Deutschlandlieds“ beschwor: „Einigkeit und Recht und Freiheit für das deutsche Vaterland!“ Die vom Volk gewählte Nationalversammlung, die seit dem 18. Mai 1848 in der Frankfurter Paulskirche tagte, bot erstmals ein nationales Forum, die bewegenden politischen Zeitfragen in meinungsbildenden Debatten auf gesamtdeutscher Basis nicht nur zu erörtern, sondern über sie auch rechtsverbindlich abzustimmen.

Die Aufgabe, eine Verfassung für das künftige Deutsche Reich zu schaffen, erwies sich freilich als außerordentlich schwierig schon wegen der Vielfalt und Komplexität der zu klärenden und zu entscheidenden Sachfragen und wegen der unterschiedlichen politischen Grundvorstellungen und Interessen, die innerhalb der Nationalversammlung aufeinandertrafen. Soweit es die angestrebte nationale Grenzziehung betraf, stellten die „gemischten Staaten“, die deutsche und nichtdeutsche Gebiete in sich zusammenschlossen, ein besonderes Problem dar, allen voran Österreich, die bisherige Präsidialmacht im Deutschen Bund. Die Revolution erschütterte die Habsburger Monarchie angesichts des allenthalben aufflammenden Nationalismus in ihrem Grundbestand, und es mußte sich erst noch herausstellen, ob und wie sie diese schwere Existenzkrise zu meistern vermochte. Aus der Sicht der Frankfurter Nationalversammlung konnten und sollten nur die deutschen Erbländer in den künftigen deutschen Nationalstaat integriert werden. Die vorgesehene Lösung, der vor allem Demokraten und „Großdeutsche“ zuneigten, war für Österreich kaum akzeptabel, solange es sich stark genug fühlte, seine gesamtstaatliche Existenz und seinen Status als europäische Großmacht zu behaupten: Die Paragraphen 2 und 3 des einleitenden Abschnitts der künftigen Reichsverfassung sahen vor, daß die deutschen und nicht-deutschen Staatsteile allein durch die Person des Monarchen miteinander verbunden blieben (Personalunion) bei ansonsten jeweils eigener Verfassung, Regierung und Verwaltung; und falls der Monarch nicht im deutschen Landesteil residierte, mußte dort eine Regentschaft eingesetzt werden, zu der – ebenso wie in die Regierung und Verwaltung – nur deutsche Staatsbürger berufen werden durften.

Eine bloße Personalunion konnte einheitliches politisches Handeln des österreichischen Gesamtstaats zumal im Zeichen aufbrechender Nationalitätenkonflikte für die Zukunft kaum garantieren. Aber auch die denkbare Alternative, daß Österreich geschlossen aus „Deutschland“ ausschied, war für das Kaiserreich nicht nur mit Blick auf die vielhundertjährige gemeinsame Geschichte schwer vorstellbar, sondern auch mit Blick auf das politische Gewicht, das der Deutsche Bund bisher der Präsidialmacht Österreich in Mitteleuropa zusätzlich verliehen hatte.

Die Rede, die Heinrich von Gagern am 26. Oktober 1848 in der Paulskirche hielt, um einen gangbaren Ausweg aus dem Dilemma zu weisen, führt mitten hinein in die zeitgenössischen, durchaus kontroversen Ansichten zur „Deutschen Frage“. Das Bemühen um deren umfassende Lösung bildete das zentrale Leitthema von Gagerns politischem Leben. Der 1799 geborene Sproß eines am Mittelrhein beheimateten reichsfreiherrlichen Geschlechts hatte sich bereits in jungen Jahren als einer der führenden Köpfe bei der Gründung der Allgemeinen Deutschen Burschenschaft (1818) zu „Einheit und Freiheit“ der deutschen Nation bekannt; als Abgeordneter im Darmstädter Landtag hatte sich der „Staatsdiener“ mit Nachdruck für die konstitutionellen Rechte der Volksvertretung und die Prinzipien des liberalen Rechts- und Verfassungsstaates eingesetzt und dafür auch seine Pensionierung in Kauf genommen. Als eine deutschlandweit bekannte Persönlichkeit wurde er Anfang März 1848 an die Spitze eines nunmehr liberalen Ministeriums in Darmstadt berufen, bald darauf in die Nationalversammlung gewählt und von dieser am 19. Mai zu ihrem Präsidenten gekürt. Damit stand Heinrich von Gagern auf dem Höhepunkt seines politischen Wirkens. Unterstützt vor allem von der gewichtigsten Kräftegruppierung in der Paulskirche, der liberalen „Casino-Partei“, die man angesichts seines Einflusses geradezu als „die Gagern-Liberalen“ bezeichnet hat, steuerte er einen Kurs des Ausgleichs mit den Regierungen bei entschiedener Reformtendenz, wünschte einen deutschen Bundesstaat auf der Grundlage gemeinsamer rechts- und verfassungsstaatlicher Prinzipien unter Beibehaltung der (konstitutionell-parlamentarischen) Monarchie, dies in deutlicher Frontstellung gegen Demokratie und Republik, sorgte mit seinem „kühnen

Griff" für die Etablierung einer allseits akzeptierten provisorischen Zentralgewalt im neuzuschaffenden Deutschen Reich und erstrebte zugleich in der Tradition des „Reichspatriotismus" einen engen Verbund zwischen diesem und einem liberalisierten österreichischen Vielvölkerstaat, in dem das deutsche Element die Führungsrolle übernehmen und für den notwendigen Gleichklang in den Ansichten und Interessen der beiden großen Bundespartner sorgen sollte. Während damals Fürst Windischgrätz den nunmehr dritten Aufstand in Wien blutig niederkämpfte und damit den Kräften der Reaktion in Österreich den Weg bahnte, entwickelte Gagern am 26. Oktober sein Konzept der möglichen staatlichen Neuorganisation Deutschlands in einem engeren und einem weiteren Bund, eingebettet in ein nach liberalen Prinzipien neugeordnetes Europa: Österreich sollte sich aus Italien lösen, die italienischen Staaten sollten sich zu einem freiheitlichen Bundesstaat zusammenfinden; die deutsche Nation sollte mit Österreichs Hilfe ihre zivilisatorische „Mission" im Osten, zumal im Donauraum übernehmen gegen den sonst unvermeidlich vordringenden Einfluß Rußlands, des gefährlichsten Gegenspielers aller freiheitlichen Bestrebungen in Europa. Idealistisch eingefärbte Vorstellungen und handfeste ökonomische Interessen-Überlegungen gingen in Gagerns politischem Entwurf Hand in Hand. Dem heutigen Leser mag so manches an seinen Ausführungen hochtönend oder naiv, vielleicht sogar bedenklich klingen; er sollte dann jedoch den damaligen Zeit- und Erfahrungshorizont berücksichtigen und vor allem bedenken, daß in Gagerns Konzept einer machtvollen deutschen Nation die Rechts- und Verfassungsstaatlichkeit stets eine unverzichtbare Grundvoraussetzung bildete. Seine Vorstellungen über die erstrebte deutsche Zukunft entzogen sich letztlich dem damals aktuellen Kategorienschema Großdeutsch/Kleindeutsch – nicht ohne Grund hatte Gagern am Schluß seiner Rede gewarnt: „... hüten wir uns, daß wir zu enge Formeln wählen, die nationalen Interessen in eine Zwangsjacke drängen gegen ihre Natur".

Gagern, der angesichts der schwankenden Meinungsbildung in Frankfurt den Schlußantrag seiner Rede am 27. Oktober vorerst zurückzog, machte das Konzept des engeren und weiteren Bundes zum Kernstück seines Regierungsprogramms, als er Mitte Dezember 1848 für kurze, ereignisreiche und enttäuschende Monate das Amt eines Reichsministers des Äußern und Innern und damit auch das Präsidium des Reichsministerrats übernahm. Wie sich jedoch rasch zeigen sollte, war Österreich unter Fürst Schwarzenbergs Führung keinesfalls bereit, seinen geschlossenen Bestand antasten zu lassen oder sich aus Deutschland zurückzuziehen. Und als Friedrich Wilhelm IV. von Preußen die Annahme der erblichen deutschen Kaiserkrone aus den Händen der Nationalversammlung verweigerte, bedeutete das auch das Scheitern des von Gagern maßgeblich mitgestalteten Werks der Nationalversammlung. Gagern hat noch Bismarcks kleindeutsche Reichsgründung von 1870/71 erlebt, und kurz vor seinem Tod erfreute ihn noch der Abschluß des Zweibundes zwischen dem jungen Deutschen Reich und Österreich-Ungarn (1879), der laut Bismarck „Gagernsche Träumereien" verwirklichte. Die weitere Entwicklung zeigte freilich, daß Gagerns optimistische Einschätzung des liberal domestizierten nationalen Gedankens und deutscher Kultur-Mission im Donauraum der sich fortentwickelnden Realität nicht entsprach. Die Sprengkraft des Nationalismus trug wesentlich zum Ausbruch des Ersten Weltkriegs und zum Untergang Österreich-Ungarns bei.

## Heinrich von Gagern<br>Rede in der Paulskirche<br>am 26. Oktober 1848

Das deutsche Volk war in Erniedrigung gesunken, und wir suchen nach den Mitteln, es wieder zu erheben. Um es vor abermaligem Fall zu sichern, wollen wir diese Mittel zu Grundsätzen der künftigen Verfassung formulieren. Es war natürlich, daß man zuerst sich fragte: Welches waren denn in den bisherigen Zuständen hauptsächlich die Gründe jener Erniedrigung? Welches waren die Hindernisse, die es verschuldeten, daß unser Volk nicht zu der Macht aufsteigen konnte, die ihm gebührt? Unter diesen Gründen obenan stand das Verhältnis der gemischten Staaten, jenes Verhältnis, wonach unter einem Oberhaupte deutsche und nichtdeutsche Staaten unter einer Regierung zu einer Staats-Einheit vereinigt waren. Die Lösung dieses Verhältnisses ist die erste große Schwierigkeit, welche bei Beratung der Verfassung, auf welche das Volk harrt, uns entgegentritt. *[Die Problematik der Verbindung von Luxemburg und Limburg mit Holland, von Holstein mit Dänemark. Preußen hat Ost- und Westpreußen bereits dem Deutschen Bund zugeordnet und hat]* durch ihre formelle Vereinigung das nationale Verhältnis ungemein vereinfacht, und man kann sagen: Wir sind ineinander aufgegangen! {Auf der Rechten und in den Zentren lebhaftes Bravo.}

Ein Anderes ist es mit Österreich. Es mag zweifelhaft erscheinen, was bei der Zusammensetzung des österreichischen Staatenkomplexes der nationale Hauptbestandteil sei; das aber ist nicht zweifelhaft, daß, wenn auch das deutsche Element der Zahl der Bevölkerung nach in der Minorität, es doch das einflußreichste in dieser Monarchie ist und mehr noch werden muß. Darum, meine Herren, kann ich mich nicht der Ansicht anschließen, die will, daß für Österreich ein Zwang herbeigeführt werde, von den Staaten, die bisher mit ihm zur Staatseinheit verbunden waren, sich staatlich zu trennen, dadurch die Gesamt-Monarchie aufzulösen. Um diese Trennung des Deutsch-Österreich von dem nicht-deutschen, um die Auflösung der österreichischen Gesamt-Monarchie würde es sich handeln bei der Verwirklichung der §§ 2 und 3, das ist kein Zweifel, wie man auch von verschiedenen Seiten und von verschiedenen Gesichtspunkten aus diese Frage bemänteln mag. {Bewegung.} Denn eine Bemäntelung dieser Frage nenne ich es, wenn man schon öfters und noch eben hier gesagt hat: „Wir wollen nicht die Auflösung, wir wollen ein Zusammenhalten Österreichs, wir wollen es aber vermittelst der Personalunion, die Personalunion genügt für ein solches Zusammenhalten." […] Der § 2 *ver*bietet nämlich ein gemeinschaftliches *Staatsleben*, er *ge*bietet, daß, was bisher zu einem Staate vereint war – deutsch und nicht-deutsch – sich trenne, das Nichtdeutsche sich selbst überlassen werde, einem selbständigen Staats- oder selbst Völkerleben. […] Betrachten wir die Resultate, die für Österreich eintreten würden, wenn die §§ 2 und 3 dort Geltung fänden; denn ich muß sogleich auf diese Alternative aufmerksam machen. […] Wir haben zwar den Beruf, der Nation eine Verfassung zu geben, dem gesamten deutschen Volk; aber wir haben auch die Verpflichtung mit diesem

Berufe übernommen, den Verhältnissen, den Tatsachen diejenige Rechnung zu tragen, die getragen werden muß, wenn wir die Verfassung lebensfähig schaffen wollen. Was also würde die Folge der Verwirklichung der §§ 2 und 3 für Österreich sein? Wir ziehen die deutsch-österreichischen Provinzen in den deutschen Bundesstaat; wir trennen sie von den nicht-deutschen Ländern und Provinzen Österreichs. Diese übrigen Teile Österreichs bleiben nun aber nicht ein vereinter Staat, sondern sie werden nach der Natur der Dinge auseinanderfallen, sowie ihnen der gemeinsame Schwerpunkt, der in den deutschen Erbländern liegt, entzogen wäre. Das ist von anderen Rednern hinlänglich entwickelt, ich kann darüber hinausgehen. Es würde also eine selbständige Organisation stattfinden von Galizien, von Ungarn, wie das nach der Verfassung dieses Landes ohnehin schon angebahnt ist; vielleicht auch von den Nebenländern Ungarns; von Italien.

Ich frage nun, meine Herren: Indem wir Paragraphe votieren, die zu solchen Resultaten führen, ob das den zu berücksichtigenden Verhältnissen, nicht etwa, wie heute gesagt worden ist, der Liebhaberei an dem Bestehenden, sondern unsern natürlichen Verbindlichkeiten entspricht? Die Verbindlichkeit aber, die wir haben, scheint mir die zu sein, daß in dem Augenblicke, wo es in einem Bundesstaate zum Bürgerkriege gekommen ist, wo das Feuer lodert, daß wir dann nicht noch weitere Feuerbrände hineinwerfen zu den schon lodernden. {Große Bewegung auf der Linken.}

In bundesgenossenschaftlichem Geiste werden wir handeln, wenn wir dazu beitragen, das Feuer zu löschen, wenn wir nicht davon ausgehen, als sei der Bestand der Gesamt-Monarchie in Frage gestellt, sondern wenn wir die Überzeugung bestätigen, daß die österreichische Gesamtmonarchie, deren Fortbestand in staatlicher Einheit ebensosehr im Interesse des gesamten Vaterlandes liegt, fortbestehen werde, durch die Freiheit gekräftigt, ein mächtiges Reich, eng verbunden mit Deutschland zu der großen nationalen Aufgabe. In diesem Sinne müssen wir handeln, oder wir tun nicht die Pflicht eines guten Nachbars, viel weniger die eines volkstümlich Verbündeten. Nehmen wir aber die §§ 2 und 3 ohne Vorbehalte so an, wie sie geboten sind, und könnten wir Österreich hineinzwingen, so würden wir ein großes Reich zerreißen, seine nicht-deutschen Teile ohne Verbindung hinstellen, ungewiß, was daraus werde, ungewiß, welche Rolle diese Bestandteile in dem Zusammenhang der europäischen Völkerfamilie finden, welche Einflüsse sich ihrer bemächtigen werden. Andere Nationen würden für ihre erste Pflicht halten, durch das Verfassungs-Werk den Besitz nicht eines Dorfes in Frage zu stellen, und wir sollten leichtsinnig eine ganze Saat der Zukunft, eine reiche Anwartschaft künftiger nationaler Entwicklung dem bisherigen Zusammenhang entfremden, dem Zufall preisgeben wollen? Das, meine Herren, glaube ich, wird nicht unsere Absicht und Aufgabe sein können. Das aber wäre die Folge, wenn wir die §§ 2 und 3 auf Österreich anwenden und die Dynastie zu den einzelnen Teilen in das Verhältnis der bloßen Personalunion hineinzwängen wollten. Nur eine dynastische Verbindung würde das noch sein [...]. Wenn Staaten nichts anderes gemein haben können als die Personalunion, dann haben sie besser nichts mehr gemein, und jeder geht seinen eigenen Weg {Stimmen: „Sehr richtig!"}, und das haben auch diejenigen gefühlt, die dieser Personalunion das Wort reden und eigentlich nur die gänzliche Trennung beabsichtigen. [...]

Das Verhältnis der Personalunion angewendet auf Österreich, würden wir in Zukunft vier österreichische Gesandte, vier österreichische Heere, alles jetzt Gemeinsame vierfach sehen, und solche chaotischen Zustände sollten wir in das ohnehin schon so vielfach unterwühlte Europa hineinschleudern und gegen die Verpflichtung sündigen wollen, welche einer großen Nation der europäischen Völkerfamilie gegenüber obliegt, wenn sie nach einer in ihren Wirkungen unberechenbaren Umwälzung in so wesentlichen Beziehungen neu gestaltet ihren Rang anspricht. Diese erste Verpflichtung ist, daß wir die Hoffnung und Berechtigung der Völker auf Frieden bei gesicherter Freiheit nicht täuschen durch eine Aussaat neuer Revolutionen, wie sie in solchen chaotischen Verhältnissen liegen würden. Das würde bezüglich derjenigen außerdeutschen Provinzen Österreichs gelten, die den Anspruch noch gar nicht gemacht haben, selbständige Staaten zu werden, wie dies von Dalmatien und dem Küstenland, von Kroatien und selbst von Galizien gilt. Man hat zwar behauptet, alle diese Provinzen würden nur durch die Bajonette bei Österreich gehalten, aber den Beweis ist man bis jetzt schuldig geblieben. Die Meinung

Mancher, es sei gar nicht anders möglich, jedes Volk und Völkchen müsse seine Regierung für seinen Feind erachten, stets den Trieb zur Revolution und zur Zersetzung in sich tragen, das ist doch nur die übertriebene Meinung Weniger. Manche jener mit ihrer Lage zufriedenen Provinzen haben noch gar nicht den Gedanken einer staatlichen oder gar nationalen Selbständigkeit gefaßt. Mit solchen unvermeidlichen Wirkungen des Art. 2 und 3, wenn sie in den österreichischen Staaten geltend würden, verletzen wir also im Verhältnis zu Europa die erste Verpflichtung, wir bieten keine Garantie für das Bestehen friedlicher Verhältnisse, wir heben vielmehr die Hoffnung darauf auf, und würden dadurch gegenwärtig eine das Völkerrecht wenigstens nicht schonende Handlung, einen das internationale Verhältnis verletzenden Akt vornehmen. Ich frage ferner, können wir im *nationalen Interesse* so handeln: Die außerdeutschen Provinzen Österreichs für die Zukunft sich selbst und dem Zufall überlassen? Ich habe den Beruf des deutschen Volks als einen großen, weltgebietenden aufgefaßt. Man mag darüber spötteln, mit Zynismus wegwerfend einen solchen Völkerberuf leugnen. Ich glaube daran und würde den Stolz verlieren, meinem Volke anzugehören, wenn ich den Glauben an solche höhere Bestimmung aufgeben müßte. Das enthält nicht den Umfang unserer Aufgabe, daß wir eine Verfassung schaffen, die nur auf die engen Schranken unserer jetzigen Staatsverhältnisse berechnet ist; ein Einheits-Prinzip in die Verfassung aufnehmen, das uns von demjenigen, was die einheitliche Macht bedingt, losscheidet; das, während andere Nationen an Macht und Einfluß sich ausdehnen, uns verurteilt, solange unsere Nachbarn uns dazu Ruhe und Freiheit lassen, in stiller Zurückgezogenheit uns am Ofen zu wärmen. {„Bravo!“}

Welche Einheit haben wir zu erstreben? Daß wir der Bestimmung nachleben können, die uns nach dem Orient zu gesteckt ist; daß wir diejenigen Völker, die längs der Donau zur Selbständigkeit weder Beruf, noch Anspruch haben, wie Trabanten in unser Planetensystem einfassen. Man spricht von der Berechtigung der Nationalitäten. Diese Berechtigung räume ich in ihrem vollen Maße ein, wo sie besteht; z.B. in Italien. Darum werden nach meiner Überzeugung im Gesamt-Interesse der Nation die Wirren in Italien nur die Lösung finden dürfen, daß Österreich aus der Lombardei scheidet. Die gesicherte Verbindung mit dem Adriatischen Meere uns zu erhalten, ist die Aufgabe, die dort unserer nationalen Entwicklung gesteckt ist. Die dazu erforderliche Grenze uns zu bedingen, das müssen wir mit der ganzen Kraft unserer nationalen Einheit erstreben, und indem wir dies tun, uns darauf beschränken, treten wir der Berechtigung auf Nationalität nicht entgegen. Die Italiener mögen dann ihre Angelegenheiten ordnen, sich wie wir verbinden, und wir wollen uns dann, miteinander verbunden, zujauchzen, wenn dieser italienische Bund geschlossen sein und mit der Garantie der Selbständigkeit die Garantie künftiger friedlicher Beziehungen bieten wird. Ein Schleier ist geworfen über die polnischen Verhältnisse, darauf, was aus Galizien werden könne. Wir werden den Anspruch nicht erheben, Galizien in unsere nationale Entwicklung hineinziehen zu wollen. Aber jetzt ist der Augenblick nicht gekommen, es sich selbst zu überlassen; jetzt müssen wir es bei Österreich und in Verbindung mit Österreich [zu] erhalten wünschen. Durch seine selbständige Organisation, wäre sie auch möglich bei der feindlichen Stellung, die der Bauernstand dem Adel gegenüber eingenommen hat, würde ein Herd der Revolution in Galizien geschaffen werden, der zu einem Krieg mit Rußland Veranlassung geben würde.

Einen Krieg, wenn er als eine politische Notwendigkeit erscheint, wollen wir führen mit der ganzen Energie unserer wiedergebornen Volkskraft. Aber wir wollen ihn nicht mutwillig heraufbeschwören. Dies würde aber geschehen, wenn gegenwärtig eine selbständige Organisation von Galizien stattfände. Es würden dann ähnliche Verhältnisse, nur mit gesteigertem Anlaß eintreten, als diejenigen waren, welche die Vernichtung des Freistaats Krakau zur Folge hatte[n]. Ungarn ist im Genuß seiner verfassungsmäßigen Selbständigkeit von Österreich, und was da durch die letzten Wirren von der einen und der andern Seite in Frage gestellt wurde, das wird sich im alten Geiste der Verbrüderung wieder ordnen, wenn die Magyaren nicht selbst der Berechtigung der Nationalitäten zu nahe treten. In den andern außerdeutschen Provinzen Österreichs besteht weder Berechtigung, noch Bedingung, noch Anspruch auf selbständige, nationale Entwicklung. Bei dem Losreißen namentlich der südlichen Provinzen würde wahrscheinlich nur fremdem Einfluß, fremder Macht in die Hände gearbeitet, zu unserem eigenen unermeßlichen Nachteil. Es sind zwei Fraktionen, welche beide, obgleich aus verschiedenen Gründen, auf die Annahme der §§ 2 und 3 dringen. Die eine Fraktion will die Auflösung der Österreichischen Monarchie in ihre Teile. Ich habe die Gründe entwickelt, warum ich diese Auflösung nicht will und warum ich glaube, daß wir sie im deutschen Interesse nicht wollen dürfen. Die andern sagen: Wir glauben nicht an diese Auflösung, sie wird nicht stattfinden, die Personal-Union genügt für das Zusammenhalten. Auch darauf ist geantwortet. Die Auflösung der Staatseinheit ist doch wohl Auflösung an sich. Aber Österreich darf auch die Staats-Einheit zwischen seinen deutschen und nicht-deutschen Provinzen nicht aufheben; wir dürfen ihm nicht die Zumutung machen, ein Verbrechen an seinen Provinzen zu begehen, die verfassungsmäßig berechtigt sind, die ihnen durch diese Staats-Einheit gebotenen Vorteile sich erhalten zu sehen. Jeder verfassungsmäßige Staat hat die Pflicht der Selbsterhaltung. Durch eine Lösung der Staats-Einheit gegenüber von Provinzen, die noch gar nicht darüber zur Erkenntnis gekommen sind, welche Zukunft sich für sie infolge der Lostrennung von dem Gesamt-Bestand der Monarchie gestalten könnte, würde die österreichische Regierung sich gegen ihre ersten Verpflichtungen verfehlen.

Ich glaube also, meine Herren, daß wir ein Verhältnis suchen müssen, wobei Österreich nicht genötigt wird, seine deutschen von seinen nicht-deutschen Provinzen abzulösen, dennoch aber im innigsten Verband mit Deutschland erhalten wird. Die Frage steht also so: Ist es mehr im Interesse Deutschlands, daß das gesamte Deutschland sich nur so gestalte, eine so laxe Einheit eingehe, daß Österreich, ohne zur Trennung der Staatseinheit seiner deutschen mit den nicht-deutschen Provinzen genötigt zu werden, unter gleichen Verhältnissen wie die übrigen deutschen Staaten dem Reich angehören kann. Oder ist es nicht im Gesamtinteresse der Nation, sowohl Österreichs als des übrigen Deutschlands, daß wenigstens das übrige Deutschland sich fester aneinander anschließe, auch wenn Österreich wegen seiner außerdeutschen Provinzen unter gleichen Bedingungen in diesen engsten Bund nicht eintreten kann; dabei aber nichtsdestoweniger ein enges Bundesverhältnis zwischen Österreich und dem übrigen Deutschland aufrecht erhalten werde? Die Begriffe von Bundesstaat für das eine, Staatenbund für das andere sind unbestimmte; *es können auch Bundesverhältnisse gedacht werden, die zwischen beiden in der Mitte liegen und die Übergänge bilden.*

Was war bisher der Grund, warum in der Verbindung, welches die Bundesakte in Deutschland geschaffen hat, das engere Aneinanderschließen lange Zeit hindurch nicht stattfand? Weil keine gemeinschaftlichen Interessen bestanden, weil man absichtlich diese Interessen auseinanderhielt und den Partikularismus zum Äußersten trieb. Seit wann begann in Deutschland das Bedürfnis und das Bewußtsein der Einheit in erhöhtem Maße sich zu entwickeln? Von dem Augenblick an, wo gemeinschaftliche nationale *Interessen* einen großen Teil Deutschlands vereinigten, die Möglichkeit einer separaten Politik unter diesen näher verbundenen Staaten ausschlossen, von dem Beginn und der Entwicklung des Zollvereins* an. Fassen wir die materiellen Interessen ins Auge, die Möglichkeit ihrer Verschmelzung zwischen dem übrigen Deutschland und Österreich. Auf diesem Wege werden wir Österreich uns verbinden können, ohne es nötigen zu müssen, (wenn wir es könnten,) seine deutschen Provinzen von den nichtdeutschen zu trennen. Auf diesem Wege sind Verbindungen möglich, die zwischen dem Staatenbund und den Bundesstaaten in der Mitte liegen. Aber noch einmal, sind wir denn im Stande, die Trennung Österreichs, nämlich seiner deutschen Provinzen von dem nicht-deutschen zu erzwingen? Und wenn wir das nicht können, dürfen wir uns Österreich von dem übrigen Deutschland ganz ausgeschieden, getrennt nur denken? Wir können und wollen jenes nicht, und dürfen dieses nicht. […]

Die Österreicher wollen mit Deutschland sein, aber auch Österreich erhalten wissen, diese beiden Verbindungen möglich machen. Wir aber dürfen dabei für das übrige Deutschland die so gebotene, so unerläßliche Aufgabe nicht hintansetzen, die Einheit zu begründen im Bundesstaat, während Österreich mit und neben

* Der preußisch-deutsche Zollverein bestand seit Anfang 1834; Österreich war ihm nicht beigetreten.

uns seine Weltstellung erhalten wird. Man sagt zwar, wenn das deutsche Österreich mit Deutschland zum Bundesstaat vereinigt, das nicht-deutsche Österreich einem zweifelhaften Schicksal überlassen sein werde, dann würde das vereinigte deutsche Volk mit um so größerem Nachdruck seine Bestimmung im Osten erfüllen können. Diese Konsequenz hat mir nicht einleuchten wollen. Indem wir die staatliche Verbindung lösen, die zwischen dem deutschen und dem nicht-deutschen besteht, werden neue Bande mit dem verbündeten Deutschland sobald nicht geschlossen sein. Die innigen Beziehungen, die seit Jahrhunderten zwischen den österreichischen Provinzen und zwischen der Dynastie und den außerdeutschen Provinzen bestehen, werden, einmal zerrissen, sobald durch neue nicht ersetzt. Einer Gesamtregierung Deutschlands, der entfernteren Reichsgewalt, würden die Mittel nicht zu Gebote stehen, in gleich wohltätiger Weise zu wirken, Einfluß zu üben, wie dies die österreichische Regierung durch den wahren Zusammenhang und die Gewohnheit gesichert ist. Jahrzehnte würden vergehen, bis die Reichsgewalt diese Erbschaft unter so veränderten Verhältnissen sich aneignen könnte, und so lange Zeit werden wir den jetzt durch Österreichs Weltstellung vermittelten Einfluß im Osten nicht missen können. Die orientalische Frage, auf deren Lösung jene Weltstellung Österreichs und mittelst Österreichs Deutschlands von so großem Einfluß sein kann und sein muß, steht nun augenblicklich im Hintergrund. Sie wird alsbald wieder in den Vordergrund treten, [so]wie die innern Staatsverhältnisse der europäischen Mächte mehr wieder geordnet sein werden. *Deutschland* wird dann nicht stärker sein, wenn es die deutschen Provinzen Österreichs sich zwar näher verbündet, von den nicht-deutschen aber und von deren vielfachen Beziehungen zu den Süd-Donauländern getrennt haben wird. Stark aber und mächtig werden wir bei der Lösung dieser Frage auftreten können, wenn Österreich, von Italien losgelöst, nurmehr eine Politik mit Deutschland hat, die politischen Interessen geeinigt sind.

Man hat gesagt, und zwar von dieser (der rechten) Seite, Deutschland müsse eine Nationalpolitik befolgen, darum sich von der österreichischen, von Österreich selbst lossagen, wenn dieses mit seinen deutschen Provinzen sich nicht von den nicht-deutschen trennen wolle. Ich sage dagegen: Welche Nationalpolitik kann Deutschland haben, wenn es nicht in die Mission Österreichs eintritt, die Verbreitung deutscher Kultur, Sprache und Sitten längs der Donau bis an das schwarze Meer in die durch so verschiedene Völkerschaften dünn bewohnten und doch so hoffnungsreichen Länder hinein, deren ganze Zivilisation sich an die deutsche anzulehnen schon gewohnt ist, die sich nach deutschösterreichischem Schutz und vermehrtem Einfluß sehnen und deutscher Betriebsamkeit einen reichen Markt öffnen würden? Und welche Aussicht bietet sich dazu nicht dar, wenn hinter der österreichischen Gesamtmacht, welche zunächst berufen ist, den mächtigen Impuls zu geben, das übrige geeinigte Deutschland steht und wie ein Keil drängt mit seinen Interessen, wie mit seiner Kraft! Die Auswanderer, die jetzt nach Westen gehen, sie werden dorthin sich wenden. Auch dort wird Freiheit sein und ist schon. Warum sollte nicht der Auswanderungslustige lieber, als in dem fernen Amerika, an den Gestaden der nahen Donau seine Wohnung aufschlagen, Arbeit und Kapital nutzbar machen unter befreundeten, seit Jahrhunderten mit deutscher Sitte und Sprache vertrauten Volksstämmen, sowie die Wege angebahnt, der Erwerb freien Eigentums erleichtert und deutscher Schutz, Fortschritt und Einfluß gesichert ist. Wieviel rascher wird dann deutsche Gesittung sich verbreiten und dazu beitragen, daß wir denjenigen Rang einnehmen und behaupten können, der uns in der Gesellschaft der europäischen Nationen gebührt! Treten wir vor der Mission zurück, deutsche Gesittung längs der Donau zu tragen – und das tun wir, wenn wir die staatlichen Beziehungen des deutschen Österreichs zu den östlichen Donau-Ländern untergraben oder gar die Furcht hegen, in Österreich könne bei dem Fortbestand der Einheit der Monarchie das slawische Element über das deutsche die Oberhand gewinnen –, nehmen wir diese Mission nicht im Bund mit Österreich für Deutschland an, so nehmen sie Andere an; wenn wir nicht unsern Einfluß längs der Donau verstärken, der der Russen ist bekanntlich organisiert; und sie werden uns den Rang abgelaufen haben, bis wir zur Besinnung gekommen sind, ob wir Österreich die Freiheit lassen wollen, seine bisherigen staatlichen und nachbarlichen Beziehungen zu den Donau-Ländern sich zu erhalten und zu kultivieren.

Von solchen Ansichten ausgehend, bin ich nicht für ein Hinausschieben der Bestimmung des Verhältnisses zwischen Österreich und dem übrigen Deutschland. Ich glaube, daß wir die Frage sofort zur Entscheidung bringen und anerkennen müssen, daß Österreich in den engeren Bundesstaat, den das übrige Deutschland will, vorerst nicht eintreten könne, einesteils weil die Mehrheit der *Österreicher* die Bedingung dieses Eintritts in den engeren Bundesstaat, die staatliche Trennung der deutschen Provinzen von den nicht-deutschen nicht will; andernteils, weil diese Trennung und die Auflösung der Österreichischen Monarchie und das Aufgeben ihres weltgeschichtlichen, nun im engsten Bunde mit Deutschland zu erfüllenden Berufes ebensowenig im *deutschen National-Interesse* liegt. Ich habe daher einen dieser Ansicht entsprechenden Antrag formuliert, den ich der hohen Versammlung mitzuteilen mich beehre.

„Österreich bleibt in Berücksichtigung seiner staatsrechtlichen Verbindung mit nicht-deutschen Ländern und Provinzen mit dem übrigen Deutschlande in dem beständigen und unauflöslichen Bunde."

„Die organischen Bestimmungen für dieses Bundesverhältnis, welche die veränderten Umstände nötig machen, werden Inhalt einer besonderen Bundes-Akte."

Ich werde wenig Worte zur Rechtfertigung dieses Antrags mir erlauben. [...] Man hat gesagt, es sei gegen unser Mandat, ein doppeltes Bundes-Verhältnis zu begründen oder zuzulassen. Wir sind berufen, die Einheit zu schaffen, soweit sie unter den gegebenen Verhältnissen nützlich ist; weiter kann unser Beruf nicht gehen. Wenn wir aber Paragraphen annehmen, von denen wir voraussehen, daß sie Österreich nicht befriedigen, daß Österreich dadurch gezwungen würde, von Deutschland sich zu trennen, gar nicht mehr zum deutschen Reich zu gehören {einige Stimmen: „Oh".}, dann, meine Herren, haben wir nicht die Einheit geschaffen, sondern die Einheit zerrissen, und diesem Zerreißen der Einheit trete ich entgegen. Man hat die Frage von der künftigen Stellung Österreichs in und zu Deutschland in Verbindung gesetzt mit derjenigen von dem zukünftigen Oberhaupt, von dem Inhaber der künftigen Reichsgewalt. [...]

Ich bin der Meinung, daß an die Spitze des Bundes*staats* ein einheitliches Oberhaupt gehört, was schon den Begriff einer Hegemonie Preußens ausschließt. Für die Gesamtleitung Deutschlands aber, Österreich einbegriffen, wird eine weitere Einrichtung geschaffen werden müssen, und es würde dies eine sehr wichtige und schwierige Frage sein, die ihre Lösung von der Zukunft erwartet. Wir würden einen Organismus schaffen müssen, wonach eine zentrale Leitung der gemeinsamen Interessen des ganzen Deutschlands unter Mitwirkung seiner vereinigten Vertreter statthätte. Ich habe mich in meinem Antrag auch nicht darüber ausgesprochen, ob die organischen Bestimmungen für das weitere Bundesverhältnis, welche neu zu treffen sein werden, in die Verfassung aufzunehmen seien. Ich wünsche, daß sie Bestandteile der Verfassung würden. [...] Je enger Österreich mit dem übrigen Deutschland verbunden werden kann, ohne daß die staatliche Einheit seiner Provinzen dadurch aufgehoben, vielmehr Raum gelassen wird dafür, daß auch die nicht-deutschen Provinzen Österreichs zu Deutschland in ein näheres Bundesverhältnis treten können, um so vollkommener wird unsere Aufgabe gelöst sein.

Der Bundesstaat bleibt unser Ziel; dafür sind Übergänge nötig. Wir können sie nicht umgehen, ohne zu zerreißen, ohne das Gegenteil von dem zu tun, was wir sollen: Die Einheit der Interessen zu schaffen, für welche die Einheits-Formel in der Verfassung nur der entsprechende Ausdruck sein darf, das Mittel zum Zweck, nicht Selbstzweck. Da wir solche Einheit zu schaffen berufen sind, hüten wir uns, daß wir zu enge Formeln wählen, die nationalen Interessen in eine Zwangsjacke drängen gegen ihre Natur; tun wir vielmehr das Tor weit auf, daß der Eintritt nicht erschwert sei in die deutsche Familie und in ihr großes gastliches Haus. {Anhaltender Beifall. Ruf nach Schluß und Vertagung.}

Wolfgang von Hippel

# Otto von Bismarck
# Die Arbeiterfrage
# (1881)

Schien für die Zeitgenossen die „Deutsche Frage" mit der Bismarckschen Reichsgründung von 1870/71 und dem Zweibund zu einem guten Ende zu finden, so trat die gesamtgesellschaftliche Bedeutung der „Arbeiterfrage" erst jetzt im Zeichen der rapide fortschreitenden Industrialisierung und Verstädterung und des damit eng verbundenen Aufschwungs der „Arbeiterbewegung" in das Bewußtsein einer breiteren Öffentlichkeit. Purer Wirtschaftsliberalismus, der darauf setzte, daß die freie Bewegung der Kräfte automatisch zu optimalen Ergebnissen führen werde, verlor entschieden an Überzeugungskraft angesichts der sichtbaren Realität, auch angesichts der langanhaltenden schweren Wirtschaftskrise, die 1873 spektakulär mit dem sogenannten ‚Gründerkrach' begann. Die Wahlerfolge der Sozialdemokratie, die sich als revolutionäre Partei verstand, ließen im bürgerlichen Lager die Besorgnis vor Umsturzbestrebungen wachsen und veranlaßten den Reichskanzler Otto von Bismarck dazu, mit Hilfe des sogenannten ‚Sozialistengesetzes' (1878/90) gegen diese Species von „Reichsfeinden" vorzugehen – mit höchst mäßigem Erfolg, wie sich bald herausstellen sollte. Dabei war es Bismarck von Anbeginn klar, daß die Verfolgung und Unterdrückung der Sozialdemokratie durch „positive" Maßnahmen sozialer Reform ergänzt werden müsse. Die Bismarcksche Sozialgesetzgebung war kein bloßer Nachschlag zum Sozialistengesetz, aber sie ist durch die Auseinandersetzung mit der Arbeiterbewegung zweifellos forciert worden. Dem „weißen Revolutionär" Bismarck hat es auch zuvor nicht an christlich-patriarchalisch eingefärbter Einsicht in die soziale Problematik gefehlt und in die von ihm befürwortete Notwendigkeit, staatlicherseits wenigstens ein Stück weit zu intervenieren; nun setzte er darauf, die Arbeiterschaft durch staatlich regulierte und wenigstens teilweise mitfinanzierte Absicherung in ausgesprochenen Notlagen – bei Unfall, Krankheit, Arbeitsunfähigkeit im Alter und infolge von Invalidität – dem Einfluß der Sozialdemokratie zu entziehen, für die bestehende politische Ordnung zu gewinnen und in die bestehende gesellschaftliche Ordnung zu integrieren. Die Motive und Anstöße, grundsätzliche und taktische, solche ideeller und materieller Natur, waren vielschichtig, die großen und kleinen Bedenken und Widerstände zahlreich. Dafür ist Bismarcks Rede vom 2. April 1881 vor dem Deutschen Reichstag anläßlich der ersten Vorlage des Unfallversicherungsgesetzes ein guter Beleg. In ihr entwickelte der Reichskanzler zu einem noch sehr frühen Zeitpunkt des legislativen Prozesses seine sozialpolitischen Vorstellungen im Bewußtsein, daß man sich hier auf einem noch weithin unbekannten Terrain bewegte und daß noch langwieriger Widerstand zu überwinden war, bis die anvisierten Ziele erreicht werden konnten. Als Gegner macht der Reichskanzler nicht nur pauschal die Sozialdemokraten aus, sondern attackiert ironisch zugespitzt vor allem auch die Verfechter wirtschaftsliberaler Heilslehren, die zuvor redegewandt staatliche Intervention als freiheitsfeindlichen „Staatssozialismus" verdächtigt hatten: Eugen Richter, Führer der linksliberalen Fortschrittspartei, Ludwig Bamberger, als entschiedener Verfechter des Freihandels nach jahrelanger Zusammenarbeit mit dem Reichskanzler nun Widersacher von dessen Schutzzollpolitik, und der ihm nahestehende Eduard Lasker. Bismarck war sich im Klaren darüber, daß er einen langen Atem brauchte – das Unfallversicherungsgesetz kam erst im dritten Anlauf und deutlich modifiziert 1884 zustande, ein Jahr nach dem Krankenversicherungsgesetz (1883); und erst fünf Jahre später (1889) erhielt das Alters- und Invaliditätsversicherungsgesetz gegen eine starke Minderheit die Zustimmung im Reichstag. In die unternehmerische Freiheit, die Arbeitsbedingungen zu bestimmen, wollte Bismarck hingegen keinesfalls eingreifen; Arbeiterschutzmaßnahmen hat er vor allem mit dem Hinweis auf die sonst gefährdete internationale Konkurrenzfähigkeit der deutschen Industrie hartnäckig abgelehnt und während seiner Amtszeit weitgehend zu verhindern gewußt. Bei allem Wenn und Aber, das man im Ganzen und Einzelnen vorgebracht hat und vorbringen mag, bleibt die sozialpolitische Leistung Bismarcks jedoch unbestritten: Ohne ihn wäre diese „erste Etappe auf dem Wege zum Sozialstaat“ (Thomas Nipperdey) nicht zustande gekommen. Und: „Die Bismarcksche Sozialversicherung hat den Grundstein für eine ausbaufähige, immens differenzierbare und weltweit nachgeahmte Daseinsvorsorge gelegt. Daß sie anfänglich dem politischen Stil von ‚Zuckerbrot und Peitsche‘ verpflichtet war, ändert nichts an ihren zukunftsweisenden Wirkungen.“ (Hans-Ulrich Wehler).

## Otto von Bismarck
## Rede vor dem Deutschen Reichstag
## am 2. April 1881

*[Der Vorredner Eugen Richter hat behauptet,]* daß die Arbeiter den Beistand ablehnen, den ihnen die Reichsregierung zu bringen sucht. Darüber kann der Herr Vorredner noch gar keine Nachricht haben; was die Masse der Arbeiter denkt, das weiß der Herr Vorredner gar nicht; er weiß, was die eloquenten Streber, die an der Spitze der Arbeiterbewegungen stehen, was die gewerbsmäßigen Publizisten, die die Arbeiter als ihr Gefolge brauchen und die *unzufriedenen* Arbeiter als Gefolge brauchen – was sie darüber denken, darüber wird der Herr Vorredner ganz gewiß genau unterrichtet sein. Aber was der Arbeiter im allgemeinen denkt, das wollen wir abwarten. Ich weiß nicht, ob diese Frage in ihrer Bedeutung überhaupt schon bis zu ihrer Erwägung außerhalb der gelehrten Arbeiterklubs, außerhalb der leitenden Streber und Redner vollständig durchgedrungen ist. Wir werden ja bei den nächsten Wahlen die erste Probe davon haben, ob der Arbeiter sich dann, geschweige jetzt, ein volles Urteil darüber schon gebildet hat.

Das Feld der Gesetzgebung, welches mit diesem Gesetz betreten wird und von dem der Herr Vorredner ganz mit Recht urteilt, daß es noch eine sehr weite Perspektive hat, die vielleicht auch gemäßigte Sozialdemokraten milder in ihrem Urteil über die Regierung stimmen kann – dieses Feld, welches hiermit betreten wird, berührt eine Frage, die wahrscheinlich von der Tagesordnung so bald nicht abkommen wird. Seit fünfzig Jahren sprechen wir von einer sozialen Frage. Seit dem Sozialistengesetz ist immer an mich die Mahnung herangetreten von amtlicher, hochstehender Seite und aus dem Volke: Es sei damals versprochen, es müsse auch positiv etwas geschehen, um die *Ursachen* des Sozialismus, insoweit ihnen eine Berechtigung beiwohnt, zu beseitigen; die Mahnung ist bis zu diesem Augenblick an mich *toto die* [den ganzen Tag] herangetreten, und ich glaube nicht, daß mit der sozialen Frage, die seit fünfzig Jahren vor uns schwebt, unsere Söhne und Enkel vollständig ins Reine kommen werden. Keine politische Frage kommt überhaupt zu einem vollständigen mathematischen Abschluß, so daß man Bilanzen nach den Büchern ziehen kann; sie stehen auf, haben ihre Zeiten und verschwinden schließlich unter anderen Fragen der Geschichte; das ist der Weg einer organischen Entwicklung. Ich halte es für meinen Beruf, diese Fragen ohne Parteileidenschaft, ohne Aufregung – ich bedaure, daß die Parteifragen so hineinspielen – in Angriff zu nehmen, weil ich nicht weiß, wer sie mit Erfolg in Angriff nehmen soll, wenn es die Reichsregierung nicht tut. *[Die Unterstellung des Abgeordneten Lasker, die Regierung betreibe eine „aristokratische" Politik, schürt den Klassenhaß.]*

Der Herr Abgeordnete Richter hat auf die Verantwortlichkeit des Staates für das, was er tut, auf dem Gebiet, welches er heute betritt, aufmerksam gemacht. Nun, meine Herren, ich habe das Gefühl, daß der Staat auch für seine *Unterlassungen* verantwortlich werden kann. Ich bin nicht der Meinung, daß das „laisser faire, laisser aller" [Geschehen- und Gehenlassen], „das reine Manchestertum in der Politik", „Jeder sehe, wie er's treibe, jeder sehe, wo er bleibe", „Wer nicht stark genug ist zu stehen, wird niedergerannt und zu Boden getreten", „Wer da hat, dem wird gegeben, wer nicht hat, dem wird genommen" – daß das im Staat, namentlich in dem monarchischen, landesväterlich regierten Staat, Anwendung finden könne, im Gegenteil, ich glaube, daß diejenigen, die auf diese Weise die Einwirkung des Staates zum Schutz der Schwächeren perhorreszieren [verabscheuen], ihrerseits sich dem Verdacht aussetzen, daß sie die Stärke, die ihnen, sei es kapitalistisch, sei es rhetorisch, sei es sonstwie, beiwohnt, zum Gewinn eines Anhangs, zur Unterdrückung der anderen, zur Anbahnung einer Parteiherrschaft ausbeuten wollen und verdrießlich werden, sobald ihnen dieses Beginnen durch irgendeinen Einfluß der Regierung gestört wird.

Dem Herrn Abgeordneten reicht die Konsequenz dieser Gesetzgebung nicht weit genug. Ja, wenn er nur Geduld haben will, so werden wir seinen Erwartungen und seinen Wünschen in dieser Beziehung vielleicht später entsprechen können – nur nicht zu schnell und nur nicht alles auf einmal! Solche Gesetze entstehen ja nicht auf der Basis einer theoretischen Willkür, die darüber grübelt, was wäre jetzt wohl für ein Gesetz zu machen, sondern sie haben ihre Genesis, ihre Vorgeschichte, aus der sie entstehen. Daß wir bis heute nur mit einem Unfallversicherungsgesetz kommen, hat seinen Grund darin, daß gerade diese Seite der Fürsorge für den Armen und Schwachen schon früher besonders lebhaft betrieben ist, in Zeiten, wo ich diesen Dingen überhaupt noch nicht nähergetreten bin. Ich habe Aufforderungen, Andeutungen, Anfänge zu diesem Gesetz schon vorgefunden, es war das Gesetz, was nach Lage der Akten am meisten urgierte und am meisten dringend erschien, und wie ich ihm zuerst nähergetreten bin, habe auch ich anfangs das Gefühl gehabt, daß das Gesetz seiner Theorie nach nicht umfassend genug sei, mir ist die Versuchung nahegetreten, in dem ersten Paragraphen, in dem, glaube ich, der Satz vorkommt: „Alle Arbeiter, die" und „müssen so und so entschädigt werden" – anstatt dessen zu sagen: „Jeder Deutsche". Wenn man diesem Gedanken, der etwas Ideales hat, nähertritt, wenn man namentlich auch die selbständigen Arbeiter, die in niemandes Auftrage verunglücken, umfassen will, dann hat die Sache auf dem Wege der Versicherung ihre noch größeren Schwierigkeiten, und das erste, was uns da beschäftigt hat und sehr viel ernster beschäftigt, als irgendeine zweistündige Rede irgendeines Abgeordneten tun kann, das war die Frage: Wie weit läßt sich das Gesetz ausdehnen, ohne daß wir in den Beginn dieser Gesetzgebung gleich im Anfang eine nachteilige Lage, einen zu weit gehenden Griff, also einen Mißgriff bringen? Mir lag als Landwirt wohl die Frage sehr nahe: Läßt es sich beispielsweise auf die Landwirtschaft, der bei weitem die größte Anzahl der Arbeiter, wenigstens in den östlichen Provinzen, angehören, ausdehnen? Ich will die Hoffnung, daß dies möglich sei, nicht aufgeben, aber doch über die Schwierigkeiten, die uns für den ersten Augenblick abgehalten haben, einige Worte sagen. *[Das Hauptproblem besteht darin, daß bisher keine ausreichenden Anhaltspunkte über den Prozentsatz der betroffenen Bevölkerung vorhanden sind, um danach das Beitragsverhältnis festzulegen. Hätte man über zuverlässige Daten verfügt,]* würden wir in dieser Vorlage weitergegangen sein.

Wenn ich sage, ich gebe die Hoffnung nicht auf, daß die Landwirtschaft auch schließlich hineingezogen wird, so schwebt mir dabei eine Organisation vor, die so rasch in einer Session nicht hergestellt werden kann, mit der das Kind, wenn es überhaupt zur Welt kommt, überhaupt nicht *geboren* werden kann, sondern in die muß es erst allmählich hineinwachsen, nämlich eine Organisation, nach welcher die Zweige, die ihre Arbeiter versichert haben, in sich korporative *Genossenschaften* bilden, welche ihren wirklichen Bedarf an Entschädigungen durch Prämien in sich aufbringen und welche zugleich die genügende Kontrolle über ihre Mitglieder dahin ausüben, daß die Einrichtungen überall so sind, daß der Genossenschaft mit denselben wenig Lasten erwachsen, mit anderen Worten, daß man das Interesse der mitzahlenden Mitgenossen zum Wächter der Zweckmäßigkeit der Einrichtungen für Verhinderung der Unfälle macht. Gelingt es, im Wege der Erfahrung dahin zu kommen, dann wird man auch für die nicht mit elementaren Kräften wirtschaftende Landwirtschaft wahrscheinlich den richtigen Prozentsatz im Wege der Erfahrung finden. Der Mangel an Erfahrungen auf diesem Gebiete hat uns auch bestimmt, in der Frage, wie die Beitragspflicht verteilt werden soll, vorderhand sehr vorsichtig zu sein, und ich muß sagen, ich würde meinerseits nicht den Mut haben, den Entwurf weiter zu verfolgen, wenn die Ausgaben, die er als Gesetz mit sich bringt, ausschließlich zu Lasten der Industrie geschrieben werden sollen. Wenn die Staatshilfe, sei es in Form der Landarmenverbände, sei es in Form der Provinz, sei es in Form des Staats, vollständig fortbleibt, dann werde ich nicht den Mut haben, für die Folgen dieses Gesetzes der Industrie gegenüber einzustehen. Es ist möglich, und wir werden das vielleicht in wenig Jahren der Erfahrung nach beurteilen, und wir können ja den Staatszuschuß unter Umständen zunächst auf drei Jahre limitieren, oder wie man das will, aber ohne jedes schon gemachte Experiment, ohne jede praktische Ermittlung dessen, was uns da bevorsteht, habe ich nicht den Mut, die Industrie mit den vollen Kosten dieser staatlichen Einrichtungen zu belasten, sie in höherem Maße zu belasten wie bisher, um ihr dasjenige aufzuerlegen, was die Lokalarmenverbände bisher an Fürsorge für den verunglückten Fabrikarbeiter zu tragen gehabt haben und was künftig in einem höheren, vollkommeneren und würdigeren Maß durch die Versicherer getragen werden soll in Gemeinschaft mit dem Staat. Es handelt sich hier nicht um eine Schöpfung ganz ausschließlich neuer Lasten, sondern um eine Übertragung von Lasten aus den Armenverbänden auf staatliche Leistungen. *[Daher stellt nur ein Teil des Drittels, das künftig der Staat übernehmen soll, eine wirkliche Mehrbelastung des Staates dar,]* und es fragt sich da: Ist diese Differenz des damit erstrebten Zieles wert, daß der Arbeiter eine würdigere und reichlichere Verpflegung hat, wenn er verunglückt ist, und nicht vor Gericht erst sein Recht zu erkämpfen, sondern von Hause aus den mäßigen Zuschuß hat, der dabei vom Staate gefordert wird, ist der gleichwertig mit dem Vorteile, welcher erreicht wird? Ich glaube dies im allerhöchsten Maße bejahen zu können. Vor dem Verhungern ist der invalide Arbeiter durch unsere heutige Armengesetzgebung geschützt. Nach dem Landrechte wenigstens soll niemand verhungern; ob es nicht dennoch geschieht, weiß ich nicht. Das genügt aber nicht, um den Mann mit Zufriedenheit auf sein Alter und seine Zukunft blicken zu lassen, und es liegt in diesem Gesetze auch die Tendenz, das Gefühl menschlicher Würde, welches auch der ärmste Deutsche meinem Willen nach behalten soll, wachzuerhalten, daß er nicht rechtlos als reiner Almosenempfänger dasteht, sondern daß er ein *peculium* [einen Sparpfennig] an sich trägt, über das niemand außer ihm verfügen kann und das ihm auch nicht entfremdet werden kann, über das er als Armer selbständig verfügen kann und das ihm manche Tür leichter öffnet, die ihm sonst verschlossen wird, und ihm in dem Hause, in dem er Aufnahme gefunden hat, eine bessere Behandlung sichert, wenn er den Zuschuß, den er mit hineinbringt, aus dem Hause auch wieder entfernen kann.

Wer den Armenverhältnissen in großen Städten selbst prüfend nähergetreten ist, wer auf dem Lande namentlich den Gemeindearmen nachgespürt hat und selbst in den bestverpflegten, guten Gemeinden hat beobachten können, wie ein Armer, namentlich wenn er körperlich schwach und verkrüppelt ist, unter Umständen behandelt wird im Hause von Stiefmüttern, von Verwandten irgendeiner Art, von sehr nahen Verwandten mitunter, der muß eingestehen, daß jeder gesunde Arbeiter, der dies mit ansieht, sich sagt: Es ist doch fürchterlich, daß ein Mensch auf diese Weise durch die Behandlung in dem Hause, was er früher bewohnte, herunterkommt, wo der Hund seines Nachfolgers es nicht schlimmer hat. Das kommt vor! Welche Waffe hat ein schwacher Krüppel dagegen, wenn er in die Ecke gestoßen und hungrig ernährt wird? Er hat gar keine! Hat er aber nur 100 oder 200 Mark für sich, so besinnt sich das Haus schon sehr, bevor es ihn drückt. Wir haben es bei den Kriegsinvaliden sehen können, wenn 6 oder 5 Taler monatlich gegeben werden, das ist für einen Armenhaushalt auf dem Lande schon etwas Bares, wo die kleinrechnende Frau sich sehr besinnt, daß sie den Kostgänger, der Geld einbringt, nicht verdrießlich macht und loswird. Also sage ich, wir haben das Bedürfnis, in diesem Gesetze auf eine menschenwürdige Behandlung zunächst dieser Sorte von Armen zu wirken, und ich werde Herrn Richter in den weiteren Konsequenzen im nächsten Jahre – mag dieses Gesetz abgelehnt werden oder nicht – vollständig befriedigen in Bezug auf die Masse und Ausdehnung der staatlichen Fürsorge für eine bessere und würdigere Behandlung der Erwerbslosen. Aber zunächst ist dieses Gesetz gewissermaßen eine Probe, die wir machen, und auch eine Sonde, wie tief das Wasser finanziell ist, in das wir Staat und Land vorschlagen hineinzutreten. Man kann gegen diese Dinge nicht in der Weise sich decken, daß man eine geläufige, glatte Rede hält, in der man die Ausbildung des Haftpflichtgesetzes empfiehlt, ohne nur mit einer Silbe anzudeuten, wie man sich diese Ausbildung denkt. Damit kann man diese Sache nicht erledigen, damit spielt man den Strauß, der den Kopf versteckt, um die Gefahr nicht zu sehen.

Die Aufgabe der Regierung ist es, den Gefahren, wie sie uns vor einigen Tagen von dieser Stelle hier aus beredtem Munde [durch den preußischen Innenminister Robert von Puttkamer] mit überzeugenden Belegen geschildert wurden, ruhig und furchtlos ins Auge zu sehen, aber auch die Vorwände, die zur Aufregung der Massen benutzt werden, die sie für verbrecherische Lehren erst gelehrig machen, soviel an uns ist, zu beseitigen. Nennen Sie das Sozialismus oder nicht, es ist mir das ziemlich gleichgültig.

Wenn sie es Sozialismus nennen, so liegt natürlich der wunderliche Hintergedanke dabei, die Regierung des Kaisers dieser Vorlage der verbündeten Regierungen gegenüber gewissermaßen in die Schußlinie der Kritik zu stellen, die Herr von Puttkamer uns hier über die Bestrebungen der Sozialisten darlegte [...]. *[Wenn die Gegner der Gesetzesvorlage die Regierungspolitik in unmittelbare Nähe zum Sozialismus zu rücken suchen, bedienen sie sich]* dabei der Vielseitigkeit des Wortes „Sozialismus". Nach dem, wie die Sozialisten es in ihrem Programm getrieben haben, ist das eine Bezeichnung, die mit „verbrecherisch" in der öffentlichen Meinung beinahe gleichbedeutend ist. Nun, diese Bestrebungen der Regierung, den verunglückten Arbeiter in Zukunft besser und namentlich würdiger zu behandeln wie bisher, seinen noch gesunden Genossen nicht das Beispiel eines sozusagen auf dem Kehricht langsam verhungernden Greises zu gewähren – das kann man doch nicht in dem Sinne als sozialistisch bezeichnen, wie diese Mörderbande uns neulich dargestellt worden ist, und das ist ein ziemlich wohlfeiles Spiel mit dem Schatten an der Wand, wenn man „sozialistisch" darüber ruft.

Wenn der Herr Abgeordnete Bamberger, der ja an dem Worte „christlich" keinen Anstoß nahm, für unsere Bestrebungen einen Namen finden wollte, den ich bereitwillig annehme, so ist es der: praktisches Christentum, aber *sans phrase* [ohne Einschränkung], wobei wir die Leute nicht mit Reden und Redensarten bezahlen, sondern wo wir ihnen wirklich etwas gewähren wollen. {„Bravo!" rechts.}

Aber umsonst ist der Tod! Wenn Sie nicht in die Tasche greifen wollen und in die Staatskasse, dann werden Sie nichts fertigbekommen. Die ganze Sache der Industrie aufzubürden – das weiß ich nicht, ob sie das ertragen kann. Schwerlich geht es bei allen Industrien. Bei einigen ginge es; es sind das diejenigen Industriezweige, bei welchen der Arbeitslohn nur ein minimaler Betrag der Gesamtproduktionskosten ist. Ich nenne als solche Produktionszweige chemische Fabriken oder Mühlen, die in der Lage sind, mit einigen zwanzig Arbeitern bei einem Umsatz von einer oder mehreren Millionen ihr Geschäft zu machen; aber die große Masse der Arbeiter steckt eben nicht in solchen, ich möchte sagen, aristokratischen Betrieben, womit ich aber keinen Klassenhaß erregen will, sondern sie steckt in denen, wo der Arbeitslohn bis zu 80 und 90 Prozent der Kosten beträgt, und ob die dabei bestehen können, weiß ich nicht. Ob man den Beitrag auf die Arbeiter oder auf die Unternehmer legt, das halte ich für ganz gleichgültig. Die Industrie hat ihn in beiden Fällen zu tragen, und was der Arbeiter beiträgt, das ist doch notwendig schließlich zu Lasten des ganzen Geschäfts. Es wird allgemein geklagt, daß der Lohn der Arbeiter im Ganzen keinen Überschuß und keine Ersparnis gestatte. Will man also dem Arbeiter zu dem eben noch ausreichenden Lohn noch eine Last auferlegen, ja, dann muß der Unternehmer diese Mittel zulegen, damit der Arbeiter die Last tragen kann, oder der Arbeiter geht zum anderen Geschäft über. [...]

Es wundert mich nicht, wenn über einen neuen, so tief in unser Leben eingreifenden und so wenig von der Erfahrung urbar gemachten Gegenstand die Meinungen sehr weit auseinandergehen, und ich bin vollständig darauf gefaßt, daß wir wegen dieser Divergenz der Meinungen in dieser Session einen annehmbaren Gesetzentwurf nicht zustande bringen. Mein Interesse an der ganzen Bearbeitung der Sache wird sehr abgeschwächt, sobald ich erkennen sollte, daß das Prinzip der Unterlassung des Staatszuschusses definitiv zur Annahme käme, daß die Stimmung der Landesgesetzgebung gegen den Staatszuschuß sich ausspräche. Dann würde damit die Sache rein in das Gebiet des freien Verkehrs sozusagen gewiesen werden, man würde es dann den Versicherern der Privatindustrie vielleicht besser überlassen, als daß man eine staatliche Einrichtung ohne Zwang übt. Denn ich würde nicht den Mut haben, den Zwang auszusprechen, wenn der Staat nicht auch gleichzeitig einen Zuschuß anbietet. Würde der Zwang ausgesprochen, so ist es notwendig, daß das Gesetz zugleich ein Versicherungsinstitut beschafft, das wohlfeiler und sicherer ist wie jedes andere. Man kann nicht den Sparpfennig des Armen dem Konkurse aussetzen, man kann auch nicht zugeben, daß ein Abzug von den Beiträgen als Dividende oder zur Verzinsung von Aktien gezahlt würde. Der Herr Abgeordnete Bamberger hat ja gestern seinen Angriff auf das Gesetz wesentlich mit der Klage über den Ruin der Versicherungsgesellschaften begründet – er hat sich stark ausgedrückt: daß die erdrückt, zermalmt werden würden, und hat gesagt, daß diese Versicherungsgesellschaften sich um die Dankbarkeit ihrer Mitbürger bewürben. Ich habe immer geglaubt, sie bewürben sich um das Geld ihrer Mitbürger. {Heiterkeit.} Wenn sie aber auch dafür die Dankbarkeit noch zu Buch bringen können, so ist das eine geschickte Operation. Daß sie aber als edle Seelen sich für die Arbeiterinteressen bei der Einrichtung ihrer Versicherungsgesellschaften auf Aktien zu opfern bereit waren, habe ich nie geglaubt, ich würde mich auch schwer davon überzeugen. {Abgeordneter Bebel: „Sehr gut!"}

Und für solche Privatversicherungsgesellschaften, die in Konkurs geraten können, auch bei guter Verwaltung, durch Konjunkturen, durch große Unglücksfälle, die genötigt sind, ihre Beiträge so einzurichten, daß noch für den, der sein Kapital dazu hergibt, Dividende übrig bleibt, wenigstens eine gute Verzinsung und auch die Hoffnung auf Dividende, zu solchen Versicherungen können wir nach meinem Rechtsgefühl niemand zwingen, und da möchte ich meinen Beistand dazu versagen. Das Korrelat für den Zwang bildet meines Erachtens auch die Übernahme der Versicherung durch den Staat in der Form des Reiches oder in der Form des Einzelstaats – ohne das kein Zwang! Ich habe auch nicht, wie ich schon erwähnte, den Mut, den Zwang auszuüben, wenn ich nicht etwas dafür zu bieten habe. Dieser Drittelbeitrag des Staates ist ja viel geringer, wie ich schon vorher gesagt habe, als er aussieht, weil dafür den Verbänden, auf die der Staat seine ihm obliegende Armenpflege abgebürdet hat, doch auch sehr wesentliche Leistungen abgenommen werden. Ist dies Kommunismus, wie der Herr Vorredner sagte, nicht Sozialismus, so ist das mir wiederum gleichgültig, ich nenne es immer wieder praktisches Christentum in gesetzlicher Betätigung – aber ist es Kommunismus, dann ist der Kommunismus ja längst in den Gemeinden in höchstem Maß getrieben, ja sogar durch staatlichen Zwang. Der Herr Vorredner sagte, daß auf unsere Weise die unteren Klassen durch indirekte Steuern belastet würden, um für die Armenpflege den Beitrag aufzubringen. Ja, meine Herren, was geschieht denn aber in den großen Städten, in dem nach seiner Meinung vom fortschrittlichen Ringe so glänzend verwalteten Berlin? Da wird der Arme dadurch verpflegt, daß der Verarmende, der morgen sein gleich armer Bruder sein wird, wenn er wegen der Mietssteuer ausgepfändet ist, durch Mietssteuer den Beitrag aufbringen muß, um den schon Armen zu verpflegen. Das ist viel härter, als wenn das aus der Tabak- oder Branntweinsteuer käme. *[Fehler des geltenden Haftpflichtgesetzes: Zahlreiche Prozesse über die Frage des Verschuldens bei Unfällen führen zu* Erbitterung zwischen Arbeitgebern und Arbeitnehmern. *Benötigt wird ein System, wo* die Frage, ob irgendein Verschulden obliegt, nicht untersucht wird. *Es geht um den]* Schutz eines ohne das Gesetz ziemlich wehrlosen Teils der Bevölkerung gegen die Unbilden des Lebens und gegen die Folgen ihrer Unglücksfälle und gegen die Härte der Situation eines ohne jedes eigene *peculium* der Gemeindeverpflegung verfallenen Ortsarmen.

Ich gehe auf den Vorwurf des Kommunismus nicht weiter ein; ich möchte nur bitten, daß man sich in Fragen wie diese, wo wir wirklich alle unseren Weg noch nicht sicher vor uns liegen sehen, sondern ihn eben mit Stab und Sonde mühsam erforschen, daß man da doch nicht alles aus dem Gesichtspunkt der Fraktionstaktik, aus dem Gefühl „Fort mit Bismarck“ und dergleichen betreiben möge. […]

Aber ich möchte gern, daß ein Staat, der – wenn Sie auch die Benennung „christlicher Staat“ perhorreszieren – doch in seiner großen Mehrheit aus Christen besteht, die Grundsätze der Religion, zu der wir uns bekennen, namentlich in Bezug auf die Hilfe, die man dem Nächsten leistet, in Bezug auf das Mitgefühl mit dem Schicksal, dem alte, leidende Leute entgegengehen, sich einigermaßen durchdringen läßt. {„Bravo!“}

Die sehr weitgehenden Auseinandersetzungen, die ich teils heute gehört, teils gestern in dem vielleicht nicht ganz vollständigen Oldenberg'schen Auszug gelesen habe, nötigen mich noch zu einigen Erwiderungen. Der Herr Abgeordnete Richter hat gesagt, die ganze Vorlage wäre eine Subvention für die Großindustrie. Nun, das ist wieder die Frage des Klassenhasses, die neue Nahrung bekommen würde, wenn man dies allgemein glauben könnte. Ich weiß nicht, warum Sie gerade bei der Regierung eine blinde, parteiische Vorliebe für die Großindustrie voraussetzen. Es sind die Großindustriellen, ein meistens vom Glück begünstigter Teil unserer Bevölkerung, das erregt kein Wohlwollen bei anderen; ihre Existenz aber zu schwächen und zu schmälern, wäre doch ein sehr leichtsinniges Experimentieren. Wenn wir die Großindustrie, wie wir sie haben, fallen lassen, wenn wir es dahin kommen ließen, daß sie mit dem Auslande nicht mehr konkurrenzfähig bleibt, wenn wir ihr Lasten auferlegen wollten, von denen nicht bewiesen ist, ob sie dieselben wird tragen können, so würden wir damit vielleicht Beifall bei allen finden, die mit Ärger jeden sehen, der reicher ist wie andere, namentlich wie sie selbst. Aber bringen Sie die Großindustriellen zu Falle, was machen Sie dann mit den Arbeitern? Dann stünden wir wirklich vor der Frage, die der Herr Abgeordnete Richter sorgend anregte, daß wir an die Organisation der Arbeit gehen müßten; denn wir können, wenn ein Etablissement zugrunde geht, das zwanzigtausend und mehr Arbeiter beschäftigt, wenn es zugrunde geht, weil die Großindustriellen stets der öffentlichen Meinung und der Gesetzgebung denunziert werden als gemeinschädlich und als lange nicht genug besteuert, wenn sie dann erlägen – wir könnten doch nicht zwanzigtausend und mehrere hunderttausend Arbeiter verkommen und verhungern lassen. Wir müßten dann zu *wirklichem* Staatssozialismus greifen und für diese Leute Arbeit finden, wie wir das ja bei jedem Notstande tun. Wenn die Einwendung des Herrn Abgeordneten Richter richtig wäre, daß man sich wie vor einer ansteckenden Krankheit vor der Möglichkeit des Staatssozialismus hüten müsse, wie kommen wir darauf, bei Notständen in einer oder der anderen Provinz Arbeiten zu organisieren, Arbeiten einzurichten, die wir sonst nicht machen würden, wenn die Arbeiter Beschäftigung und Verdienst hätten? Wir veranlassen in solchen Fällen den Bau von Eisenbahnen, deren Rentabilität zweifelhaft ist; wir veranlassen Meliorationen, die wir sonst jedem auf eigene Rechnung überlassen. Ist das Kommunismus, so bin ich in keiner Weise dagegen, aber mit solchen prinzipiellen Stichworten kommt man wirklich nicht vom Fleck.

[...] Wie erheblich die Lasten sind, die unter Umständen dem „Gemeindekommunismus" in Gestalt der Armenpflege abgenommen werden und auf den Staatskommunismus in dieser Gestalt übergehen würden, darauf wirft eine vereinzelte Tatsache einen Lichtblick. *[In Berlin betragen die Ausgaben für die Armenpflege 7 Mark, in den sonstigen großen Städten Deutschlands durchschnittlich 4 Mark pro Kopf der Bevölkerung. Dagegen in ausgesprochenen Fabrikorten wie Oberneunkirchen und Duttweiler]*, wo die Tatsache vorliegt, daß die meisten der Arbeiter Knappschaften und dergleichen Verbänden angehören, wo sich vorwiegend dichte Fabrikbevölkerung befindet, ist die auffallende Tatsache zu verzeichnen, daß Oberneunkirchen nur 58 Pfennige pro Kopf Armenlast hat, wenig über eine halbe Mark, und Duttweiler 72 Pfennige. Das sind Beispiele, die recht schlagend beweisen, welche Last unter Umständen, wenn man das Knappschaftssystem oder etwas Ähnliches in Anwendung brächte – ich bin weit entfernt, eine so teure Anlage jetzt zu erstreben; aber ich habe auch gesagt, wir werden ein Menschenalter an dieser Gesetzgebung arbeiten –, hier liegt das Ergebnis recht schlagend vor, daß die Gemeindearmenlasten in Duttweiler und Oberneunkirchen, die sonst, wenn sie sich auch nicht über den Durchschnitt, wenn sie sich auch nicht auf die Berliner Höhe erheben würden, doch wohl 5 Mark betragen könnten, daß die unter 1 Mark, beinahe bis auf ½ Mark heruntergehen. Welche gewaltige Last in einer Stadt von 10.000 Einwohnern wird mit einem solchen Gesetz dem Armenverbande abgenommen! Warum sollte also nicht für ähnliche Interessen eine Leistung den Armenverbänden angesonnen werden? Nur kann es nicht der Lokalverband sein, es muß ein größerer Armenverband sein, und der größte ist der Staat, und deshalb halte ich unbedingt fest an dieser Staatshilfe und würde, wenn diese den verbündeten Regierungen nicht gewährt wird, auch ruhig und *sine ira* [ohne Zorn] einer weiteren Verhandlung, einer weiteren Legislaturperiode entgegensehen. Ich betrachte dies als integrierenden Teil des Gesetzes, ohne welchen es nicht mehr denselben Wert für mich haben würde, den ich ihm bisher beilege, und der mich veranlaßt, mich dafür einzusetzen.

*[Auseinandersetzung mit weiteren Äußerungen des Abgeordneten Richter zur Regierungspolitik.]* Meine Herren, unsere Unerschrockenheit beruht auf dem guten Gewissen, auf der Überzeugung, daß das, was wir bringen, das Ergebnis sorgfältiger pflichtmäßiger Überlegung ist und nicht die mindeste Färbung von Parteipolitik hat, und dadurch sind wir den Angreifern überlegen, weil die Gegner von ihrem Ursprung, von dem Boden der Parteikämpfe, der an ihren Schuhen klebt, sich niemals werden freimachen können.

Wenn der Herr Vorredner in seinen weiteren Vorwürfen uns mit den Römern vergleicht [...], so liegt der Unterschied zwischen unserer Auffassung, die Herr Lasker immerhin eine aristokratische nennen mag, und der des Herrn Bamberger schon in dessen Ausdrucksweise; er spricht von Theatern, die wir dem „süßen Pöbel" bauen.

Nun, ob der Pöbel etwas Süßes hat, weiß ich nicht, für uns ist es ein angenehmes Gefühl, für die weniger vom Glück begünstigten Klassen, die der Herr Vorredner mit dem Namen Pöbel bezeichnet, auf dem Wege der Gesetzgebung sorgen zu können, wenn Sie uns die Mittel dazu geben, und sie auf diesem Wege, soweit es möglich ist und an uns liegt, dem verderblichen Einfluß einer ihrer Intelligenz überlegenen Beredsamkeit der eloquenten Streber, die die Massen auszubeuten suchen, zu entreißen. [...]

Der Herr Abgeordnete Bamberger hat ferner gefragt: Woher nehmen Sie denn die Mittel, die dazu nötig sind?

Wie ich schon bemerkte, *dieses* Gesetz erfordert im ganzen wenig neue Auslagen, die Regierung verlangt nur die Erlaubnis, den Staat an die Stelle der armenpflegenden Gemeinden treten zu lassen, und dann eine kleine, mäßige Zulage für den Erwerbsunfähigen, die aber von dessen Willen absolut abhängig bleibt und ihm anklebt, ohne daß sie von ihm getrennt werden kann, ihm also eine gewisse Unabhängigkeit auch in seiner Stellung als Invalide im Leben läßt; nur ein mäßiger Zuschuß zu dem bisherigen – ich weiß nicht, ist er auf die Hälfte des Drittels, auf ein Sechstel, zu veranschlagen oder geringer, aber das sollte meines Erachtens ein Staat, der sich im Kampf mit diesen infernalen Elementen befindet, die Ihnen dieser Tage hier näher charakterisiert wurden – ein Staat, der seiner großen Mehrzahl nach aus aufrichtigen Bekennern des christlichen Glaubens besteht, der sollte dem Armen, Schwachen und Alten auch in einem noch weiteren Maße, als es hier gefordert ist, in dem Maße, wie ich hoffe, wenn ich es erlebe, im nächsten Jahre von Ihnen fordern zu können, das sollte ein Staat, der praktisches Christentum treiben will, sich nicht versagen und dem armen Manne nicht. {„Bravo!" rechts.}

Michael Erbe

# Gustav Stresemann
# Der Locarno-Vertrag
# (1925)

Die rund zweieinhalbstündige Rede, die Gustav Stresemann (1878-1929, Reichsaußenminister 1923-1929) nach der Verabschiedung des Vertrags von Locarno im deutschen Reichstag am 27. November 1925 vor Vertretern der deutschen „Landsmannschaften" (vergleichbar mit den Verbänden der Heimatvertriebenen nach dem Zweiten Weltkrieg) in deren Berliner Zentrale am 14. Dezember 1925 hielt, ist ein Meisterstück politischer Rhetorik. In ihr spiegelt sich aber auch das Dilemma wider, aus dem Stresemann nicht mehr herausfinden sollte. Denn mit seiner Außenpolitik wollte er sowohl den Erfordernissen einer Verständigung mit dem Westen gerecht werden wie auch die Rückerwerbsoptionen auf die nach dem Ersten Weltkrieg verlorenen Gebiete im Osten erhalten. Einerseits versuchte Stresemann den Interessen Deutschlands an einer Verständigungspolitik zu entsprechen und andererseits den vielen an der Größe des untergegangenen Kaiserreichs orientierten Nationalisten im Lande seine notwendig mit Verzicht auf Unwiederbringliches verbundene Linie plausibel zu machen.

Die „Locarno-Politik" war die erste bedeutsame und zugleich erfolgreiche Initiative, mit der die deutsche Außenpolitik nach der Ruhrbesetzung durch Frankreich 1923-1924 wieder mehr Freiraum gewinnen wollte. Nachdem die deutsche Regierung im Herbst 1923 die Hyperinflation gestoppt hatte, brachte die Londoner Konferenz (16. Juli bis 16. August 1924) auf Vorschlag des amerikanischen Bankiers Charles G. Dawes (1865-1951; 1925 Friedensnobelpreisträger, 1926-1929 US-Vizepräsident) eine Regelung der Reparationen, die nach Aufnahme einer internationalen Anleihe in Höhe von 800 Millionen Goldmark eine jährliche

Zahlung von 2,4 Milliarden Mark durch Deutschland vorsah. Durch die Annahme dieses sogenannten ‚Dawes-Plans' war das Reparationsproblem einer vorläufigen Lösung zugeführt worden, doch widersetzte sich die französische Regierung jetzt der im Versailler Vertrag vorgesehenen Räumung der nördlichen Besatzungszone des Rheinlands. Dessen Okkupation durch alliierte Truppen war laut Art. 428 und 429 des Friedensabkommens vorgenommen worden, seine Räumung war in drei Etappen für 1925 (Kölner Zone), 1930 (Koblenzer Zone) und 1935 (Trierer Zone) vorgesehen (tatsächlich wurden die Koblenzer und die Trierer Zone 1930 gemeinsam geräumt). In Paris berief man sich indes auf Art. 430 des Vertragswerks, wonach bei Nichterfüllung der Friedensbedingungen durch Deutschland die Räumung aufgeschoben werden konnte. An sich war die seit Juni 1924 amtierende Regierung Édouard Herriot (1872-1957) mit ihrem Außenminister Aristide Briand (1862-1932) bereit, Deutschland stärker entgegenzukommen, als das bisher der Fall gewesen war. So befürwortete sie jetzt die Aufnahme des Nachbarlands in den Völkerbund, die Deutschland 1919 verweigert worden war. Sie mußte jedoch den in der Öffentlichkeit immer wieder artikulierten Ängsten um die Sicherheit Frankreichs Rechnung tragen. In dieser Situation unterbreitete Stresemann nach Sondierungen in London den Regierungen Frankreichs und Belgiens den Vorschlag einer Garantie ihrer Grenzen zu Deutschland.

Darüber wurde nach gründlichen Vorbereitungen auf diplomatischer Ebene vom 5. bis zum 16. Oktober 1925 im schweizerischen Locarno am Lago Maggiore zwischen Deutschland einerseits sowie Frankreich und Belgien andererseits verhandelt; hinzu kamen Großbritannien und Italien, die das Abkommen als europäische Großmächte garantieren sollten, sowie Polen und die Tschechoslowakei, die ebenfalls an Grenzsicherungsverträgen mit Deutschland interessiert waren, sich aber mit ihrem Begehren nicht durchsetzen konnten. Denn für die deutsche Delegation unter Stresemann war von vornherein klar, daß allenfalls ein Verzicht auf die an Frankreich und Belgien abgetretenen Gebiete – Elsaß-Lothringen bzw. die südlich von Aachen gelegenen Landkreise Eupen und Malmedy – in Berlin eine parlamentarische Mehrheit finden würde. Ein „Ost-Locarno" kam nicht in Frage, das Problem der deutschen Ostgrenzen – darüber war man sich in Deutschland über sämtliche Parteigrenzen hinweg einig – mußte offen bleiben. Im Hinblick auf Polen galt das auch wegen der recht guten Beziehungen Berlins zur Sowjetunion, die gleichfalls gegenüber Polen Grenzrevisionsansprüche hatte. Die deutsche Delegation fand sich in Locarno deswegen lediglich dazu bereit, in sogenannten ‚Schiedsverträgen' zu versichern, daß man von Berlin aus keine gewaltsame Änderung der Grenze mit Polen anstreben werde und die Verteidigungsbündnisse zwischen Paris, Warschau und Prag anerkenne. Auch im Hinblick auf Art. 16 des im Versailler Abkommen formulierten Völkerbundvertrags, der vorsah, daß sich die Mitglieder an bewaffneten Aktionen des Bundes zu beteiligen hätten, wurde für Deutschland eine Sonderregelung gefunden: Es brauchte sich an Sanktionsmaßnahmen des Völkerbunds nur insoweit zu beteiligen, als das „mit seiner militärischen Lage verträglich" sein und „seiner geographischen Lage" Rechnung tragen würde.

Obwohl der Vertrag, der zum ersten Mal nach 1919 Deutschland wieder zur mit den übrigen Mächten gleichberechtigten Großmacht erhob, für Berlin einen enormen Prestigegewinn bedeutete, stieß er in weiten Teilen der deutschen Öffentlichkeit auf Ablehnung und Entrüstung. Verzicht auf ehemalige Reichsgebiete war für die meisten Deutschen ein Unding. Die deutsch-nationalen Minister traten daher am 25. Oktober aus der Reichsregierung aus. Dies führte zu einer Regierungskrise, die am 5. Dezember den Rücktritt von Reichskanzler Luther nach sich zog (er bildete im Januar 1926 eine Minderheitsregierung, der wiederum Stresemann als Außenminister angehörte). Im Reichstag wurde vom 23. bis zum 27. November über den Vertrag debattiert. Er wurde schließlich (da die nicht zur Regierungskoalition gehörenden Sozialdemokraten dafür stimmten) mit 300 gegen 174 Stimmen angenommen; der Beitritt zum Völkerbund wurde mit 275 gegen 183 Stimmen befürwortet.

Für Stresemann war dies zwar ein Erfolg, aber vor allem in den Reihen seiner eigenen Partei – der rechtsliberalen „Deutschen Volkspartei" – war die Ablehnung groß, ebenso unter den ihm seit jeher nahe stehenden konservativen Kreisen, bis hin zum früheren deutschen Kronprinzen, dem er in einem Brief vom 7. September 1925 – mit ähnlichen Argumenten wie in der Dezemberrede – den Locarno-Vertrag und den Beitritt zum Völkerbund schmackhaft zu machen versuchte.

Die Rede vor den Landsmannschaften glich gewissermaßen einem Gang in die Höhle des Löwen, galt doch in diesen Kreisen der Verzicht auf ehemals deutsche Gebiete schlichtweg als Verrat. Stresemann zog deswegen auch sämtliche Register, um eine neue Phase deutscher Großmachtpolitik zu preisen und die Möglichkeit einer Grenzrevision im Osten an die Wand zu malen. Hierbei verstieg er sich zu Versprechungen einer möglichen künftigen Achse zwischen Berlin und London (gegen die Hegemonialstellung Frankreichs auf dem Kontinent) sowie einer Entente mit der früheren Feindmacht aufgrund ähnlicher ökonomischer Interessen. Er sagte zudem wagemutig eine vorzeitige Räumung des Rheinlands voraus (nachdem – unmittelbar im Anschluß an die förmliche Unterzeichnung des Abkommens in London am 1. Dezember – die Räumung der Kölner Zone eingeleitet worden war), die aber dann bis 1930 auf sich warten lassen sollte. Dagegen spielte er auf ein Konzept der dauerhaften Verständigung mit Frankreich, das sich erst in den folgenden Jahren konkretisieren sollte, nur nebenbei an. Die Rede, in der er offenbar immer wieder vom vorbereiteten Text abwich und spontan seinen Eingebungen folgte, war – wie die mitprotokollierten Beifallsbekundungen zeigen – sicherlich ein voller Erfolg. Diesen benötigte der Reichsaußenminister angesichts des Unverständnisses seiner konservativen Gegner, gerade in der eigenen Partei, zu diesem Zeitpunkt auch dringend. Er setzte seine Politik mit dieser in der Öffentlichkeit stark beachteten Rede aber auch einem Erwartungsdruck aus, dem er in der ihm angesichts seines damals unheilbaren Nierenleidens noch beschiedenen kurzen Lebenszeit kaum genügen konnte. Als am 30. Juni 1930 die endgültige Rheinlandräumung begann, die er im Dezember 1925 als kurz bevorstehend plakatiert hatte, weilte Stresemann bereits seit neun Monaten nicht mehr unter den Lebenden.

**Gustav Stresemann**
**Rede vor den Landsmannschaften in Berlin**
**am 14. Dezember 1925**

Meine Damen und Herren! Ich bin Ihnen sehr dankbar dafür, daß Sie mir Gelegenheit geben, in Ihrem Kreise über die Fragen zu sprechen, die Sie und die uns alle tief angehen. Dabei werden Sie sich ebenso wie ich darüber klar sein, daß meine Ausführungen nur einen allgemeinen Charakter haben können. Es ist das Schicksal jedes Außenministers, daß er der öffentlichen Kritik, die an der auswärtigen Politik oft geübt wird, nie so entgegentreten kann, als wenn es sich um innere Fragen handelte; denn das Letzte zu sagen, was einer Aktion zu Grunde liegt, würde vielleicht diese Aktion selbst stören. Wir haben auch weiter wiederholt erlebt [...], daß wir unsererseits uns sogar die größte Mühe gegeben haben, das, was wir etwa als Erfolg ansehen, nicht als Erfolg in die Erscheinung treten zu lassen, sondern das Bild selbst dann grau in grau zu malen, wenn wir selbst nicht der Meinung waren, daß diese Farbe etwa angebracht wäre. Aber es haben sich namentlich in Bezug auf die letzte Politik des Deutschen Reiches doch soviel mißverständliche Auffassungen gerade auch im Grenzlanddeutschtum ergeben, daß ich doch Wert darauf lege, Ihnen im allgemeinen zum Ausdruck zu bringen, wie sich in uns die Dinge spiegeln und wie wir die Zukunft der deutschen auswärtigen Beziehungen ansehen. Darf ich dabei von einer Tatsache ausgehen.

Der Versailler Vertrag ist deshalb so teuflisch, weil er, und zwar doch sicherlich mit Bewußtsein, an so vielen Ecken und Enden des deutschen Landes Brennpunkte geschaffen hat, daß er uns eigentlich zwangsläufig mit fast allen großen europäischen Mächten in Differenzen bringen sollte. Es gibt kein Volk, bei dem wie beim deutschen Volke in der Gegenwart die Staatsgrenze so wenig mit der Volksgrenze zusammenfällt, als das heute bei Deutschland der Fall ist. [...] Uns trennt von der Tschechoslowakei die Lage der Sudeten-Deutschen. Uns trennt von Polen das uns entrissene deutsche Gebiet. Uns trennt von Litauen das Schicksal des Memellandes. [...] Selbst die Frage Eupen-Malmedy, vielleicht an sich auf der Landkarte klein erscheinend, ist doch ein

Grund einer scharfen Differenz zwischen Belgien und Deutschland, und sie war auch dazu geschaffen, einst diese Differenz zu einer dauernden zu gestalten. Auch in anderen Ländern, wo Menschen deutschen Stammes früher einem andere Lande angehörten, das mit uns verbündet war, und wo sie jetzt unter Fremdherrschaft geraten sind,* haben wir die Aufgabe, uns ihrer anzunehmen, und die Fahrt der deutschen Außenpolitik ist ja fast immer seit dem verlorenen Kriege eine Fahrt zwischen Scylla und Charybdis gewesen, zwischen dem unbedingten Bedürfnis des nach Wiederaufrichtung lechzenden Deutschlands, seine Beziehungen zu den anderen Staaten zu guten zu gestalten, und dem Aufschrei der Volksseele über das, was das Deutschtum in Europa zu leiden hat.

Wenn ein Außenminister seine Aufgabe nicht dahin auffaßt, die täglichen Ereignisse zu erledigen, sondern sich fragt, ob es Ausblicke für eine andere Stellung seines Landes in der Welt gibt, dann muß er sich zunächst die Frage vorlegen, welche Mittel ihm zur Verfügung stehen, um seinem Lande wieder Geltung zu verschaffen. Das Hauptmittel ist die materielle Macht, Armee und Flotte. Daß wir sie nicht besitzen, ist Ihnen bekannt. [...] Wir sind heute kaum in der Lage, unser Land zu verteidigen, geschweige denn auf unsere Macht zu pochen und dadurch zu versuchen, das Schicksal zu wenden.

Wir hätten ein zweites Mittel, eine Außenpolitik zu treiben, die zu Erfolgen führte, das wäre ein einheitlicher nationaler Wille des deutschen Volkes, der über alle Parteien hinaus das Volk einte und es in großen Fragen so zusammenführte, daß seine Stimme als die eines 60 Millionen-Volkes in der Welt erschallt. [...] Wir haben [...] in dieser Möglichkeit einheitlicher Zusammenfassung eine Waffe. Daß sie schwächer ist als die materielle Macht, brauche ich Ihnen nicht zu sagen. Dazu stehe ich viel zu sehr innerlich auf dem Standpunkt, daß die große Machtverschiebung in der Welt sich naturgemäß in den Beziehungen der Völker auswirkt und daß, soviel man vom Rechtsstandpunkt sprechen mag, seine

* Gemeint sind die deutschen Minderheiten im früher ungarischen Teil Österreich-Ungarns, vor allem in Jugoslawien und Rumänien.

Rechte am besten wahrt, wer die Macht hat, für das bedrohte Recht einzutreten {„Sehr richtig!“} und die ganze Tragik der deutschen Außenpolitik besteht in einem Kampfe für das Recht, ohne daß hinter diesem Recht im gegebenen Moment die Macht stehen kann.

Meine Herren, von diesen beiden Dingen scheidet das erste aus. Das zweite ist nur partiell anwendbar. Eine dritte Frage für die deutsche Außenpolitik ist die, ob Deutschland noch irgendwo eine Großmacht wäre und als Großmacht sich wieder in das Konzert der Mächte einschalten könnte, und diese einzige große Waffe unserer Außenpolitik sehe ich in unserer wirtschaftlichen Stellung, und zwar in unserer wirtschaftlichen Stellung als Konsumentenland, in unserer Stellung als großes Schuldnerland gegenüber den anderen Nationen. [...] Ich glaube, man wird am weitesten kommen, wenn man irgendein Verhältnis zu anderen Nationen auf gleichlaufendem Interesse aufbaut. An unserer Produktion haben die anderen kein Interesse; aber sie haben Interesse daran, daß die aus den Fugen geratene Weltwirtschaft, die sich in einer Zerstörung der Währungen mit Ausnahme von zwei großen Ländern ausgesprochen hat, wieder in Ordnung kommt; und sie glauben nicht daran, daß sie wieder in Ordnung kommt, wenn Deutschland in den Abgrund hineingezogen wird. Sie kennen die Wirkungen des Krieges. England ringt seit 1919 mit einem Arbeitslosenproblem, dessen es nicht Herr werden kann, und die gewaltige Umbildung der letzten Jahre zeigt sich in den Gedanken der City of London, die sich fragt, ob nicht vielleicht die Arbeitslosenfrage in England ihre Ursache in der verminderten Kaufkraft Europas und in der verminderten Kaufkraft des deutschen Marktes hätte, der einst so viel von englischen Waren in sich aufnahm. [...]

Eine zweite Frage ist die Lage Frankreichs nach dem gewonnenen Kriege. Wie schlimm die Lage ist, sehen Sie an den fortwährenden Zuckungen des Kabinetts in Paris. Frankreich kann sich finanziell nicht vor dem Verfall seiner Währung retten, wenn es ihm nicht gelingt, ganz große Kredite seinem Staate zuzuführen. Frankreich kann wirtschaftlich nicht in die Höhe kommen ohne eine gewisse Zusammenwirkung mit Deutschland auf wirtschaftlichem Gebiet. [...] Nehmen Sie dazu noch die Vereinigten

Staaten von Amerika, die Gewinner des Krieges, wen Sie wollen; soweit das Materielle in Betracht kommt, ein Land, das in seiner größten Bank, die unserer Reichsbank entspricht, 16 Milliarden ungemünztes Gold sinnlos liegen hat und sich überlegt, ob es möglich wäre, eine solche Summe weiter unproduktiv stehen zu lassen.

Meine Herren, das waren Gesichtspunkte, die uns veranlassen mußten, an uns die Frage zu richten, ob es für uns nicht möglich sei, politische Fragen auf wirtschaftlichem Wege zu lösen und unter dem Gedanken dieser unserer Machtstellung zu versuchen, den Dingen seit Versailles eine andere Wendung zu geben. Ich will nicht die Geschichte von 1919 wiederholen. [...] Wir haben dann den Ruhreinbruch erlebt; seine Liquidierung erfolgte. Die Vereinigten Staaten, erregt über die damalige Haltung Poincarés*, regten eine Lösung der Reparationsfrage an [...]

Die Londoner Konferenz sollte die Lösung der Reparationsfragen bringen. Wir diskutieren in Deutschland heute erregt darüber, ob dieser Plan auf die Dauer erfüllbar sein wird. Meine Herren, das ist erstens dogmatisch und zweitens unendlich unpolitisch. Wenn wir im Laufe der nächsten Jahre nicht mehr in die Lage kommen sollten, diese Lasten auf uns zu nehmen, so ist es das Törichteste, was ein Kaufmann tun kann, seine etwa in drei Jahren erfolgende Zahlungsunfähigkeit vorher auf dem ganzen Markt zu annoncieren und damit seine eigene Unterschrift zu diskreditieren. {„Sehr richtig!“} [...] Wenn wir 1927 oder 1928 dazu kommen sollten zu erklären, daß wir auch den Dawes-Plan nicht erfüllen könnten, dann müssen wir in der Zwischenzeit weltpolitisch unsere Lage geändert haben und müssen ein ganz anderes Verhältnis zu den Mächten haben, damit nicht eine derartige Erklärung Deutschlands von neuen Sanktionen und neuem Vorgehen gegenüber deutschem Gebiet begleitet ist. {„Sehr gut!“} Der Dawes-Plan, der scharf kritisiert werden kann, wie überhaupt, meine Herren, alle Verträge, die Deutschland noch schließen wird,

* Raymond Poincaré (1860-1934), 1912/13, 1922-1924 und 1926-1929 französischer Ministerpräsident, 1913-1920 Staatspräsident, hatte 1923 die Besetzung des Ruhrgebiets veranlaßt.

in seiner Lage immer nur die Verträge des Schwachen gegenüber dem Starken sein werden, hat andererseits auf politischem Gebiet seine großen Vorteile vor jeder anderen Abmachung [...] Das Wichtigste [...] ist bei dem Dawes-Plan die Bestimmung, daß Zahlungen an die anderen Mächte überhaupt nur erfolgen können, solange dadurch nicht die deutsche Währung in Mitleidenschaft gezogen wird [...]

Dann, meine Herren, entsteht überhaupt die Frage, ob nicht die ganze Regelung der deutschen Kriegsschuld auf einer anderen Basis erfolgt und damit auch die ganzen verhängnisvollen Bindungen, die auf uns ruhen, anders werden können. Es ist ein starker Kampf um die Festsetzung der Endsumme der deutschen Leistungen. Viele Deutsche haben uns gedrängt, in London die Endsumme festzusetzen. Ich habe mich dagegen mit aller Entschiedenheit gewandt, weil wir in der Möglichkeit unserer Leistungen maßlos überschätzt wurden und weil ich der Meinung war, daß, je weiter die Jahre fortschritten, man umsomehr einsehen würde, daß diese astronomischen Zahlen, die man früher von der deutschen Kriegesentschädigung angeführt hat, eben in das Gebiet der Phantasie und Astronomie verwiesen würden, und wenn Frankreich die Frage stellen würde, ob wir die Hand dazu bieten könnten, ihm die Möglichkeit zu geben, sagen wir einmal 5 Milliarden auf den Markt zu bringen und uns verpflichten, die Zinszahlung auf uns zu nehmen, dann würde, falls dieses Moment eintritt, es uns auch die politische Möglichkeit geben zu sagen: Wir können diese Frage diskutieren, wenn Ihr das Rheinland verlassen habt. Dann wäre das das Schulbeispiel dafür, wie wirtschaftliche Fragen benutzt werden, um der Hebel für die Lösung politischer Fragen zu sein. [...]

Nun komme ich von London zu Locarno, vom Wirtschaftlichen auf das Politische. Was bedeutet im Sinne der Regierung der Vertrag von Locarno und die angebahnte Verständigung? [...] Der wirtschaftlichen Verständigung muß eine politische Verständigung folgen. Bei dieser politischen Verständigung kam es darauf an, gerade auch für die künftige Entwicklung Deutschlands und der deutschen Grenzen sich zu fragen, wo der Ort des stärksten Widerstandes war und wo der Ort des schwächeren Widerstandes lag, ob man die Politik in Bezug auf zukünftige Entwicklungen nach der Westseite richten sollte oder ob man der Meinung sein konnte, daß eine Verständigung mit dem Osten Möglichkeiten freier Betätigung in der Zukunft nach anderen Gegenden Europas und in Bezug auf andere schwebenden Fragen bot [...] Der Kampf [...] ging [...] darum, ob es möglich sei, wenn man diesen Westpakt annehme, doch Deutschland so zu binden, daß es auch nach anderen Richtungen hin dieselben Verpflichtungen übernehme. Dieser Kampf ist bis in die letzten Tage der Verhandlungen von Locarno fortgesetzt worden, und er hat mit der Zurückweisung dieser Forderungen geendet [...]

Nun lassen Sie mich von den drei Fragenkomplexen sprechen, die Locarno im speziellen betreffen. Die erste ist die Frage: Elsaß-Lothringen und Eupen-Malmedy. In dem Artikel 1 und 2 des Vertrages ist gesagt worden, worauf die Mächte verzichten. Sie verzichten auf Krieg, Gewalt und Einbruch. Es stand in der Präambel des Entwurfs [...]: Sinn der Verträge sei die ewige Aufrechterhaltung des status quo im Westen. Das Wort ist auf Antrag der deutschen Delegation gestrichen worden und ist ersetzt worden durch die Worte: Erhaltung des Friedens. Dieser Kampf, den wir dort geführt haben, war die Grundidee des Ganzen. Das ist das Schlimme, daß wir wegen der Vertraulichkeit nicht diese Dinge gegenüberstellen können, weil sich ja daraus klar ergibt, daß es sich um einen moralischen Verzicht nie handeln konnte, sondern um das, was mir jeder Verständige zugeben wird, daß es Wahnwitz wäre, heute mit der Idee eines Krieges gegen Frankreich zu spielen {„Sehr richtig!"} und sich nicht zu sagen, daß, wenn ich für diesen Verzicht, der ein selbstverständlicher ist, Erleichterungen für Deutschland bekomme, ich es nicht verantworten könnte, ihn nicht auszusprechen {„Sehr richtig!"} [...]

Meine Herren, die zweite Frage, die im Westen in Betracht kommt, ist die Frage Eupen-Malmedy. In Bezug auf diese Frage habe ich mit den Vertretern der Landsmannschaften schon einmal gesprochen, und ich begnüge mich damit, vor diesem großen Kreis das Eine festzustellen, daß das Organ des Herrn Vandervelde*, die Zeitschrift *Le Peuple*, vor etwa 14 Tagen festgestellt hat,

* Émile Vandervelde (1866-1938), sozialistischer Politiker, 1925-1927 belgischer Außenminister.

daß Belgien in Erwägung ziehen könne, wenn Deutschland ihm bei der Stabilisierung des belgischen Franken [...] helfe, ob eine neue Volksabstimmung in Eupen-Malmedy darüber entscheiden soll, ob es zu Belgien oder gut Deutschland gehören will {„Sehr gut!" „Hört, hört!"} [...]

Der andere Komplex der Fragen war der der Ostgrenzen. Herr Beneš und Herr Skrzyński, der Polnische und Tschechische Außenminister,* wollten einmal das, was man mit dem englischen Ausdruck *non-aggression*-Pakt nennt, nämlich einen Pakt, mit dem wir uns verpflichteten, von jedem Angriff abzusehen. Diese Verpflichtung sind wir im Westen eingegangen, wir haben sie für den Osten abgelehnt. Auch der Eintritt in den Völkerbund schließt den Krieg nicht aus [...] Dann ist der Versuch der früheren Alliierten gekommen, uns in diese Richtung zu drängen. Der Versuch ist mißlungen. Die Herren haben ihre Vertragsentwürfe zurückgezogen. Die Psychologie der Herren war eine verschiedene. Herr Beneš, dieser geschickte Politiker, tat, nachdem er nichts durchgesetzt hatte, so, als wenn es der Fall gewesen wäre; er lachte über das ganze Gesicht, freute sich. Herr Skrzyński konnte seine Erregung nicht verbergen. Wenn Sie gelesen haben, daß der Polnische Außenminister den Saal nach der Parafierung als erster verlassen hat, so wünschte ich, daß Sie die Art des Verlassens miterlebt hätten, um sich zu fragen, ob Polen Locarno als einen politischen Erfolg ansieht [...]

Nun wird gesagt: Aber Frankreich hat einen neuen Vertrag mit Polen geschlossen. Das ist richtig. Da lese ich, wenn ich so in die Zeitungen des Landes lese [sic], die oft viel interessanter sind als die reichshauptstädtischen [...]: Die ganze Verantwortunglosigkeit dieses Mannes sehe man darin, daß ihm die Verträge in Locarno vorgelegt worden seien, und er hätte abgelehnt, sie überhaupt zu lesen, so wenig Interesse hätte er an diesen Dingen. Meine Herren, daran ist das Eine richtig, daß uns die Verträge in einer Sit-

* Edvard Beneš (1884-1948), tschechoslowakischer Außenminister 1918-1935, 1921/22 auch Ministerpräsident, 1935-1938 Staatspräsident. – Aleksandr Skrzyński (1882-1931), 1924-1926 polnischer Außenminister, 1925/26 zugleich Ministerpräsident.

zung vorgelegt worden sind, daß wir abgelehnt haben, davon Kenntnis zu nehmen. Alles andere wäre der größte Unsinn gewesen. Frankreich wollte diese Verträge als Anlage dem Locarno-Vertrag anfügen. Darauf haben wir erklärt: Das hat mit Locarno nichts zu tun; was Ihr mit Polen abmacht, geht uns nichts an, wir verwahren uns dagegen, daß das jetzt gedruckt wird. Wenn wir auch nur Kenntnis davon genommen hätten, wäre das ins Protokoll hineingekommen, daß die Deutsche Delegation Kenntnis davon nahm, ohne Einspruch zu erheben, und wir wären in irgendeiner Form für diese Abmachungen moralisch verantwortlich gewesen {„Sehr gut!“} […]

Meine Herren, ich denke auch in Bezug auf die Ostfragen, wo das Selbstbestimmungsrecht der Völker in unerhörter Weise vergewaltigt worden ist, nicht an kriegerische Auseinandersetzungen. Was ich mir aber vorstelle, ist das, daß, wenn einmal Verhältnisse entstehen, die den europäischen Frieden oder die wirtschaftliche Konsolidierung Europas durch die Entwicklung im Osten bedroht erscheinen lassen, und wenn man zur Erwägung kommt, ob diese ganze Nichtkonsolidierung Europas nicht ihren Grund in unmöglichen Grenzziehungen im Osten mit hat, daß dann Deutschland auch die Möglichkeit haben kann, mit seinen Forderungen Erfolge zu erzielen, wenn es sich vorher mit den ganzen Weltmächten, die darüber zu entscheiden haben, politisch auf einen freundschaftlichen Verständigungsfuß und auf eine wirtschaftliche Interessengemeinschaft auf der anderen Seite gestellt hat {„Bravo!“} […]

Meine Herren, mich bedrückt natürlich in erster Linie auch die Entwicklung der Dinge im Elsaß. Ich glaube aber, was das Elsaß unter den heutigen Verhältnissen bestens erreichen kann, ist die kulturelle Autonomie. {„Sehr richtig!“} Diese Bestrebungen werden aber durch Locarno nicht erschwert, sondern erleichtert {„Sehr richtig!“} […]

Meine Herren, ich sehe aber die Bedeutung gerade dieser Friedenssicherung gegenüber Frankreich nach einer anderen Richtung. Gewiß sind das alles Dinge, die in der Zukunft liegen; denn man darf auch als Volk sich nicht auf den Standpunkt eines Kindes stellen, das für den Heiligen Abend einen Wunschzettel schreibt, in dem alles steht, was das Kind in den nächsten 15

Jahren braucht. Die Eltern würden dann nicht in der Lage sein, das alles zu erfüllen. In der Außenpolitik habe ich manchmal das Empfinden, als wenn mir ein solcher Wunschzettel sehr oft vorgelegt wird {Heiterkeit} und daß man nicht bedenkt, daß die Geschichte nur schrittweise vorgeht [...] Aber was stand denn einer Stärkung Deutschlands gegenüber? Was stand der Wiedergewinnung deutschen Gebietes oder der Angliederung Österreichs gegenüber? Es stand gegenüber die ewige Besorgnis: Wenn dieses 60 Millionen-Volk zu einem 70 Millionen-Volk wird, sind wir in Frankreich bedroht [...] In dem Augenblick, wo der Gedanke eines ewigen Krieges an der Westgrenze [nicht mehr]* besteht, kann man dieses Argument nicht mehr geltend machen. Infolgedessen sind auch hier die Aussichten nach dieser Richtung unbedingt für uns günstig [...]

Nun kommt die Rheinlandfrage. Hier ist die Kritik sehr stark gewesen. Wenn die Kritik erfolgt, muß sie die Regierung nach der Richtung angreifen, daß sie sich ihr Ziel nicht weit genug gesteckt habe. Das mag sein, wir haben das Ziel nicht sehr weit gesteckt, denn wir haben nicht die Räumung der zweiten und dritten Zone vor Abschluß des Vertrages gefordert [...], weil ich mir immer sage, daß die Politik auch darin die Kunst des Möglichen ist, daß man dem anderen nicht zeitlich mehr zumutet, als er mit Rücksicht auf sein Prestige selbst tun kann. Was wir forderten, war, daß nach Inkrafttreten des Vertrages die Räumung der zweiten und dritten Zone erfolgen muß, und ich bin gern bereit, meine Herren, wenn Sie sich das Datum merken wollen, über Jahr und Tag wieder vor Ihnen zu stehen und die Frage zu beantworten, ob nach der Richtung etwas geschehen ist und die Dinge weitergetrieben sind [...] Die Politik, die wir inauguriert haben, hat uns mindestens immer als eine Politik der Sicherung des deutschen Rheinlands gegen die Fortsetzung der französischen Rheinpolitik vor Augen gestanden, und da wir es nicht mit den Waffen schützen können, mußten wir es durch Verträge schützen.

Wenn man sagt: England wird im gegebenen Moment das tun,

* Vom Redner versehentlich ausgelassen, aber vom Sinn her in den Text gehörend.

was seinen Interessen entspricht, und sich nicht lediglich auf den Rechtsstandpunkt stellen, so will ich einmal diese These annehmen. Aber, meine Damen und Herren, England hat kein Interesse an einer französischen Hegemonie in Europa [...]Wenn man mir sagt, ich treibe englandfreundliche Politik, so treibe ich sie nicht der schönen Augen der Engländer wegen, sondern weil in dieser Frage die deutschen Interessen mit den englischen konform gehen, und wir müssen gegenüber dem Würger, der uns an der Gurgel sitzt, suchen, jemand zu bekommen, der uns hilft, einmal die Stränge zu zerreißen. {Lebhafter Beifall.} [...]

So sehe ich in dieser ganzen Entwicklung einen Schritt vorwärts, nicht aus Liebe der anderen, sondern aus diesem ganzen inneren Komplex heraus, den ich geschildert habe. Ich sehe darin die einzig mögliche Politik um vorwärts zu kommen. Ich weiß nicht, ob sie ganz zum Erfolge führt; denn wer in dieser weltrevolutionären Zeit sich vermessen will, auch nur zu sagen, was im nächsten Jahr geschieht, den beneide ich um seine Phantasie. Ich bekenne offen, daß es heute nicht möglich ist, Politik programmmäßig festzulegen, weil sich die Dinge unter Umständen wie ein Sturzbach entwickeln können und unter Umständen auch ganz langsam dahinrieseln [...] Aber ich möchte das Eine für mich in Anspruch nehmen: Ich glaube, es ist immerhin noch besser, unter einer Außenpolitik zu leben, die Ideen hat, auch wenn sie vielleicht manchmal falsch sind, als unter ideenloser Außenpolitik, die sich nur treiben läßt, anstatt zu versuchen, die Dinge selbst zu treiben, und ich glaube meinerseits, daß mindestens das Eine gelungen ist, die Dinge um ein kleines Stück Weg weiterzutreiben in eine bessere deutsche Zukunft. {Stürmischer langanhaltender Beifall.}

Gottfried Niedhart

# Winston S. Churchill
# Englands ‚Finest Hour'
# (1940)

Großbritannien befand sich im Juni 1940 in einer Situation, die auf den ersten Blick aussichtslos erscheinen mochte. Seit dem September 1939 hatte Deutschland in einer Folge von Blitzkriegen nicht nur Polen, Dänemark und Norwegen besetzt, sondern im Mai 1940 in unvorstellbar kurzer Zeit auch die Niederlande, Belgien, Luxemburg und selbst Frankreich überrannt und ausgeschaltet. Großbritannien stand der deutschen Militärmacht ohne Bündnispartner gegenüber. Frankreich war im Begriff, ein Satellitenstaat Deutschlands zu werden. Die Sowjetunion war mit Deutschland durch verschiedene Verträge verbunden, die letzteres nicht nur von der Gefahr eines Zweifrontenkriegs befreit hatten, sondern ihm auch kriegswichtige sowjetische Lieferungen sicherten. Die USA waren neutral. Daß diese Neutralität parteiisch war und kleinere Gesten der Unterstützung für Großbritannien nicht ausschloß, nutzte der britischen Regierung in der konkreten militärischen Konfrontation mit Deutschland vergleichsweise wenig.

Es kam hinzu, daß das faschistische Italien den Anschluß nicht verpassen wollte und im Windschatten der deutschen Triumphe ebenfalls in den Krieg eintrat. Im Fernen Osten befand sich Japan in seinem unerklärten Krieg gegen China auf dem Vormarsch und gefährdete die britische Position in Asien. Zu feiern gab es in Großbritannien nur einen erfolgreichen Rückzug, nachdem es seit den letzten Maitagen gelungen war, britische und französische Einheiten mit weit über 300.000 Soldaten von Dünkirchen aus nach England zu evakuieren. Mehr als 1 Million Franzosen, Briten, Niederländer und Belgier gerieten in deutsche Kriegsgefangenschaft.

Aus deutscher und besonders aus Hitlers Perspektive schien

Großbritannien keine Alternative zum Einlenken zu haben. Sollte sich Hitlers Traum endlich erfüllen, dem er seit den zwanziger Jahren anhing und aus dem er in den dreißiger Jahren immer wieder herausgerissen worden war? Danach sollte Deutschland Hegemonialmacht auf dem europäischen Kontinent mit freier Hand vor allem im Osten sein, während Großbritannien sich aus den kontinentaleuropäischen Angelegenheiten heraushalten und sich auf sein Weltreich und den überseeischen Raum ganz allgemein konzentrieren sollte. Dieser Vorstellung waren alle britischen Regierungen seit 1933 entgegengetreten, die mit ihrer Appeasementpolitik Deutschland zwar eine starke Großmachtrolle zubilligten und auch zahlreiche deutsche Völkerrechtsverletzungen hinnahmen, die mit ihrer Politik der Friedenswahrung aber nie eine Politik des Friedens um jeden Preis verfolgten. Erst recht trat den Vorstellungen Hitlers, der Großbritannien vom Kontinent verdrängen wollte, der Mann entgegen, der am 10. Mai 1940 als Nachfolger Neville Chamberlains Premierminister wurde und eine Allparteienregierung bildete. Winston Churchill war schon im September 1939 als Marineminister in die Regierung eingetreten. Jetzt verkörperte er an ihrer Spitze bis Kriegsende den Widerstandswillen Großbritanniens, das nicht nur die strategischen Interessen der westlichen Welt, sondern als Zufluchtsort für viele Flüchtlinge und Exilregierungen auch die Sache der Freiheit verteidigte.

Der 1874 geborene Churchill konnte 1939/40 auf ein bewegtes politisches Leben zurückblicken, das ihn mal als Liberalen, mal als Konservativen seit 1908 in hohe Regierungsämter gebracht hatte. In den dreißiger Jahren jedoch war er zum politischen Außenseiter geworden. Er stand in Opposition zu seiner Konservativen Partei und der von ihr als größter politischer Kraft mitgetragenen Regierung. Ohne die Zeichen der Zeit erkannt zu haben, stemmte er sich gegen ein Gesetz, das Indien die innere Selbstverwaltung zubilligte. Ebenso protestierte er dagegen, daß die Aufrüstung Großbritanniens nur schleppend vorangetrieben wurde. Die von der Regierung angeführten und von der öffentlichen Meinung geteilten Gründe für ein vorsichtiges Konfliktverhalten und für eine Strategie, die den Krieg nicht ausschloß, ihn aber erst zum spätest möglichen Zeitpunkt führen wollte, teilte

Churchill nicht. Ohne Hitlers Kriegsentschlossenheit wäre Churchill eine politische Randfigur von durchaus imposanter Statur und ein rastlos wirkender Publizist mit politischen und historischen Themen geblieben. In der Stunde des Krieges freilich waren genau die Tugenden gefragt, die zuvor eher auf Zurückhaltung gestoßen waren.

Krieg war für Churchill eine Herausforderung, der er nicht ängstlich begegnete, wie dies bei der politischen Elite der dreißiger Jahre der Fall war, die nach den Erfahrungen des Ersten Weltkriegs einen neuen Krieg gerade vermeiden wollte. Krieg ließ seine Kräfte wachsen und gab ihm Gelegenheit, das Übermaß an Energie, über das er verfügte, auf seine Umwelt zu übertragen. Dabei sparte er nicht mit düsteren Farben, wenn er die Lage beschrieb. Er habe nichts zu bieten als „Blut, Mühsal, Tränen und Schweiß" (*blood, toil, tears and sweat*), sagte er in einer berühmt gewordenen Formulierung am 13. Mai 1940 im Unterhaus. Am Ende aber werde der Sieg stehen, „wie lang und beschwerlich der Weg dahin auch sein mag; denn ohne Sieg gibt es kein Weiterleben. Möge man darüber im klaren sein: Kein Weiterleben für das Britische Weltreich; kein Weiterleben für all das, wofür das Britische Weltreich eingetreten ist; kein Weiterleben für den jahrhundertealten Drang und Impuls des Menschengeschlechts, seinem Ziel zuzustreben."

Auch Churchills gut halbstündige Rede am Nachmittag des 18. Juni 1940 wurde zunächst im Unterhaus gehalten, bevor er sie abends im Rundfunk wiederholte. Im Vordergrund standen dabei die Schilderung des Ernsts der Lage, zu der auch die Gefahr einer Invasion gehörte, und die Beschwörung der nationalen Einheit. Durchaus in Übereinstimmung mit der Vorgängerregierung betonte er die defensive Ausrichtung der britischen Kriegführung, lenkte den Blick jedoch zugleich auf die Abwehrkraft von Flotte und Luftwaffe und stärkte das Vertrauen seiner Zuhörer in die Zukunft dadurch, daß er auf den Beistand seitens der Dominions und auf die Lieferung von amerikanischen Kriegsmaterialien verwies. All dies ließ den „Endsieg" erreichbar erscheinen. Die Rede gipfelte in der Charakterisierung des Empires als Bollwerk der „christlichen Zivilisation" und in einem Appell zur Erfüllung der Pflichten im Krieg. Churchill nahm auch schon das Urteil späterer

Generationen vorweg, die diese in der Stunde der Gefahr eingenommene Haltung preisen werden: „This was their finest hour."

Churchill hat in regelmäßigen Abständen über den Rundfunk zur Nation gesprochen und damit einen zusätzlichen Mobilisierungseffekt erzielen wollen. Auch wenn seine Position als Premierminister keineswegs immer unangefochten war und die Briten ihn und seine Konservative Partei 1945 in die Opposition schickten, erblickte die große Mehrheit seiner Landsleute in Churchill den charismatischen Kriegspremier. Er verklärte die Stellung Großbritanniens in der Welt und half gerade mit dieser romantisierenden Ablenkung von der Wirklichkeit, der Realität des Krieges zu trotzen. Um es in den Worten eines seiner Verehrer, des Sozialphilosophen und Ideenhistorikers Isaiah Berlin, zu sagen: Churchill „machte aus Feiglingen tapfere Männer und beflügelte sie zu Heldentaten."

## Winston S. Churchill
## Rede im britischen Unterhaus (und anschließend im Rundfunk) am 18. Juni 1940

Ich sprach kürzlich von der ungeheuren militärischen Katastrophe, die sich ereignet hat, als das französische Oberkommando in dem Augenblick, da die französische Front bei Sedan und an der Maas entscheidend durchbrochen worden war, es unterließ, die nördlichen Armeen aus Belgien zurückzuziehen. Diese Verzögerung hatte den Verlust von fünfzehn oder sechzehn französischen Divisionen zur Folge und setzte das gesamte Britische Expeditionsheer während der kritischen Zeitspanne außer Gefecht. Unsere Armee und 120.000 Mann französischer Truppen wurden durch die britische Flotte von Dünkirchen aus gerettet; dabei verloren sie aber alle ihre Geschütze, Fahrzeuge und modernen Ausrüstungsgegenstände. Diesen Verlust wiedergutzumachen, bedarf es unvermeidlicherweise mehrerer Wochen; und während der ersten zwei von diesen Wochen ist die Schlacht um Frankreich verloren worden. Bedenken wir den heldenhaften Widerstand, den die französische Armee in dieser Schlacht gegen einen weit überlegenen Feind leistete, die schweren Verluste, die dem Feinde zugefügt wurden, und seine offensichtliche Erschöpfung, dann darf man wohl annehmen, daß die 25 aus vorzüglich ausgebildeten und ausgerüsteten Truppen bestehenden Divisionen das Kriegsgeschick hätten wenden können. Doch General Weygand mußte ohne sie kämpfen. Nur drei britische Divisionen – oder eine Anzahl von Truppen, die ihnen gleichkam – konnten neben ihren französischen Kameraden im Gefecht stehen. Sie haben schwere Verluste erlitten, aber sie haben sich gut geschlagen. Wir haben so viele Truppen als wir konnten nach Frankreich geschickt, so schnell wir sie nur ausrüsten und verschiffen konnten. Ich führe diese Tatsachen nicht an, um Vorwürfen mit Vorwürfen zu begegnen. Ich halte das für völlig wertlos und sogar schädlich. Das können wir uns nicht leisten. Ich führe sie an, um die Erklärung dafür zu geben, wie es gekommen ist, daß in dieser großen Schlacht nicht – wie es wohl möglich gewesen wäre – zwölf bis vierzehn britische Divisionen an der Front kämpften, sondern nur drei. Über all das will ich nun nicht mehr sprechen. Ich verschließe es in die Archive, aus denen die Historiker, sobald sie dazu Zeit finden, ihre Dokumente aussuchen werden, um zu sagen, was sie dazu zu sagen haben. Wir müssen an die Zukunft denken und nicht an die Vergangenheit. Dies gilt in geringerem Maßstab auch für unsere eigenen inneren Angelegenheiten. Es gibt viele Leute, die im Unterhaus eine Art gerichtlicher Untersuchung durchführen wollen über das Verhalten der Regierungen – und auch der Parlamente, denn auch sie sind mit verstrickt – während der Jahre, die zu dieser Katastrophe hingeführt haben. Sie wollen diejenigen, die für die Leitung unserer Politik verantwortlich waren, zur Verantwortung ziehen. Auch dies wäre ein törichtes und schädliches Vorgehen. Zu viele würden davon betroffen sein. Möge jedermann sein Gewissen erforschen und seine Reden nachschlagen. Ich pflege es öfters mit den meinen zu tun.

Des einen bin ich gewiß: Wenn wir die Vergangenheit mit der Gegenwart streiten lassen, dann werden wir finden, daß wir die Zukunft verloren haben. Deshalb kann ich mich nicht damit einverstanden erklären, daß zwischen den Mitgliedern der gegenwärtigen Regierung irgendwelche Unterschiede gemacht werden. Sie wurde in einem kritischen Augenblick gebildet, um alle Parteien und alle Richtungen zu vereinigen. Sie hat die fast einmütige Billigung beider Häuser des Parlaments erhalten. Ihre Mitglieder werden zusammenstehen, und unter der Kontrolle des Unterhauses werden wir das Land regieren und den Krieg durchkämpfen. In Zeiten wie diesen ist es absolut unerläßlich, daß jeder Minister, der nach besten Kräften seine Pflicht erfüllt, geachtet wird; die ihnen untergeordneten Beamten müssen wissen, daß ihre Chefs nicht bedrohte Männer sind, die heute da sind und morgen nicht mehr, sondern daß ihre Weisungen pünktlich und getreulich ausgeführt werden müssen. Ohne über eine derartig konzentrierte Macht zu verfügen, können wir dem, was uns bevorsteht, nicht standhalten. Es wäre, glaube ich, nicht sehr nützlich, wenn das Haus angesichts des gegenwärtigen Spannungszustandes die heutige Debatte lang hinausziehen wollte. Vieles, was heute unklar ist, wird binnen kurzem klar werden. Wir werden am Donnerstag eine geheime Sitzung abhalten, die, wie ich meine, eine bessere Gelegenheit für die zahlreichen ernsten Meinungsäußerungen bieten wird, welche die Abgeordneten vorzubringen wünschen mögen, und eine bessere Gelegenheit für das Haus, Angelegenheiten von entscheidender Bedeutung zu diskutieren, ohne unseren gefährlichen Feinden die Möglichkeit zu geben, am nächsten Morgen den vollständigen Bericht darüber zu lesen.

Die unglücklichen militärischen Geschehnisse, die sich während der beiden letzten Wochen ereignet haben, sind mir keineswegs überraschend gekommen. Ich habe schon vor vierzehn Tagen dem Hause so klar, als ich es damals konnte, zu verstehen gegeben, daß das Schlimmste im Bereich der Möglichkeit liege; und ich habe mit aller Deutlichkeit ausgesprochen, daß, was immer auch in Frankreich geschehen möge, nichts die Entschlossenheit Englands und des Britischen Weltreichs ändern kann, den Kampf fortzusetzen, „wenn es sein muß, jahrelang, wenn es sein muß, allein“. Während der letzten Tage ist es uns gelungen, den größten Teil der Truppen, die wir in Frankreich auf den Verbindungslinien stehen hatten, glücklich heimzubringen; und sieben Achtel der Truppen, die wir seit Kriegsbeginn nach Frankreich geschickt hatten – nämlich 350.000 Mann von insgesamt 400.000 – sind heimgekehrt und in Sicherheit. Andere kämpfen noch an der Seite der Franzosen und haben bei ihren lokalen Zusammenstößen mit den Deutschen erhebliche Erfolge zu verzeichnen. Wir haben auch große Mengen von Vorräten, Gewehren und Munition aller Art zurückgebracht, die während der letzten neun Monate in Frankreich aufgestapelt worden waren.

Wir haben daher heute auf unserer Insel eine sehr große und mächtige Streitmacht. Sie umfaßt alle unsere bestausgebildeten und zuverlässigsten Truppen, darunter viele Zehntausende, die sich bereits mit den Deutschen gemessen und sich ihnen keineswegs als unterlegen erwiesen haben. Wir haben gegenwärtig auf dieser Insel über 1.250.000 Mann unter Waffen stehen. Hinter ihnen stehen die freiwilligen Ortsschutztruppen (*Local Defence Volunteers*), eine halbe Million an der Zahl, die nur zum Teil mit Gewehr und anderen Feuerwaffen ausgerüstet sind. Wir haben jeden Mann, den wir bewaffnen können, unseren Verteidigungstruppen einverleibt. Wir erwarten für die nächste Zukunft ein starkes Anwachsen unserer Waffenbestände, und im Hinblick darauf beabsichtigen wir, unverzüglich weitere große Kontingente zu den Fahnen zu rufen, einzuexerzieren und auszubilden. Diejenigen, die nicht einberufen werden oder die in der großen Organisation der Kriegsindustrie jeglicher Art – und ihre Verzweigungen sind zahllos – beschäftigt sind, werden ihrem Vaterland den besten Dienst erweisen, indem sie ihrer gewohnten Beschäftigung nachgehen, solange bis sie ihre Einberufung erhalten. Auch Truppen aus den Dominions stehen hier im Lande. Die Kanadier waren bereits in Frankreich gelandet, sind aber nun wohlbehalten zurückgebracht worden, freilich enttäuscht, aber in bester Ordnung und mit ihrer gesamten Artillerie und Ausrüstung. Diese erstklassigen Truppen aus den Dominions werden nun an der Verteidigung des Mutterlandes teilnehmen.

Damit die Angaben, die ich über diese großen Truppenmassen gemacht habe, nicht zur Frage Anlaß geben: „Warum haben sie nicht an der großen Schlacht in Frankreich teilgenommen?" muß ich klarstellen, daß, abgesehen von den hier im Lande in Ausbildung und Zusammenstellung begriffenen Divisionen, nur 12 Divisionen so weit zum Kampf ausgerüstet waren, daß ihre Versendung über das Meer gerechtfertigt erschien. Dies entsprach auch völlig der Zahl, die den Franzosen für den neunten Kriegsmonat zur Verwendung in Frankreich in Aussicht gestellt worden war. Unsere übrigen Truppen hier in der Heimat haben einen

Kampfwert für die Verteidigung unserer Insel, der sich natürlich von Woche zu Woche steigern wird. So würde also die Invasion Großbritanniens im gegenwärtigen Augenblick den Transport sehr beträchtlicher feindlicher Streitkräfte übers Meer erfordern, die, nachdem sie so herübergebracht worden wären, ständig mit all den Mengen von Munition und Vorräten versorgt werden müßten, die für einen langen Kampf erforderlich sind; denn ein langer Kampf wird es sicherlich werden.

Und hier komme ich zu unserer Flotte – denn schließlich und endlich haben wir eine Flotte. Manche Leute scheinen zu vergessen, daß wir eine Flotte haben. Wir müssen sie daran erinnern. Während der letzten dreißig Jahre habe ich an Diskussionen über die Möglichkeit einer Invasion von jenseits des Meeres her Anteil gehabt, und ich habe zu Beginn des vorigen Krieges im Namen der Admiralität die Verantwortung dafür übernommen, die Versendung aller regulären Truppen außer Landes zuzulassen. Das bedeutete einen sehr ernsten Entschluß, weil unsere Territorialtruppen eben erst einberufen und noch ganz ungeschult waren. So war also unsere Insel durch mehrere Monate so gut wie gänzlich von kampffähigen Truppen entblößt. Die Admiralität war zu jener Zeit fest davon überzeugt, daß sie imstande sein würde, eine Masseninvasion zu verhindern, und diese, obwohl die Deutschen damals eine hervorragende Schlachtflotte besaßen, deren Zahlenverhältnis zu der unseren 10 zu 16 war; und obwohl sie in der Lage waren, jederzeit eine Seeschlacht erster Ordnung zu liefern, während sie jetzt nur über zwei nennenswerte große Schlachtschiffe verfügen: die „Scharnhorst" und die „Gneisenau". Man erzählt uns auch, daß die italienische Flotte aus dem Mittelmeer ausfahren und in unseren Gewässern die Vorherrschaft erringen wird. Sollten die Italiener das ernstlich beabsichtigen, dann möchte ich nur sagen, daß wir Herrn Mussolini mit größtem Vergnügen freies Geleit durch die Straße von Gibraltar zusichern würden, damit er die Rolle, zu der es ihn drängt, spielen kann. Die ganze britische Flotte ist äußerst gespannt, zu erfahren, ob die Italiener den Standard, den sie im vorigen Kriege zeigten, beibehalten haben, oder ob sie gar noch unter ihn gesunken sind.

Es scheint mir deshalb, daß wir heute viel besser befähigt sind, einer großangelegten Invasion von der See her zu begegnen, als wir es in vielen Augenblicken des letzten Krieges waren und während der ersten Monate dieses Krieges, als das Britische Expeditionsheer auf dem Kontinent und unsere anderen Truppen noch nicht ausgebildet waren. Nun hat ja die Flotte niemals behauptet, sie sei imstande, Überfälle von 5000 bis 10.000 Mann starken Abteilungen zu verhindern, die in einer dunkeln Nacht oder an einem nebligen Morgen plötzlich übers Meer geworfen und an mehreren Punkten der Küste gelandet werden. Die Wirksamkeit der Seemacht hat – zumal unter den Bedingungen des modernen Krieges – zur Voraussetzung, daß die die Invasion unternehmenden Truppen beträchtlichen Umfang haben. Sie müssen ja umfangreich sein, um in Anbetracht unserer militärischen Stärke irgend etwas ausrichten zu können. Wenn sie umfangreich sind, dann hat die Flotte etwas, was sie ausfindig machen, dem sie sich entgegenstellen und an das sie sozusagen anbeißen kann. Nun muß man sich vor Augen halten, daß selbst für nur fünf Divisionen, seien sie noch so leicht ausgerüstet, 200 bis 250 Schiffe erforderlich wären; und angesichts der modernen Methoden der Lufterkundung und Photographie wäre es gar nicht einfach, eine solche Armada zu sammeln, zu dirigieren und übers Meer zu führen, wenn man über keine mächtige Flotte zu ihrer Eskortierung verfügt; und es würde eine sehr starke Möglichkeit bestehen – um mich vorsichtig auszudrücken –, daß diese Armada lange, bevor sie die Küste erreichte, von unserer Flotte gestellt würde, daß alle Soldaten im Meere ertrinken oder, im äußersten Fall, in dem Augenblick, da sie zu landen versuchten, mit ihrer ganzen Ausrüstung zerschmettert werden würden. Überdies haben wir ein großes, erst kürzlich verstärktes System von Minenfeldern, dessen offene Fahrtrinnen uns allein bekannt sind. Sollte der Feind versuchen, sich durch diese Minenfelder eine Straße freizuräumen, dann wird es die Aufgabe der Flotte sein, die Minensucher und alle zu ihrer Beschützung aufgebotenen Einheiten zu zerstören. Infolge unserer großen Überlegenheit zur See sollte uns dies nicht schwer fallen.

Dies sind die gewohnten, wohlüberprüften und längst bewiesenen Argumente, auf die wir uns während vieler Friedens- und Kriegsjahre verlassen haben. Es erhebt sich aber die Frage, ob es etwa neue Methoden gibt, durch welche diese zuverlässigen Sicherungen ausgeschaltet werden können. So merkwürdig es scheinen mag, hat die Admiralität dieser Möglichkeit einige Aufmerksamkeit gewidmet – die Admiralität, deren Hauptaufgabe und Pflicht darin besteht, jede große Expeditionstruppe, die vom Meere kommt, zu vernichten, bevor sie die Küste erreicht oder in dem Augenblick, da sie es tut. Es wäre nicht zweckmäßig, wenn ich auf Einzelheiten einginge. Ich könnte andere Leute auf Gedanken bringen, auf die sie von selbst nicht verfallen sind, und es wäre unwahrscheinlich, daß sie uns dafür im Austauschwege die ihrigen bekanntgäben. Ich möchte bloß sagen, daß diesem Gegenstande unermüdliche Wachsamkeit und Gedankenarbeit zugewendet werden muß, denn der Feind ist verschlagen und schlau und reich an neuen Listen und Kniffen. Das Haus mag sicher sein, daß eine große Zahl sachverständiger Offiziere, die in allen taktischen Fragen wohlausgebildet und mit den neuesten Errungenschaften durchaus vertraut sind, ihre äußerste Erfindungsgabe und Phantasie aufbieten, um neue Möglichkeiten zu erwägen und Gegenmaßnahmen zu ersinnen. Diesen Fragen wird unermüdliche Gedankenarbeit gewidmet, und sie muß ihnen gewidmet werden; man darf nicht vergessen, daß der Feind listenreich ist, und daß er keinen schmutzigen Kniff unversucht lassen wird.

Einige Leute werden nun fragen: weshalb war dann die britische Flotte nicht imstande, den Transport einer großen Armee von Deutschland über das Skagerrak nach Norwegen zu verhindern? Aber die Bedingungen im Ärmelkanal und in der Nordsee gleichen in keiner Weise denjenigen, die im Skagerrak vorherrschen. Im Skagerrak konnten wir wegen der großen Distanzen unseren Schiffen keine Luftunterstützung geben und waren daher, da wir in unmittelbarer Nähe der Hauptstützpunkte der feindlichen Luftwaffe operierten, gezwungen, bloß unsere Unterseeboote einzusetzen. Wir konnten nicht jene entscheidende Blockierung und Unterbrechung des Schiffsverkehrs durchsetzen, die sich durch Kriegsschiffe bewerkstelligen läßt. Unsere Unterseeboote fügten dem Feinde schwere Verluste zu; sie allein konnten aber die Invasion Norwegens nicht verhindern. Dagegen werden im Ärmelkanal und in der Nordsee unsere überlegenen Kriegsschiffe, von unseren Unterseebooten unterstützt, auf die unermüdliche und wirksame Hilfe unserer Luftwaffe rechnen können.

Und damit komme ich natürlich zu der großen Frage der Invasion von der Luft her und zu dem bevorstehenden Kampf zwischen der britischen und der deutschen Luftwaffe. Es liegt auf der Hand, daß eine Luftinvasion von solchem Ausmaße, daß unsere Truppen sie nicht schnell niederwerfen könnten, kaum versucht werden dürfte, bevor unsere Luftwaffe endgültig überwältigt worden ist. In der Zwischenzeit mag es zu Überfällen durch Fallschirmtruppen und zu Landungsversuchen von Truppen aus Flugzeugen kommen. Wir werden wohl imstande sein, diesen Herrschaften einen warmen Empfang zu bereiten, sowohl in der Luft als auch auf dem Boden, falls sie ihn in einem Zustand erreichen, in dem sie die Auseinandersetzung fortsetzen können. Die große Frage aber ist: Können wir die Kraft von Hitlers Luftwaffe brechen? Nun ist es ja sehr beklagenswert, daß wir keine Luftwaffe haben, die der des mächtigsten Feindes, der unsere Küsten erreichen kann, zumindest ebenbürtig wäre. Wir haben jedoch eine sehr mächtige Luftwaffe, die sich qualitätsmäßig, sowohl was ihre Mannschaft als auch was viele Modelle ihrer Maschinen betrifft, als den deutschen Streitkräften, denen wir bisher in zahlreichen heftigen Luftkämpfen begegnet sind, in hohem Maße überlegen erwiesen hat. In Frankreich, wo wir uns in beträchtlichem Nachteil befanden und viele Maschinen, die um die Flughäfen stationiert waren, auf dem Boden verloren hatten, pflegten wir dem Feinde bei Luftkämpfen Verluste in einem Verhältnis von 2 bis 2½ zu 1 zuzufügen. In den Kämpfen über Dünkirchen, das eine Art von Niemandsland darstellte, haben wir die deutsche Luftwaffe fraglos geschlagen und örtliche Luftüberlegenheit gewonnen, wobei wir dem Feinde Tag für Tag Verluste im Verhältnis von 3 bis 4 zu 1 zufügten. Jedermann, der sich die vor ungefähr einer Woche veröffentlichten Photographien von der Einschiffung unserer Truppen ansieht, welche zeigen, daß Massen von Soldaten am Strande angesammelt waren und stundenlang ein ideales Angriffsziel darboten, muß sich sagen, daß diese Einschiffung unmöglich gewesen wäre, hätte der Feind nicht alle Hoffnung aufgegeben, zu dieser Zeit und an dieser Stelle die Luftüberlegenheit wiederzugewinnen.

Bei der Verteidigung dieser Insel werden die Vorteile der Verteidiger noch bedeutend größer sein, als sie bei den Kämpfen um

Dünkirchen waren. Wir hoffen, das Verhältnis von 3 bis 4 zu 1, das wir in Dünkirchen erzielen konnten, noch zu verbessern. Überdies werden alle beschädigten Maschinen und ihre Mannschaften, die zu Notlandungen gezwungen sind – überraschenderweise landen im modernen Luftkrieg viele beschädigte Maschinen bzw. ihre Mannschaften, ohne weiteren Schaden zu leiden – bei einem Angriff auf diese Insel im Freundesland niedergehen und für spätere Kämpfe verwendbar sein; während alle beschädigten Maschinen des Feindes mit ihren Besatzungen für ihn völlig verloren sind.

Während der großen Schlacht in Frankreich haben wir der französischen Armee, sowohl mit Jagd- wie mit Bombenflugzeugen mächtige und beständige Hilfe geleistet; aber trotz allem Druck, der auf uns ausgeübt wurde, haben wir uns niemals dazu verstanden, den gesamten Heimatbestand unserer Luftflotte an Jagdflugzeugen ins Gefecht zu werfen. Es war dies ein schmerzlicher Entschluß, aber er war richtig; denn der Ausgang der Schlacht in Frankreich hätte selbst durch den Einsatz unserer gesamten Kriegsstärke an Jagdfliegern nicht entscheidend beeinflußt werden können. Diese Schlacht ging verloren infolge der strategisch unglücklichen Eröffnung, infolge der außerordentlichen und unvorhergesehenen Stoßkraft der Panzerdivisionen und infolge der großen zahlenmäßigen Überlegenheit der deutschen Armee. Die Erschöpfung unseres Bestandes an Jagdflugzeugen hätte leicht eine bloße Episode in diesem Kampf sein können, und dann würden wir uns im gegenwärtigen Augenblick in einer äußerst bedenklichen Situation befinden. So aber bin ich in der angenehmen Lage, dem Hause mitteilen zu können, daß unsere Stärke an Jagdflugzeugen im Vergleich zu den Deutschen, die furchtbare Verluste erlitten haben, relativ größer ist als jemals zuvor; und deshalb halten wir uns für befähigt, den Luftkrieg unter günstigeren Bedingungen fortzuführen, als sie je zuvor bestanden haben. Vertrauensvoll blicke ich den Heldentaten unserer Jägerpiloten entgegen, dieser außerordentlichen, glänzenden jungen Männer, denen der Ruhm zuteil werden wird, ihr Vaterland, ihre Inselheimat, und all das, was wir lieben, vor dem tödlichsten aller Angriffe gerettet zu haben.

Es bleibt immer noch die Gefahr von Bombenangriffen bestehen, die der Feind sicherlich sehr bald auf uns unternehmen wird. Die deutschen Bomberstreitkräfte sind zwar den unseren zahlenmäßig überlegen; aber auch wir verfügen über sehr beträchtliche Bomberstreitkräfte, deren wir uns bedienen werden, um ohne Unterlaß auf die militärischen Objekte in Deutschland einzuhämmern. Ich unterschätze keineswegs den Ernst der Prüfung, die uns bevorsteht; aber ich glaube, daß unsere Landsleute sich ihr gewachsen zeigen werden, gleich den tapferen Männern von Barcelona; daß sie zumindest ebensogut imstande sein werden, sie zu ertragen und ihnen zum Trotze ihre Arbeit fortzusetzen wie irgendein anderes Volk der Welt. Vieles wird davon abhängen; alle Männer und alle Frauen, was immer ihr Lebenskreis, ihr Stand, ihr Beruf oder ihre Pflichten seien, werden Gelegenheit haben, die hervorragendsten Züge unseres Nationalcharakters offenbar werden zu lassen und der gemeinsamen Sache den höchsten Dienst zu erweisen.

Ich habe es für zweckmäßig gehalten, bei dieser Gelegenheit dem Hause und dem Lande die gewichtigen und sachlichen Gründe andeutungsweise bekanntzugeben, auf denen unser unerschütterlicher Entschluß beruht, diesen Krieg fortzusetzen. Es gibt eine große Zahl von Leuten, die sagen: „Komme, was mag. Mögen wir gewinnen oder verlieren, ertrinken oder schwimmen: Lieber sterben, als sich der Tyrannei unterwerfen – und noch dazu solch einer Tyrannei.“ Und ich widerspreche ihnen nicht. Ich kann ihnen jedoch versichern, daß unsere fachlichen Ratgeber der drei militärischen Dienstgattungen uns einmütig auffordern, den Krieg fortzusetzen, und daß gute und berechtigte Hoffnung auf unseren Endsieg besteht. Wir haben all unsere autonomen Dominions informiert und befragt, diese großen Gemeinwesen jenseits der Meere, die auf der Grundlage unseres Rechtes und unserer Zivilisation aufgebaut worden sind; sie sind völlig frei in der Wahl ihrer Politik, aber sie sind ihrem Mutterlande treu ergeben, und sie sind von denselben Gefühlen beseelt, die mich dazu bestimmen, alles für unsere Pflicht und unsere Ehre einzusetzen. Wir haben uns mit ihnen ausführlich beraten, und ich habe von ihren Premierministern, Mackenzie King in Kanada, Menzies in Australien, Frazer in Neuseeland und General Smuts in Südafrika – diesem herrlichen Mann mit seinem außerordentlich tiefen Geist, der aus der

Ferne das ganze Panorama der europäischen Politik überblickt – ich habe von all diesen hervorragenden Männern, hinter denen nach freiestem Wahlrecht gewählte Regierungen stehen, die ihre Stellung der Tatsache verdanken, daß sie den Willen ihrer Völker repräsentieren, Nachrichten erhalten, die, in bewegenden Worten abgefaßt, unseren Entschluß gutheißen, den Kampf fortzusetzen, und ihre Bereitschaft ausdrücken, unser Geschick zu teilen und bis zum Ende auszuharren. Das werden wir tun.

Wir können uns nun fragen: In welcher Beziehung hat sich unsere Position seit Kriegsbeginn verschlechtert? Sie hat sich dadurch verschlechtert, daß die Deutschen einen großen Teil der Küstenlinie Westeuropas erobert und viele kleine Staaten überrannt haben. Dies erhöht die Gefahren von Luftangriffen und die an unsere Flotte gestellten Anforderungen. Keineswegs wird aber dadurch die Wirksamkeit unserer großangelegten Blockade verringert; im Gegenteil, sie wird entschieden vergrößert. In ähnlicher Weise verstärkt der Eintritt Italiens in den Krieg die Wirksamkeit unserer Blockade; durch ihn wurde ihr schlimmstes Loch verschlossen. Wir wissen nicht, ob der militärische Widerstand in Frankreich aufhören wird oder nicht; sollte dies aber geschehen, dann werden die Deutschen natürlich in der Lage sein, alle ihre militärischen und industriellen Kräfte gegen uns zu konzentrieren. Der Gründe wegen, die ich dem Hause dargelegt habe, wird sich das aber nicht so leicht durchführen lassen. Wenn die Gefahr einer Invasion nähergerückt ist – und dies ist zweifellos der Fall –, so sind wir andererseits von der Pflicht befreit, eine große Armee in Frankreich zu versorgen, so daß wir über bedeutend stärkere und besser ausgebildete Streitkräfte verfügen, um die Invasion abzuwehren.

Wenn Hitler die Industrien der von ihm eroberten Länder seiner despotischen Herrschaft unterstellen kann, dann wird dies seine heute bereits umfangreiche Waffenproduktion noch weiter vergrößern. Das wird jedoch nicht sofort möglich sein, während wir nun sicher mit der riesenhaften, ständigen und wachsenden Unterstützung der Vereinigten Staaten durch Lieferungen von Kriegsmaterialien aller Art rechnen dürfen; und besonders mit Flugzeugen und Piloten von den Dominions jenseits der Meere, die aus Gebieten kommen, die weit außerhalb des Aktionsradius feindlicher Bombenflugzeuge gelegen sind.

Ich kann nicht absehen, wie irgendeiner dieser Faktoren vor dem Winter die Balance zu unseren Ungunsten verschieben könnte; der Winter aber wird das Nazi-Regime, unter dessen Ferse fast ganz Europa sich hungernd windet, einer Belastung aussetzen, die ihm bei all seiner brutalen Rücksichtslosigkeit viel zu schaffen machen wird. Wir dürfen nicht vergessen, daß von dem 3. September an, an dem wir den Krieg erklärten, Deutschland immer imstande war, all seine Luftstreitkräfte gegen unser Land zu richten, zugleich mit allen anderen erdenklichen Invasionsmethoden, und daß Frankreich nur sehr wenig oder gar nichts hätte tun können, um dies zu verhindern. Wir haben also im Prinzip und in etwas modifizierter Art während all dieser Monate unter dem Schatten dieser Gefahr gelebt. Wir haben aber in dieser Zeit unsere Verteidigungsmethoden ungeheuer verbessert und uns von einer Tatsache überzeugt, die wir nicht von Anfang an als gegeben ansehen durften: daß nämlich das einzelne britische Flugzeug und der einzelne britische Pilot eine sichere, entschiedene Überlegenheit haben. Wenn wir daher diese grimmige Bilanz ziehen und illusionslos unsere Gefahren betrachten, so sehe ich allen Grund zu intensivster Wachsamkeit und Anstrengung, aber nicht den geringsten zur Panik oder Verzweiflung.

Während der ersten vier Jahre des letzten Krieges erlebten die Alliierten nichts als Katastrophen und Enttäuschungen. Das war unsere ständige Furcht: ein Schlag nach dem anderen, furchtbare Verluste, gräßliche Gefahren. Alles mißglückte. Und dennoch war am Ende dieser vier Jahre die Moral der Alliierten höher als die der Deutschen, die von einem siegreichen Angriff zum nächsten geschritten waren und allenthalben als triumphierende Eroberer in den Ländern standen, in die sie eingebrochen waren. Während jenes Krieges fragten wir uns zu wiederholten Malen: Wie sollen wir gewinnen? Und niemand konnte diese Frage jemals genau beantworten, bis dann zum Schluß, ganz plötzlich und unerwartet, unser schrecklicher Feind vor uns zusammenbrach und wir von unserem Siege so erfüllt waren, daß wir in unserer Torheit seine Früchte wegwarfen.

Wir wissen noch nicht, was in Frankreich geschehen wird; wir wissen nicht, ob der Widerstand der Franzosen andauern wird, in

Frankreich und dem überseeischen Französischen Weltreich. Die französische Regierung wird sich großer Möglichkeiten begeben und die Zukunft Frankreichs aufs Spiel setzen, wenn sie nicht den Krieg gemäß ihren Vertragsverpflichtungen fortsetzt, von denen sie zu befreien wir uns nicht in der Lage sehen. Das Haus wird die historische Erklärung gelesen haben, in der wir, dem Wunsche vieler Franzosen und unserem eigenen Herzenswunsche folgend, unsere Bereitschaft erklärt haben, in dieser dunkelsten Stunde der französischen Geschichte einen Bund auf der Grundlage gemeinsamer Staatsbürgerschaft zu schließen. Wie immer die Lage in Frankreich sich entwickeln möge, wie immer diese oder eine andere französische Regierung sich verhalten möge – wir auf unserer Insel, und mit uns das gesamte Britische Weltreich, werden niemals unser Gefühl der Freundschaft für das französische Volk verlieren. Wenn es uns jetzt beschieden sein wird, zu ertragen, was die Franzosen erlitten haben, so werden wir ihrer Standhaftigkeit nacheifern; wenn der Endsieg unsere Mühe belohnt, werden wir unseren Sieg mit ihnen teilen, und die Freiheit aller wird wiederhergestellt werden. Wir ziehen keine unserer gerechten Forderungen zurück; nicht ein Jota von unseren Ansprüchen geben wir auf. Tschechen, Polen, Norweger, Holländer und Belgier haben ihre Sache mit der unseren verbunden. Ihr aller Recht wird wiederhergestellt werden.

Die Schlacht, die General Weygand die Schlacht um Frankreich genannt hat, ist vorüber. Ich erwarte, daß nun die Schlacht um England beginnen wird. Von ihrem Ausgang hängt das Schicksal der christlichen Zivilisation ab. Von ihr hängt unser eigenes britisches Leben und der Fortbestand unserer staatlichen Einrichtungen unseres Weltreiches ab. Die ganze Wut und Macht des Feindes muß sich sehr bald gegen uns wenden. Hitler weiß sehr wohl, daß er uns auf dieser Insel niederwerfen muß oder den Krieg verlieren wird. Wenn wir seinen Angriff abschlagen können, so kann ganz Europa befreit werden, und das Schicksal der Welt wird sich auf einer hellen, sonnigen Bahn aufwärtsbewegen. Wenn es uns aber mißlingt, dann wird die ganze Welt, auch die Vereinigten Staaten, und all das, was wir gekannt und geliebt haben, in den Abgrund eines neuen Mittelalters versinken, den das Licht einer mißbrauchten Wissenschaft nur noch dunkler und vielleicht tiefer macht. Rüsten wir uns daher zur Erfüllung unserer Pflicht; handeln wir so, daß, wenn das Britische Weltreich mit seinem Staatenbund noch tausend Jahre besteht, die Menschen immer noch sagen werden: „Das war ihr herrlichster Augenblick!“

Gottfried Niedhart

# Joseph Goebbels
# Wollt Ihr den totalen Krieg?
# (1943)

Im Ersten Weltkrieg bemängelte die Oberste Heeresleitung in Deutschland, die Kriegführung werde nicht in ausreichender Weise durch wirkungsvolle Propagandamaßnahmen unterstützt. In der Tat war der staatliche Propagandaapparat noch nicht sehr weit entwickelt und ganz allgemein ist zu sagen, daß Propaganda als Waffe in der politischen Auseinandersetzung erst nach dem Krieg effizient eingesetzt wurde. Im Zweiten Weltkrieg stand der deutschen Kriegführung dann eine mächtige Organisation zur Verfügung, die die eigene Bevölkerung mobilisieren und zugleich nach außen wirken sollte, um die Stimmung in den Ländern zu beeinflussen, gegen die Deutschland Krieg führte. An der Spitze dieser Organisation stand mit Joseph Goebbels ein Mann, der schon in den zwanziger Jahren erkannt hatte, daß der Kampf um Anhänger und Wählerstimmen im Zeitalter der Massendemokratie und der durch die Medien gestalteten Massenkommunikation nur sehr bedingt durch die argumentativ geführte Auseinandersetzung zu gewinnen war. Viel wichtiger erschien ihm die propagandistisch wirkungsvolle Werbung.

Der 1897 in Rheydt geborene Goebbels hatte in Heidelberg Germanistik studiert und dort 1922 promoviert, bevor er sich den Nationalsozialisten anschloß und 1926 Gauleiter von Berlin wurde. Von Anfang an bestach er durch sein geschicktes propagandistisches Vorgehen. Es war kein Zufall, daß er 1930 Reichspropagandaleiter der NSDAP wurde. Nachdem Hitler am 30. Januar 1933 zum Reichskanzler ernannt worden war, richtete er bereits am 13. März für Goebbels ein neues Ministerium ein, das Reichsministerium für Volksaufklärung und Propaganda. Damit erlitt, wie sich der damalige Vizekanzler Franz von Papen später erinnerte, die „erdrückende Mehrheit" der Minister, die nicht der NSDAP angehörten, „ihren ersten entscheidenden Stoß". Dies war nicht nur quantitativ gemeint. Denn mit diesem neuartigen Instrument zur Lenkung der öffentlichen Meinung und einem „diabolischen Geist" an seiner Spitze gelang den Nationalsozialisten ein wichtiger Schritt zur Gleichschaltung. „Auf dem Gebiet der Propaganda", so Papen, „waren wir Kinder und ohne Ahnung." Goebbels selbst sprach einmal von „amerikanischen Methoden". Der erfolgreiche Propagandist müsse ein Gemeinschaftserlebnis vermitteln und die „Menschen in Erschütterungen hineinreden".

Die Fähigkeiten des Propagandisten waren vor allem immer dann gefragt, wenn die offizielle Sprachregelung nicht mit der Realität übereinstimmte. Im Zweiten Weltkrieg war dies der Fall, als die Siegesmeldungen ausblieben. Begonnen hatte der Krieg mit den Blitzkriegserfolgen, die freilich schon 1940 einen empfindlichen Rückschlag im Luftkrieg gegen Großbritannien erlitten. Nach dem Angriff auf die Sowjetunion im Juni 1941 sah es zunächst nach einer deutlichen deutschen Überlegenheit aus, die jedoch bald gebrochen wurde. Mit der Kriegserklärung gegen die USA im Dezember 1941 nahm der Krieg dann die Dimension eines wirklichen Weltkriegs an, in dem Deutschland mit Italien und Japan verbündet war und der zu einer weiteren Ausweitung der Kriegsschauplätze führte. Im Winter 1942/43 war erkennbar, daß Deutschland seine weit vorgeschobenen Positionen nicht halten konnte. Von hohem Symbolgehalt sowohl für Deutschland als auch für die Sowjetunion war die Auseinandersetzung um Stalingrad, wo die Sechste Armee mit 250.000 Soldaten im November 1942 von der Roten Armee eingeschlossen wurde und im Januar 1943 kapitulierte.

Jetzt war die Stunde von Goebbels gekommen. Als der Krieg nicht mehr zu gewinnen war und Hitler sich nicht mehr in der Öffentlichkeit zeigte, rief Goebbels den „totalen Krieg" aus. Zu diesem Zweck fand am 18. Februar 1943 im Berliner Sportpalast eine wirkungsvoll inszenierte „Kundgebung des Gaues Berlin der NSDAP" statt. Unter den 15.000 genau ausgewählten Zuhörern waren gezielt einzelne Gruppen verteilt, die die zweistündige Rede mit zustimmenden Zwischenrufen und Sprechchören begleiteten.

Die zeitversetzt im Rundfunk übertragene Veranstaltung verfolgte den Zweck, die Zustimmung der Bevölkerung zum Regime und zum Krieg zu demonstrieren. Ihre Wirkung nicht nur bei den ohnehin gläubig und zustimmungsbereit lauschenden Zuhörern im Sportpalast, sondern auch bei vielen Radiohörern bestand nicht zuletzt darin, daß Goebbels Realismus und Schönfärberei auf geschickte Art zu vermischen verstand. Er verschwieg nicht den Ernst der Lage, suggerierte aber zugleich, eine Wende zum Besseren stehe bevor. Er griff die Ängste der Bevölkerung auf und machte ihnen zugleich Mut.

Die Stilisierung Deutschlands als Bollwerk Europas gegen den Kommunismus war eine Botschaft, die sich auch an das Ausland richtete. Ein weiterer Topos, der fast alle Goebbels-Reden seit den zwanziger Jahren durchzieht, war die Gleichsetzung der „kommunistischen" mit der „jüdischen Gefahr". Das von den Zuhörern mit starkem Beifall und Sprechchören unterstrichene Ziel war die „Ausrottung" der Juden, wie Goebbels fast herausgeschrien hätte, bevor er sich mitten im Wort zurücknahm und „Ausrott-, -schaltung" sagte. Die Proklamation des „totalen Kriegs" hob den Unterschied zwischen Front und Heimat, zwischen Militär und Zivilbevölkerung auf. Die fanatisierten Teilnehmer der Veranstaltung erklärten sich zu allen Opfern bereit, die Goebbels von ihnen forderte.

Der Redner war mit seiner Vorstellung überaus zufrieden. In seinem Tagebuch sprach er von einem Zustand, der einer „totalen geistigen Mobilmachung" seiner Zuhörer glich. Der „Schluß der Versammlung" ging „in einen Tohuwabohu von rasender Stimmung unter. Ich glaube, der Sportpalast hat noch niemals, auch nicht in der Kampfzeit, solche Szenen erlebt. Das Volk ist, wie diese Kundgebung beweist, bereit, alles für den Krieg und für den Sieg hinzugeben. Wir brauchen jetzt nur zuzugreifen." Zugleich verachtete er diejenigen, die ihm hysterisch zugejubelt hatten. „Diese Stunde der Idiotie", soll er nach der Veranstaltung gesagt haben. „Wenn ich den Leuten gesagt hätte, springt aus dem dritten Stock des Columbushauses, sie hätten es auch getan."

Goebbels war ein Profi, der sein Handwerk verstand und wußte, wie er sein Publikum manipulieren konnte. Zugleich aber überschätzte er seine Wirkung. Die Deutschen waren zwar nicht in der

Lage, sich vom Nationalsozialismus aus eigener Kraft zu lösen und von der Diktatur zu befreien. Doch es war eine Illusion, wenn die Machthaber glaubten, jetzt nur noch „zugreifen“ zu müssen. Das Vertrauen der Bevölkerung in das Regime begann zu bröckeln. So sehr der „Endsieg“ herbeigesehnt wurde, so deutlich wurde es seit 1943 für immer weitere Kreise, daß er ein Teil der Traumwelt von Goebbels war.

## Joseph Goebbels
## Rede im Berliner Sportpalast
## am 18. Februar 1943

Meine deutschen Volksgenossen und Volksgenossinnen!

Parteigenossen und Parteigenossinnen!

Es ist jetzt knapp drei Wochen her, daß ich das letztemal bei Gelegenheit der Verlesung der Proklamation des Führers zum Zehnjahrestag der Machtergreifung von dieser Stelle aus zu Ihnen und zum deutschen Volke gesprochen habe. Die Krise, in der sich unsere Ostfront augenblicklich befindet, stand damals auf dem Höhepunkt. Wir hatten uns im Zeichen des harten Unglücksschlages, von dem die Nation im Kampf um die Wolga betroffen wurde, am 30. Januar dieses Jahres zusammengefunden zu einer Kundgebung der Einheit, der Geschlossenheit, aber auch der festen Willenskraft, mit den Schwierigkeiten, die dieser Krieg in seinem vierten Jahre vor uns auftürmt, fertigzuwerden.

Es war für mich und wohl auch für Sie alle erschütternd, einige Tage später zu erfahren, daß die letzten heldenhaften Kämpfer von Stalingrad, gerade in dieser Stunde durch die Ätherwellen mit uns verbunden, an unserer erhebenden Sportpalast-Kundgebung teilgenommen haben. Sie funkten in ihrem Schlußbericht, daß sie die Proklamation des Führers vernommen und vielleicht zum letzten Male in ihrem Leben mit uns zusammen mit erhobenen Händen die Nationalhymnen gesungen hätten. Welch eine Haltung deutschen Soldatentums in dieser großen Zeit! Welche Verpflichtung aber schließt diese Haltung auch für uns alle, insbesondere aber für die deutsche Heimat, in sich ein. Stalingrad war und ist der große Alarmruf des Schicksals an die deutsche Nation.

Ein Volk, das die Stärke besitzt, ein solches Unglück zu ertragen und auch zu überwinden, ja, daraus noch zusätzliche Kraft zu schöpfen, ist unbesiegbar. Das Gedächtnis an die Helden von Stalingrad soll also auch heute bei meiner Rede vor Ihnen und vor dem deutschen Volke eine tiefe Verpflichtung für mich und für uns alle sein.

Ich weiß nicht, wie viele Millionen Menschen, über die Ätherwellen mit uns verbunden, heute abend an der Front und in der Heimat an dieser Kundgebung teilnehmen und meine Zuhörer sind. Ich möchte zu ihnen allen aus tiefstem Herzen zum tiefsten Herzen sprechen. Ich glaube, das gesamte deutsche Volk ist mit heißer Leidenschaft bei *der* Sache, die ich Ihnen heute abend vorzutragen habe. Ich will deshalb meine Ausführungen auch mit dem ganzen heiligen Ernst und dem offenen Freimut, den die Stunde von uns erfordert, ausstatten. Das im Nationalsozialismus erzogene, geschulte und disziplinierte deutsche Volk kann die *volle Wahrheit* ertragen! {Bravo-Rufe, Beifall.} Es weiß, wie schwierig es um die Lage des Reiches bestellt ist. Und seine Führung kann es deshalb auch auffordern, aus der Bedrängtheit der Situation die nötigen harten, wenn nötig auch *härtesten* Folgerungen zu ziehen. {Beifall.} Wir Deutschen sind gewappnet gegen Schwäche und Anfälligkeit. Und Schläge und Unglücksfälle des Krieges verleihen uns nur zusätzliche Kraft, feste Entschlossenheit und eine seelische und kämpferische Aktivität, die bereit ist, *alle* Schwierigkeiten und Hindernisse mit revolutionärem Elan zu überwinden.

Es ist jetzt nicht der Augenblick, danach zu fragen, *wie* alles gekommen ist. Das wird einer späteren Rechenschaftslegung überlassen bleiben, die in voller Offenheit erfolgen soll und dem deutschen Volke und der Weltöffentlichkeit zeigen wird, daß das Unglück, das uns in den letzten Wochen betroffen hat, seine *tiefe*, schicksalhafte Bedeutung besitzt. Das große Heldenopfer, das unsere Soldaten in Stalingrad brachten, ist für die ganze Ostfront von einer ausschlaggebenden geschichtlichen Bedeutung gewesen. Es war nicht umsonst. Warum – das wird die Zukunft beweisen. [...]

Der Ansturm der Steppe gegen unseren ehrwürdigen Kontinent ist in diesem Winter mit einer Wucht losgebrochen, die alle menschlichen und geschichtlichen Vorstellungen in den Schatten stellt. Die deutsche Wehrmacht bildet dagegen mit ihren Verbündeten den *einzigen* überhaupt in Frage kommenden Schutzwall. [...] Als der Führer die deutsche Wehrmacht am 22. Juni 1941 im Osten zum Angriff antreten ließ, waren wir Nationalsozialisten uns im klaren darüber, daß damit überhaupt der *entscheidende* Kampf dieses gigantischen Weltringens anbrach. *Wir* wußten, welche Gefahren und Schwierigkeiten er für uns mit sich bringen würde. Wir waren uns aber auch klar darüber, daß die Gefahren und Schwierigkeiten bei längerem Zuwarten *nur wachsen*, niemals aber abnehmen könnten. Es war *zwei Minuten vor zwölf!* Ein weiteres Zögern hätte leicht zur Vernichtung des Reiches und zur vollkommenen Bolschewisierung des europäischen Kontinents geführt.

Es ist verständlich, daß wir bei den großangelegten Tarnungs- und Bluffmanövern des bolschewistischen Regimes das Kriegspotential der Sowjetunion nicht richtig eingeschätzt haben. Erst jetzt offenbart es sich uns in seiner ganzen wilden Größe. Dementsprechend ist auch der Kampf, den unsere Soldaten im Osten zu bestehen haben, *über* alle menschlichen Vorstellungen hinaus hart, schwer und gefährlich. Er erfordert die Aufbietung unserer *ganzen* nationalen Kraft. Hier ist eine Bedrohung des Reiches und des europäischen Kontinents gegeben, die *alle* bisherigen Gefahren des Abendlandes weit in den Schatten stellt. Würden wir in diesem Kampfe versagen, so verspielten wir damit überhaupt unsere geschichtliche Mission! Alles, was wir bisher aufgebaut und geleistet haben, verblaßt angesichts der gigantischen Aufgabe, die hier der deutschen Wehrmacht *unmittelbar* und dem deutschen Volke *mittelbar* gestellt ist.

Ich wende mich in meinen Ausführungen zuerst an die Weltöffentlichkeit und proklamiere ihr gegenüber die Thesen unseres Kampfes gegen die bolschewistische Gefahr im Osten. Die erste dieser drei Thesen lautet: Wäre die deutsche Wehrmacht *nicht* in der Lage, die Gefahr aus dem Osten zu *brechen*, so wäre damit das *Reich* und in kurzer Folge *ganz Europa* dem Bolschewismus verfallen. {Beifall.} Die zweite dieser drei Thesen lautet: Die deutsche Wehrmacht und das deutsche Volk *allein* besitzen mit ihren Verbündeten die Kraft, eine grundlegende Rettung Europas aus dieser Bedrohung durchzuführen. {Beifall.} Die dritte dieser Thesen lautet: *Gefahr ist im Verzuge*, es muß *schnell* und *gründlich* gehandelt werden, *sonst* ist es zu *spät!* {Bravo-Rufe, Beifall.} [...]

Das Ziel des Bolschewismus ist die Weltrevolution der *Juden*! Sie wollen das Chaos über das Reich und über Europa hereinführen, um in der daraus entstehenden Hoffnungslosigkeit und Verzweiflung der Völker ihre internationale, bolschewistisch verschleierte kapitalistische Tyrannei aufzurichten! {Pfui-Rufe, weitere Zwischenrufe.} [...]

Hinter den vorstürmenden – {erregte Zwischenrufe}, hinter den vorstürmenden Sowjetdivisionen *sehen wir schon die jüdischen Liquidationskommandos*, hinter diesen aber erhebt sich der *Terror*, das Gespenst des Millionenhungers und einer vollkommenen europäischen Anarchie. {Zwischenrufe.} Hier erweist sich wiederum das internationale Judentum als das *teuflische* Ferment der Dekomposition, das eine geradezu *zynische* Genugtuung dabei empfindet, die Welt in ihre tiefste Unordnung zu stürzen und damit den Untergang jahrtausendealter Kulturen, an denen es *niemals* einen inneren Anteil hatte, herbeizuführen.

Wir wissen damit also, vor welcher geschichtlichen Aufgabe wir stehen. Eine zweitausendjährige Aufbauarbeit der abendländischen Menschheit ist in Gefahr. Man kann diese Gefahr gar nicht ernst genug schildern, aber es ist auch bezeichnend, daß, wenn man sie nur beim *Namen* nennt, das internationale Judentum in allen Ländern dagegen in lärmenden Ausführungen Protest einlegt. *So weit* ist es also schon in Europa gekommen, daß man eine *Gefahr* nicht mehr eine *Gefahr* nennen darf, wenn sie vom *Judentum* ausgeht! Das aber hindert uns Nationalsozialisten nicht daran, die dazu notwendigen Feststellungen zu treffen. *Wir haben niemals Angst vor den Juden gehabt und haben sie heute weniger denn je!* {Heilrufe, starker Beifall.} Wir haben das auch früher in unserem innerpolitischen Kampf getan, als das kommunistische Judentum sich des demokratischen Judentums im Berliner Tageblatt und der Vossischen Zeitung bediente, um eine Gefahr, die von Tag zu Tag *drohender* wurde, zu verniedlichen und zu bagatellisieren, um damit die von ihr bedrohten Teile unseres Volkes in Sicherheit einzuwiegen und ihre Abwehrkräfte einzuschläfern. [...]

Ich schmeichle mir nicht, mit diesen Ausführungen die öffentliche Meinung in den neutralen oder gar in den feindlichen Staaten alarmieren zu können. Das ist auch nicht ihr Zweck und ihre Absicht. Ich weiß, daß die englische Presse morgen mit einem wütenden Gekläff über mich herfallen wird, ich hätte angesichts unserer Belastung an der Ostfront die ersten *Friedensfühler* ausgestreckt. {Gelächter.} Davon kann selbstverständlich überhaupt keine Rede sein. *In Deutschland denkt heute kein Mensch an einen faulen Kompromiß, das ganze Volk denkt nur an einen harten Krieg!* {Starker Beifall, Zurufe.} Ich beanspruche aber als verantwortlicher Sprecher des führenden Landes dieses Kontinents *für mich das souveräne Recht, eine Gefahr eine Gefahr zu nennen,* wenn sie nicht nur unser *eigenes* Land, sondern unsern Erdteil bedroht! Als Nationalsozialisten haben wir es jeher als Pflicht empfunden, *Alarm* zu schlagen gegen die versuchte Chaotisierung des europäischen Kontinents durch das internationale Judentum, das sich im Bolschewismus eine terroristische Militärmacht aufgebaut hat, deren Bedrohlichkeit überhaupt nicht überschätzt werden kann. [...]

Man wird, um das hier nur nebenbei zu erwähnen, in diesem Zusammenhang auch unsere konsequente Judenpolitik verstehen können, auch wenn die Juden heute in Berlin ihre alte Mitleidsgarde vorschicken. {„Aufhängen!"} Wir sehen im Judentum für *jedes* Land eine unmittelbare Gefahr gegeben! {„Aufhängen!", „Pfui!", Beifall.} Wie *andere* Völker sich gegen die Gefahr zur Wehr setzen, – das ist uns gleichgültig. Wie wir uns dagegen zur Wehr setzen, das ist unsere Sache, in die wir keinerlei *Einsprüche dulden*! {Bravo-Rufe, Beifall, Zwischenruf.} Das Judentum steckt eine –, das Judentum stellt eine infektiöse Erscheinung dar, die ansteckend wirkt. Wenn das feindliche Ausland gegen unsere antijüdische Politik scheinheilig Protest erhebt und über unsere Maßnahmen gegen das Judentum heuchlerische Krokodilstränen vergießt, so kann uns das nicht daran hindern, das Notwendigste zu tun. Deutschland jedenfalls hat nicht die Absicht, sich dieser jüdischen Bedrohung zu beugen, sondern vielmehr die, ihr *rechtzeitig,* wenn nötig unter *vollkommener* und *radikalster Ausrott-, -schaltung* des Judentums, entgegenzutreten! {Starker Beifall, wilde Rufe, Gelächter.} [...]

Wir wissen heute ganz genau, daß der Blitzkrieg des Polen- und Westfeldzuges für den Osten nur noch eine bedingte Gültigkeit hat. Hier kämpft die deutsche Nation um ihr *Alles!* Wir sind in diesem Kampf zu der Erkenntnis gekommen, daß das deutsche Volk hier seine heiligsten Güter: seine Familien, seine Frauen und seine Kinder, die Schönheit und Unberührtheit seiner Landschaft, seine Städte und Dörfer, das zweitausendjährige Erbe seiner Kultur und alles, was uns das Leben lebenswert macht, zu verteidigen hat. [...]

Die geistige Bedrohung, die der Bolschewismus darstellt, ist bekannt. Sie wird auch im Ausland nicht bestritten. Über die geistige Bedrohung hinaus aber stellt er nun für uns und Europa eine unmittelbare militärische Bedrohung dar. Ihr nur mit *geistigen* Argumenten entgegentreten zu wollen würde wahrscheinlich bei den Kreml-Gewaltigen stürmische Heiterkeit auslösen. Wir sind nicht so dumm und so kurzsichtig, den Kampf gegen den Bolschewismus mit derart unzulänglichen Mitteln auch nur zu versuchen. Wir wollen auch nicht auf uns das Wort angewandt sehen, daß nur die allergrößten Kälber sich ihre Metzger selber wählen. Wir sind entschlossen, unser Leben mit *allen Mitteln* zu verteidigen, – *ohne Rücksicht* darauf, ob die uns umgebende Welt die Notwendigkeit dieses Kampfes einsieht oder nicht. {Bravo-Rufe, Beifall.} *Der totale Krieg ist also das Gebot der Stunde!* {Heilrufe, Beifall.}

Es muß jetzt zu Ende sein mit den bürgerlichen Zimperlichkeiten, die auch in diesem Schicksalskampf nach dem Grundsatz verfahren wollen: *Wasch' mir den Pelz, mach' mich nicht naß!* {Starker Beifall.} Die Gefahr, vor der wir stehen, ist *riesen*groß. *Riesengroß* müssen deshalb auch die Anstrengungen sein, mit denen wir ihr entgegentreten. *Es ist also jetzt die Stunde gekommen, die Glacéhandschuhe auszuziehen!* {Heilrufe, starker Beifall.} *Jetzt müssen wir die Faust bandagieren!* {Zustimmung, Beifall.} Es geht nicht mehr an, das reiche Kriegspotential nicht nur unseres eigenen Landes, sondern der uns zur Verfügung stehenden bedeutenden Teile Europas nur flüchtig und an der Oberfläche auszuschöpfen. Es muß *ganz* zur Ausschöpfung gelangen, und zwar so schnell und so gründlich, als das organisatorisch und sachlich überhaupt nur denkbar ist. Hier wäre eine falsche Rücksichtnahme vollkommen fehl am Orte. Europas Zukunft hängt von *unserem* Kampf im Osten ab! *Wir* stehen zu seinem Schutze bereit! Das deutsche Volk stellt sein kostbarstes nationales Blut für diesen Kampf zur Verfügung, *das übrige Europa sollte hierfür wenigstens seine Arbeit zur*

*Verfügung stellen!* {Heilrufe, starker Beifall.} Wer diesen Kampf im übrigen Europa heute noch nicht versteht, wird uns morgen auf den *Knien* danken, daß wir ihn auf uns genommen haben! {„Jawohl!“, Beifall.}

Es ärgert uns nicht einmal, wenn unsere Feinde im Ausland behaupten, die Maßnahmen, die wir jetzt zur Totalisierung des Krieges durchführten, kämen denen des Bolschewismus gleich. {Heiterkeit.} Scheinheilig erklären sie, daraus müsse man also folgern, daß sich unter diesen Umständen der Kampf gegen den Bolschewismus überhaupt erübrige, denn wir *seien* ja Bolschewisten. {Starkes Gelächter, Zuruf: „Aber ohne Juden ...!“} Es geht hier nicht um die *Methode,* mit der man den Bolschewismus zu Boden schlägt, sondern um das *Ziel*; *nämlich die Beseitigung der Gefahr!* {Bravo-Rufe, Beifall.} Die Frage ist also nicht die, ob die Methoden, die wir anwenden, schön oder weniger schön, sondern nur, ob sie erfolgreich sind. Jedenfalls sind wir als nationalsozialistische Volksführung jetzt zu allem entschlossen. *Wir packen zu ohne Rücksicht* auf die Einsprüche des einen oder des andern! {„Jawohl!“, „Bravo!“} Wir wollen nicht mehr im Interesse – {Beifall}, wir wollen nicht mehr im Interesse der Aufrechterhaltung eines hohen, manchmal fast friedensmäßigen inneren Lebensstandards für eine bestimmte Volksschicht das deutsche Potential schwächen und damit unsere Kriegführung gefährden. {„Lumpenluder!“} Im Gegenteil: Wir verzichten *freiwillig* auf einen bedeutenden Teil dieses *Lebensstandards,* um das Kriegspotential so *schnell* und so gründlich wie möglich zu *erhöhen!* {Bravo-Rufe, Beifall.} [...]

Ich habe schon in der Öffentlichkeit erklärt, daß *die* kriegsentscheidende Aufgabe der Gegenwart darin besteht, dem Führer durch *einschneidendste* Maßnahmen in der Heimat eine operative Reserve bereitzustellen, die ihm die Möglichkeit gibt, im kommenden Frühjahr und Sommer *endlich wieder die heißersehnte Offensive zu eröffnen!* {Heilrufe, stürmischer Beifall, Rufe.} Je *mehr* wir dem Führer an *Kraft* in die Hand geben, *um so vernichtender* wird dieser Schlag sein! Es ist also nicht mehr angebracht, unzeitgemäßen *Friedens*vorstellungen zu huldigen, – das deutsche Volk hat *alle* Veranlassung, *nur an Krieg zu denken!* Das trägt nicht zur Verlängerung des Krieges, sondern nur zu seiner Beschleunigung bei; der *totalste* und *radikalste* Krieg ist auch der kürzeste. {Beifall.} [...]

Es sind deshalb eine Reihe von Maßnahmen getroffen worden, die dieser neuen Optik des Krieges Rechnung tragen. Wir haben beispielsweise die Schließung der Bars und Nachtlokale angeordnet. {Stürmische Zustimmung, Beifall, Zurufe.} Ich kann mir nicht vorstellen, daß es heute noch Menschen gibt, die ihre Kriegspflichten gewissenhaft erfüllen und gleichzeitig bis tief in die Nacht in Amüsierlokalen herumsitzen. {„Das ist was für Nichtstuer!"} Ich muß daraus nur folgern, daß sie es mit ihren Kriegspflichten nicht allzu genau nehmen. {Zwischenruf.} Wir haben diese Amüsierlokale geschlossen, weil sie anfingen, unserer Kriegsmoral lästig zu fallen und das Bild des Krieges trübten! {Zwischenruf.} Und das verträgt das *deutsche* Volk nicht! ... Auch Luxusrestaurants, deren Aufwand in keinem Verhältnis zum erzielten Effekt steht, sind der Schließung verfallen. {Bravo- und erregte Zwischenrufe.} ... Auch ungezählte Luxus- und Repräsentationsgeschäfte sind mittlerweile zur Auflösung gekommen. Sie waren für das kaufende Publikum vielfach nur Stein des Anstoßes. {Zuruf.} ... Wir werden die Menschen, die dort untätig in den leeren Geschäften herumstehen, einer *nutz*bringenden Tätigkeit in der öffentlichen *Kriegs*wirtschaft zuführen! {Bravo-Rufe, starker Beifall.} Dieser Prozeß ist eben im Gange und wird bis zum 15. März abgeschlossen sein. Er stellt natürlich eine *riesige* Umorganisation unseres ganzen wirtschaftlichen Lebens dar, Hunderttausende von Menschen werden in Bewegung gesetzt. Wir gehen dabei nicht planlos vor, wir sind nämlich nicht nervös. {Heiterkeit.} [...]

Überhaupt müssen alle, die im Dienste des Volkes tätig sind, dem Volk in der Arbeit sowohl wie in der äußeren und inneren Haltung stets ein leuchtendes Beispiel geben. Auch an Kleinigkeiten entzündet sich manchmal der öffentliche Unmut. Es ist beispielsweise aufreizend, wenn junge Männer und Frauen morgens um neun Uhr in Berlin durch den Tiergarten reiten. {Zustimmung und Beifall.} Ich denke mir manchmal, daß sie dabei vielleicht einer Arbeiterfrau begegnen, die eine zehnstündige Nachtschicht hinter sich hat und vielleicht zu Hause noch drei oder vier oder fünf Kinder betreuen muß. {Zwischenrufe.} Das Bild einer wie im Frieden vorbeigaloppierenden Kavalkade kann in der Seele dieser braven Arbeiterfrau *nur* Bitterkeit erregen.

{Zustimmung und starker Beifall.} Ich habe deshalb das Reiten auf öffentlichen Straßen und Plätzen der Reichshauptstadt für die Dauer des Krieges verboten. {Bravo-Rufe, starker Beifall.} [...]

Überhaupt muß *jeder* es sich in dieser Zeit zu einem selbstverständlichen Gebot der Kriegsmoral machen, auf die berechtigten Forderungen des arbeitenden und kämpfenden Volkes die *größte* Rücksicht zu nehmen. Wir sind keine *Spielverderber,* aber wir *lassen* uns auch das *Spiel* nicht *verderben!* ... Wir wissen jetzt, was wir zu tun haben. Das deutsche Volk will eine spartanische Lebensführung für *alle*, für hoch und niedrig und arm und reich. So, wie der Führer dem *ganzen* Volke ein Beispiel gibt, so muß das *ganze* Volk in *allen* seinen Schichten sich dieses Beispiel auch zum Vorbild nehmen. Wenn *er* nur Arbeit und Sorgen kennt, so wollen wir ihm Arbeit und Sorge nicht *allein* überlassen, sondern *den* Teil, den wir ihm abnehmen können, auch auf uns nehmen.

Die Zeit, die wir heute durchleben, hat in ihrer ganzen Anlage für jeden echten Nationalsozialisten eine verblüffende Ähnlichkeit mit der Kampfzeit. Da und immer fernerhin haben wir so gehandelt. Wir sind immer mit dem Volke durch dick und dünn gegangen, und darum ist das Volk auch auf allen Wegen unser Gefolgsmann gewesen. Wir haben immer mit dem Volke gemeinsam alle Lasten getragen, und deshalb schienen uns diese Lagen nicht schwer, sondern leicht zu sein. Das *Volk* will *geführt* werden! Noch *niemals* gab es in der Geschichte ein Beispiel dafür, daß in einer *kritischen* Stunde des nationalen Lebens das Volk einer *tapferen* und *entschlossenen* Führung die Gefolgschaft versagt hätte!

Ich möchte in diesem Zusammenhang auch über einige praktische Maßnahmen des totalen Krieges, die wir bereits getroffen haben, ein paar Worte verlieren. Das Problem, um das es sich handelt, lautet: Freimachung von Soldaten für die Front, Freimachung von Arbeitern und Arbeiterinnen für die Rüstungswirtschaft. Diesen beiden Zielen müssen *alle* anderen Bedürfnisse untergeordnet werden, selbst auf Kosten unseres sozialen Lebensniveaus während des Krieges. Das soll nicht eine endgültige Stabilisierung unseres Lebensstandards darstellen, sondern gilt nur als Mittel zum Zweck. [...]

Unsere Feinde behaupten, die deutschen Frauen seien nicht in der Lage, den Mann in der Kriegswirtschaft zu ersetzen. {Gelächter.} Das mag für bestimmte schwere körperliche Arbeiten unserer Kriegsfertigung zutreffen. Darüber hinaus aber bin *ich* der Überzeugung, daß die deutsche Frau fest entschlossen ist, den Platz, den der Mann, der an die Front geht, freimacht, in *kürzester* Frist *nicht zur Hälfte,* sondern *ganz* auszufüllen! {Beifall.} Wir brauchen uns da gar nicht auf bolschewistische Beispiele zu berufen. Auch in der *deutschen* Kriegswirtschaft sind seit Jahren schon viele Millionen bester deutscher Frauen mit größtem Erfolg tätig, und sie warten jetzt mit *Ungeduld* darauf, daß ihre Reihen *baldigst* durch neuen Zuzug vermehrt und ergänzt werden. Alle die, die sich für diese Arbeit zur Verfügung stellen, erfüllen damit nur eine Dankespflicht der Front gegenüber. Hunderttausende *sind* schon gekommen, Hunderttausende *werden* noch kommen. In kürzester Frist hoffen wir damit *Armeen* von Arbeitskräften freizumachen, die ihrerseits dann wieder *Armeen* von kämpfenden Soldaten freistellen werden. {Bravo-Rufe, Beifall.} [...]

Welche deutsche Frau wollte es übers Herz bringen, sich einem solchen Appell, den ich vor allem für die kämpfende Front an die deutsche Frauenwelt richte, zu entziehen! Wer wollte jetzt eine spießige Bequemlichkeit über das nationale Pflichtgebot stellen! Wer wollte *jetzt* noch, angesichts der schweren Bedrohung, der wir alle ausgesetzt sind, an seine egoistischen privaten Bedürfnisse denken und nicht an die über alledem stehenden Notwendigkeiten des Krieges!

Ich weise mit Verachtung den Vorwurf, den uns unsere Feinde machen, daß das eine Nachahmung des Bolschewismus sei, zurück. Wir wollen den Bolschewismus nicht nachahmen – genausowenig wie in der Kampfzeit –, sondern wir wollen ihn besiegen. Die deutsche Frau wird das am ehesten verstehen, denn sie hat längst erkannt, daß der Krieg, den heute unsere Männer führen, ein Krieg vor allem zum Schutze ihrer Kinder ist. Ihr heiligstes Gut wird also in diesem Kriege durch den Einsatz des kostbarsten Blutes unseres Volkes beschirmt. Mit diesem Kampf der Männer muß die deutsche Frau auch nach *außen* hin spontan ihre Solidarität bekunden. Sie muß sich lieber *morgen* als übermorgen in die Reihen der Millionen schaffender Angestellten und Arbeiterinnen einreihen und das Heer der arbeitenden Heimat auch durch ihre eigene Person vermehren. {„An der Front!“} Es muß wie ein

*Strom* der Bereitschaft durch das deutsche Volk gehen. Ich erwarte, daß sich *un*gezählte Frauen und vor allem auch *Männer*, die bisher noch keine kriegswichtige Arbeit tun, bei den Meldestellen melden. Wer sich schnell gibt, der gibt sich doppelt!

Daneben vollziehen sich eine Reihe von großzügigen Zusammenlegungen in unserer allgemeinen Wirtschaft, die ja bereits durch die Presse näher erläutert worden sind. Ich weiß, daß große Teile unseres Volkes dabei schwere Opfer bringen müssen. Wir haben Verständnis für diese Opfer, und die Volksführung ist bemüht, sie auf ein Mindestmaß zu beschränken. Aber ein gewisser Rest wird leider übrigbleiben, der getragen werden muß. Nach dem Kriege werden wir das, was wir heute auflösen, größer und schöner denn je wieder aufbauen, und der Staat wird dazu seine helfende Hand leihen. Ich wende mich eindringlich gegen die Behauptung, daß mit unseren Maßnahmen etwa eine Stillegung des Mittelstandes oder eine Monopolisierung unserer Wirtschaft bezweckt würde. Nach dem Kriege wird der Mittelstand sofort wieder in größtem Umfange wirtschaftlich und sozial wiederhergestellt. Die augenblicklichen Maßnahmen sind ausschließlich *Not*maßnahmen für die Kriegszwecke und Kriegsbedürfnisse. Sie streben nicht eine strukturelle Veränderung der Wirtschaft an, sondern sind lediglich auf das Ziel des totalen Sieges eingestellt.

Ich streite nicht ab, daß uns auch angesichts der Durchführung der eben geschilderten Maßnahmen noch sorgenvolle Wochen bevorstehen werden. Aber damit schaffen wir jetzt endgültig Luft. Wir stellen diese Maßnahmen auf die Aktionen des kommenden Sommers ein und begeben uns heute, ohne den Drohungen und Großsprechereien des Feindes irgendeine Beachtung zu schenken, an die Arbeit. Ich bin glücklich, dieses Programm des *Sieges* einem Volke vortragen zu dürfen, das diese Maßnahmen nicht nur willig auf sich nimmt, sondern sie *fordert,* – und zwar *dringender,* als das je im Verlaufe dieses Krieges der Fall gewesen ist. Das Volk will – {Beifall}, das Volk will, daß *durchgreifend* und schnell gehandelt wird. Wir müssen den *Augenblick* und die Stunde nützen, damit wir vor kommenden Überraschungen gesichert sind. [...]

Ich habe nun heute zu dieser Versammlung einen Ausschnitt des ganzen deutschen Volkes im *besten* Sinne des Wortes eingeladen. Vor mir sitzen reihenweise deutsche Verwundete von der Ostfront, Bein- und Armamputierte – {starker Beifall}, Bein- und Armamputierte mit zerschossenen Gliedern, Kriegsblinde, die mit ihren Rote-Kreuz-Schwestern gekommen sind, Männer in der Blüte ihrer Jahre, die vor sich ihre Krücken stehen haben. Dazwischen zähle ich an die *fünfzig* Träger des *Eichenlaubes* und des *Ritterkreuzes* {stürmische Heilrufe und Beifall}: eine glänzende Abordnung unserer kämpfenden Front! {Heilrufe, Beifall.} Hinter ihnen erhebt sich ein Block von Rüstungsarbeitern und -arbeiterinnen aus den Berliner *Panzerwerken.* {Heilrufe, starker Beifall.} Wieder hinter ihnen sitzen Männer aus der Parteiorganisation, Soldaten aus der kämpfenden Wehrmacht, Ärzte, Wissenschaftler, Künstler, Ingenieure und Architekten, Lehrer, Beamte und Angestellte aus den Ämtern und Büros: eine *stolze* Vertreterschaft unseres geistigen Lebens in all seinen Schichtungen, dem das Reich gerade jetzt im Kriege *Wunder* der Erfindung und des menschlichen Genies verdankt. Über das ganze Rund {Beifall.} des Sportpalastes verteilt sehe ich *Tausende* von deutschen Frauen. {Bravo-Rufe, Beifall.} Die Jugend ist hier vertreten und das Greisenalter. *Kein* Stand, *kein* Beruf und *kein* Lebensjahr blieb bei der Einladung unberücksichtigt. Ich kann also mit *Fug und Recht* sagen: Was *hier vor mir sitzt, ist ein Ausschnitt aus dem ganzen deutschen Volke an der Front und in der Heimat, - stimmt das?* {Stürmische Rufe: „Ja!" Anhaltender Beifall.} Allerdings – *Juden* sind hier *nicht vertreten!* {Starker Beifall, Zurufe.}

*Ihr also,* meine Zuhörer, repräsentiert in diesem Augenblick für das Ausland die *Nation!* Und an *Euch* möchte ich *zehn Fragen* richten, die *Ihr* mit dem deutschen Volke vor der *ganzen Welt, insbesondere aber vor unseren Feinden, die uns auch in dieser Stunde an ihrem Rundfunk zuhören, beantworten müßt! Wollt ihr das?* {Stürmische Rufe: „Ja!"}

Die Engländer behaupten, das deutsche Volk habe den Glauben an den Sieg verloren. {Stürmische Rufe: „Nein!", „Nie!", „Niemals!"} Ich frage Euch: Glaubt Ihr mit dem Führer und mit uns an den *endgültigen, totalen Sieg der deutschen Waffen?* {Stürmische Rufe: „Ja!" Starker Beifall, Sprechchöre: „Sieg Heil! Sieg Heil!"} Ich frage Euch: Seid Ihr entschlossen, dem Führer in der Erkämpfung des Sieges durch *dick und dünn* und unter Aufnahme auch der *schwersten persönlichen Belastungen* zu folgen? {Stürmische Rufe: „Ja!" Starker Beifall, Sprechchöre: „Sieg Heil!", „Wir grüßen unsern Führer!"}

Zweitens: Die Engländer behaupten, das deutsche Volk sei des *Kampfes müde.* {„Nein!", „Pfui!"} Ich frage Euch: Seid Ihr bereit, mit dem Führer, als Phalanx der Heimat hinter der kämpfenden Wehrmacht stehend, *diesen Kampf* mit *wilder Entschlossenheit* und *unbeirrt* durch *alle Schicksalsfügungen* fortzusetzen, bis der Sieg in unsern Händen ist? {Stürmische Rufe: „Ja!" Starker Beifall.}

Drittens: Die Engländer behaupten, das deutsche Volk hat keine *Lust* mehr, sich der überhandnehmenden *Kriegs*arbeit, die die Regierung von ihm fordert, zu unterziehen. {Pfui-Rufe.} Ich frage Euch: Soldaten, Arbeiter und Arbeiterinnen, seid Ihr und ist das deutsche Volk entschlossen, *wenn* der Führer es einmal in der *Notzeit* befehlen sollte, *zehn, zwölf,* wenn nötig *vierzehn und sechzehn Stunden täglich zu arbeiten und das Letzte für den Sieg herzugeben?* {Stürmische Rufe: „Ja!" Starker Beifall.}

Viertens: Die Engländer behaupten, das deutsche Volk wehrt sich gegen die totalen Kriegsmaßnahmen der Regierung. {Rufe: „Nein!"} Es will nicht den *totalen Krieg,* sagen die Engländer, sondern die *Kapitulation!* {Stürmische Rufe, u. a.: „Nein!", „Pfui!"} Ich frage Euch: *Wollt Ihr den totalen Krieg?* {Stürmische Rufe: „Ja!„ Starker Beifall.} Wollt Ihr ihn {„Wir wollen ihn!"}, wenn nötig, *totaler und radikaler, als wir ihn uns heute überhaupt erst vorstellen können?* {Stürmische Rufe: „Ja!" Beifall}

Fünftens: Die Engländer behaupten, das deutsche Volk hat sein Vertrauen zum *Führer verloren!* {Stürmische Empörung und Pfui-Rufe, lang anhaltender Lärm.} Ich frage Euch – {Sprechchöre: „Führer befiehl, wir folgen!" Heilrufe}, ich frage Euch: *Vertraut Ihr dem Führer?* {Rufe, u. a.: „Ja!"} Ist Eure Bereitschaft, ihm auf *allen seinen Wegen zu folgen und alles zu tun, was nötig ist, um den Krieg zum siegreichen Ende zu führen, eine absolute und uneingeschränkte?* {Lebhafte Rufe: „Ja!"}

Ich frage Euch als Sechstes: Seid Ihr von nun ab bereit, Eure ganze Kraft einzusetzen und der *Ostfront, unsern kämpfenden Vätern und Brüdern, die Menschen und Waffen zur Verfügung zu stellen, die sie brauchen,* um den *Bolschewismus zu besiegen? Seid Ihr dazu bereit?* {„Ja!", starker Beifall, Zurufe.}

Ich frage Euch als Siebentes: Gelobt Ihr mit heiligem Eid der Front, daß die Heimat mit *starker, unerschütterlicher Moral* hinter der Front steht und ihr *alles geben* wird, was sie zum Siege nötig hat? {„Ja!" Starker Beifall.}

Ich frage Euch achtens: Wollt Ihr, insbesondere Ihr Frauen selbst, daß die Regierung dafür sorgt, daß auch die *letzte* Arbeitskraft *auch* der Frau der Kriegführung zur *Verfügung* gestellt wird {Rufe weiblicher Stimmen: „Ja!"} und daß die Frau *überall* da, wo es nur *möglich* ist, *einspringt,* um *Männer für die Front freizumachen? Wollt Ihr das?* {Stürmische Rufe, insbesondere weiblicher Stimmen: „Ja!" Starker Beifall.}

Ich frage Euch neuntens: *Billigt Ihr,* wenn nötig, die *radikalsten* Maßnahmen gegen einen kleinen Kreis von *Drückebergern und Schiebern* {Stürmische Rufe: „Ja!", starker Beifall, Zurufe}, die mitten im Kriege *Frieden* spielen wollen und die Not des Volkes zu eigensüchtigen Zwecken ausnutzen? {„Aufhängen!", Geschrei.} *Seid Ihr damit einverstanden* {„Jawohl!"}, *daß, wer sich am Kriege vergeht, den Kopf verliert?* {Stürmische Rufe: „Ja!" Starker Beifall.}

Und nun frage ich Euch zehntens und zuletzt: Wollt Ihr, daß, wie das nationalsozialistische Parteiprogramm das vorschreibt, gerade im Kriege *gleiche Rechte* und *gleiche Pflichten* vorherrschen {„Ja!"}, daß die Heimat die schwersten Belastungen des Krieges *solidarisch* auf ihre Schultern nimmt und daß sie für *hoch* und *niedrig* und *arm* und *reich* in *gleicher Weise* verteilt werden? Wollt ihr das? {Stürmische Rufe: „Ja!" Stürmischer Beifall.}

Ich habe Euch gefragt, und Ihr habt mir Eure Antwort nicht vorenthalten. Ihr seid ein Stück Volk. Durch Euren Mund hat sich die Stellungnahme des Volkes vor der Welt manifestiert. {„Wir haben nichts gegen ...!"} Ihr habt unsern Feinden das zugerufen, was sie wissen müssen, damit sie sich keinen Illusionen und falschen Vorstellungen hingeben. {Zwischenruf.} Somit sind wir, wie von der ersten Stunde unserer Macht an durch all die zehn Jahre hindurch, fest und brüderlich mit dem deutschen Volke vereint! Der *mächtigste* Bundesgenosse, den es auf dieser Welt gibt, das Volk selbst, steht hinter uns und ist entschlossen, *mit dem Führer – koste es, was es wolle*, und unter Aufnahme auch der *schwersten* Opfer – den Sieg kämpfend zu erstreiten. {Bravo-Rufe, starker Beifall.} [...]

Als dieser Krieg begann, haben wir unsere Augen einzig und allein auf die *Nation* gerichtet. Was ihr und ihrem Lebenskampf dient, das ist *gut* und muß *erhalten* und *gefördert* werden. Was ihr und ihrem Lebenskampfe schadet, das ist *schlecht* und muß *beseitigt* und *abgeschnitten* werden. Mit heißem Herzen und kühlem Kopf wollen wir an die Bewältigung der großen Probleme dieses Zeitabschnittes des Krieges herantreten. Wir beschreiten damit den Weg zum endgültigen Sieg. *Er liegt beim Glauben an den Führer!* {Heilrufe, starker Beifall.} Er erwartet von uns eine Leistung, die *alles* bisher Dagewesene in den Schatten stellt! Wir wollen uns seiner Forderung nicht versagen; wie wir stolz auf *ihn* sind, so soll er stolz auf uns sein können. In den *großen* Krisen und Erschütterungen des nationalen Lebens erst bewähren sich die *wahren* Männer, aber auch die wahren Frauen. Da hat man nicht Recht, vom „schwachen Geschlecht“ zu sprechen, da beweisen *beide* Geschlechter die *gleiche* wilde Kampfentschlossenheit und Seelenstärke. Die Nation ist dazu bereit. Der Führer hat befohlen, und wir werden ihm folgen!

*Wenn wir je* treu und unverbrüchlich an den Sieg geglaubt haben, dann in dieser Stunde der nationalen Besinnung und der inneren Aufrichtung. Wir sehen ihn *greifbar nahe* vor uns liegen, – wir müssen nur *zufassen!* Wir müssen nur die *Entschlußkraft* aufbringen, *alles* seinem Dienste unterzuordnen; *das* ist das Gebot der Stunde! *Und darum lautet von jetzt ab die Parole: Nun, Volk, steh' auf – und Sturm, brich los!* {Stürmische Heilrufe und Beifall, Rufe: „Unser Gauleiter – Sieg Heil! Sieg Heil! Sieg Heil!“ Heilrufe; das Deutschlandlied wird intoniert.}

Klaus Schönhoven

# Martin Luther King
# I have a dream
# (1963)

Am 28. August 1963 versammelten sich vor dem Lincoln Memorial in Washington über 250.000 Menschen, die aus allen Teilen der Vereinigten Staaten in die Hauptstadt gekommen waren, um gegen die Rassentrennung und Rassendiskriminierung in den USA zu demonstrieren. Die New York Times kommentierte diesen historisch beispiellosen „Marsch nach Washington" mit den Worten, niemand könne sich daran erinnern, daß jemals eine Armee die Hauptstadt eines Landes so friedlich und sanftmütig besetzt habe wie diese Viertelmillion Bürgerrechtler.

Angeführt wurde diese Bürgerrechtskampagne von Martin Luther King. Er hatte im Juni 1963 eine triumphale Vortragsreise begonnen, die ihn quer durch die USA, von Kalifornien bis New York führte. In Los Angeles, Chicago und schließlich in Detroit, wo mehr als 100.000 Menschen an einem Freiheitsmarsch teilnahmen, trat King als Anwalt der Bürgerrechte der Schwarzen und als Prediger der Gewaltlosigkeit auf. Seinem Beispiel folgten Hunderttausende von Schwarzen, die 1963 in allen Südstaaten der USA Massendemonstrationen durchführten. Die gewaltlose Kampagnenwelle erfaßte rund neunhundert Städte und mobilisierte insgesamt mehr als eine Million Amerikaner überall im Land. In Washington erreichte dieser „Sommer unserer Unzufriedenheit" (Martin Luther King) Ende August 1963 seinen weltweit beachteten Höhepunkt.

Im Mittelpunkt der Washingtoner Kundgebung stand Martin Luther King, der zu diesem Zeitpunkt von vielen seiner Mitbürger als der Präsident des schwarzen Amerika wahrgenommen wurde. Der am 15. Januar 1929 geborene King hatte im Alter von 17 Jahren seinen ersten Universitätsabschluß gemacht, anschließend

Theologie studiert und an der Universität von Boston promoviert. Eine akademische Karriere schlug er aus und wurde statt dessen Pastor an der Baptistischen Kirche in Montgomery (Alabama), wo er seit 1954 predigte und sich bald schon als ein landesweit bekannter Wortführer der schwarzen Emanzipationsbewegung profilierte.

In den frühen fünfziger Jahren hatte man in der amerikanischen Bevölkerung die Rassentrennung noch weitgehend akzeptiert; in den meisten Staaten des Südens der USA war sie sogar immer noch gesetzlich verankert. Erst als das Oberste Bundesgericht in einigen spektakulären Urteilen entschied, daß die Rassentrennung ungesetzlich sei, setzte auch im Süden der Kampf um die ungeschmälerten Bürgerrechte für alle Amerikaner ein. In den späten fünfziger und frühen sechziger Jahren kam es dann in mehreren Südstaaten zu dramatischen Konflikten zwischen Befürwortern und Gegnern der Apartheid, in deren Verlauf sogar die Nationalgarde eingreifen mußte, um dem weißen Terror gegen den Vollzug von Bundesgerichtsurteilen ein Ende zu machen. Gleichzeitig entwickelte sich die öffentliche Parteinahme für die ungeschmälerten Bürgerrechte zu einer demokratischen Massenbewegung, die schwarze und weiße Aktivisten gemeinsam repräsentierten und vorantrieben.

Martin Luther King war erstmals 1955 als Anwalt des gewaltlosen Widerstandes aufgetreten, als er sich in Montgomery mit einem Boykott gegen die Rassendiskriminierung in öffentlichen Verkehrsmitteln solidarisierte. Er ließ sich von Morddrohungen nicht beeindrucken; auch nachdem sein Haus von rassistischen Fanatikern in die Luft gesprengt worden war, plädierte er weiterhin unbeirrt für das Prinzip der Gewaltlosigkeit. Sein Vorbild war dabei Mahatma Ghandi, dessen passiver Widerstand ihn stark beeindruckt hatte und dessen politischer Philosophie er sich tief verpflichtet fühlte. Kings rhetorischen Fähigkeiten und sein persönlicher Mut ließen ihn innerhalb kurzer Zeit zu einem prominenten Sprecher der Bürgerrechtsbewegung werden, der überall in den USA Aufmerksamkeit fand.

Als schwarze Kirchenführer im Januar 1957 die „Southern Christian Leadership Conference“ gründeten, wurde King ihr Präsident, um den Kampf der afro-amerikanischen Bevölkerung um ihre Grundrechte noch wirkungsvoller koordinieren zu können. Auf vielen Reisen, in Hunderten von Reden und bei Begegnungen mit wichtigen Staatsmännern trat der Prediger aus Montgomery für das uneingeschränkte Wahlrecht aller Amerikaner ein und forderte das Ende der Rassendiskriminierung im öffentlichen Leben des Landes. Obwohl weiße Rassisten mit erbittertem Widerstand reagierten und viele Bürgerrechtler zu Opfern des Rassenhasses wurden, blieb für Martin Luther King Gewaltlosigkeit die Devise seines Denkens und Handelns. Die Strategie der radikalen afroamerikanischen Gruppen, die „mit allen Mitteln" gegen die Diskriminierung vorgehen wollten, lehnte er entschieden ab.

Sein politisches Credo verkündete er auch in Washington im August 1963, als er sich vom militanten Protest distanzierte und dazu aufforderte, „physischer Gewalt mit der Stärke der Seele entgegenzutreten". Zugleich appellierte er an die amerikanische Nation, die Emanzipationserklärung von Präsident Lincoln endlich zu verwirklichen. Dieser hatte hundert Jahre zuvor – auf dem Höhepunkt des Bürgerkrieges – die Sklaverei als ein moralisches Übel und als undemokratische Knechtschaft verdammt und die Freiheit aller Sklaven in den Südstaaten verkündet. Martin Luther King wußte im Sommer 1963 nur zu gut, daß die Sklavenbefreiung in den USA immer noch nicht vollendet worden war. Das Motto seiner visionären Washingtoner Rede – „I have a dream" – wurde zum geflügelten Begriff und zum Symbol der amerikanischen Bürgerrechtsbewegung, die für die rechtliche, politische und soziale Gleichberechtigung aller Amerikaner eintrat und jegliche Benachteiligung auf Grund von Hautfarbe, Religion, nationaler Herkunft oder Geschlecht bekämpfte.

An seiner Rede, die Höhepunkt und Schluß der Kundgebung war und die für Millionen von Radiohörern und Fernsehzuschauern übertragen wurde, hatte King die ganze Nacht zuvor gearbeitet. Seine Frau Coretta Scott King schildert in ihren Memoiren sehr anschaulich, wie Martin Luther King sprach und welche Wirkung er bei seinen Zuhörern auslöste: „Martin war außerordentlich bewegt. Ich sah es an der Linie seines Rückens und hörte es am Klang seiner Stimme, die zuerst ein wenig heiser war und dann stark und klingend wurde, wie stets in seinen besten Stunden. ... Er vergaß seine geschriebene Rede ebenso wie die Zeit und sprach aus seinem Herzen, während sich seine Stimme machtvoll über die große Menge erhob und in die Welt hinausging. An diesem Tag war uns allen, als kämen seine Worte von einem höheren Ort, als sprächen sie durch Martin zu den beladenen Menschen vor ihm. Der Himmel selbst tat sich auf, und wir alle schienen verwandelt." „Als Martin geendet hatte" – so Coretta Scott King – „herrschte ergriffene Stille, die der größte Tribut ist, der einem Redner gezollt werden kann. Dann ein ungeheurer Lärm, als zweihundertfünfzigtausend Leute in ekstatische Zustimmung ausbrachen. Das Gefühl der Verbundenheit war vollkommen. Sie hatten eine einzig donnernde Stimme, und einen kurzen Augenblick schien das Reich Gottes auf Erden angebrochen zu sein."

Kings Engagement erlahmte in den folgenden Jahren nicht, auch nicht nach der Verabschiedung des Civil Rights Act durch die Regierung Johnson im Juni 1964. Dieses Gesetz brachte den größten Fortschritt in der Emanzipationspolitik seit der Sklavenbefreiung hundert Jahre zuvor, denn es untersagte jegliche Diskriminierung und hob die Rassentrennung in der Öffentlichkeit ausdrücklich auf. Doch die juristische Garantie der Grund- und Menschenrechte für die afro-amerikanische Bevölkerung bedeutete noch nicht ihre alltägliche Verwirklichung. Der 1964 mit dem Friedensnobelpreis geehrte, vom Papst in einer Privataudienz empfangene und vom *Times Magazine* zum Mann des Jahres gewählte King mußte bei seinen Kundgebungen immer wieder bedrohliche Situationen meistern, in denen bewaffnete Schlägertrupps, uniformierte Rassisten und Mitglieder des *Ku Klux Klan* ihm nach dem Leben trachteten.

Als Martin Luther King 1967 die amerikanische Kriegführung in Vietnam scharf kritisierte, verlor er die Unterstützung von vielen weißen Liberalen, die auch seine Initiative für eine „Poor People's Campaign" nach dem Vorbild der gewaltfreien schwarzen Emanzipationsbewegung sehr skeptisch beurteilten. Gleichzeitig fand sein Appell für Gewaltlosigkeit in den eigenen Reihen immer weniger Resonanz, nachdem es zu blutigen Zusammenstößen zwischen Bürgerrechtlern und der Staatspolizei in Alabama gekommen war. Sein Engagement in der Antikriegsbewegung und sein Auftreten gegen die Anführer der „Black-Power-Bewegung" gefährdeten nicht nur seine politische Autorität, sondern schwächten auch seine physische Kraft. Er war jedoch keineswegs entmutigt. Noch einen Tag vor seinem Tod – King wurde am 4. April 1968 in Memphis (Tennessee) von einem entflohenen weißen Häftling ermordet –, sagte er in einer Rede, er habe das „Gelobte Land" gesehen. Es muß offen bleiben, ob dies Ausdruck einer Todesahnung oder von Zukunftsoptimismus war. An seiner Beerdigung in Atlanta nahmen mehrere hunderttausend Menschen teil, für die er als erfolgreicher Bürgerrechtler und als Märtyrer der Gewaltlosigkeit unsterblich geworden war.

## Martin Luther King
## Rede vor dem Lincoln-Memorial in Washington am 28. August 1963

Ich freue mich, heute zusammen mit euch an einer Kundgebung teilzunehmen, die als die größte Demonstration für die Freiheit in die Geschichte unserer Nation eingehen wird. Zehn Jahrzehnte sind vergangen, seit ein großer Amerikaner, in dessen symbolischem Schatten wir heute stehen, die Proklamation der Emanzipation unterzeichnete. Dieser bahnbrechende Erlaß kam wie ein heller Hoffnungsschimmer zu Millionen von Negersklaven, die in den Flammen der ausdörrenden Ungerechtigkeit schmachteten. Er kam als ein freudiger Tagesanbruch, um die lange Nacht der Gefangenschaft zu beenden.

Aber einhundert Jahre später ist der Schwarze [*negro*] immer noch nicht frei. Einhundert Jahre später ist das Leben des Schwarzen immer noch von den Handfesseln der Rassentrennung und den Ketten der Diskriminierung erbärmlich eingeengt. Einhundert Jahre später lebt der Schwarze immer noch auf einer einsamen Insel der Armut inmitten eines weiten Ozeans des materiellen Wohlstandes. Einhundert Jahre später vegetiert der Schwarze immer noch in den Randzonen der amerikanischen Gesellschaft und fühlt sich wie ein Verbannter im eigenen Land. Deshalb sind wir heute hier zusammen gekommen, um einen beschämenden Zustand anzuprangern.

Im übertragenen Sinne sind wir in die Hauptstadt unseres Landes gekommen, um einen Scheck einzulösen. Als die Architekten unserer Republik die großartigen Worte der Verfassung und der Unabhängigkeitserklärung formulierten, unterzeichneten sie einen Schuldschein, zu dessen Einlösung alle Amerikaner berechtigt sein sollten. Dieser Schuldschein enthielt das Versprechen, daß allen Menschen – ja, schwarzen Menschen ebenso wie weißen – die unveräußerlichen Rechte auf Leben, auf Freiheit und der Anspruch auf Glück garantiert seien. Heute ist es offenkundig, daß Amerika diesen Verbindlichkeiten nicht nachgekommen ist, soweit es seine schwarzen Bürger betrifft. Statt diese heilige Verpflichtung zu erfüllen, hat Amerika den Schwarzen einen ungedeckten Scheck gegeben, einen Scheck, der mit dem Vermerk zurückgekommen ist, für ihn seien keine ausreichende Deckungsmittel vorhanden. Aber wir weigern uns daran zu glauben, daß die Bank der Gerechtigkeit bankrott ist. Wir weigern uns daran zu glauben, daß die in dem großen Reservoir der Möglichkeiten dieses Landes lagernden Deckungsmittel nicht ausreichen. Wir sind daher hierher gekommen, um diesen Scheck einzulösen, einen Scheck, der uns auf Verlangen die Reichtümer der Freiheit und die Sicherheit der Gerechtigkeit geben wird.

Wir sind auch zu diesem denkwürdigen Ort gekommen, um Amerika an die dringenden Notwendigkeiten der Gegenwart zu erinnern. Jetzt ist nicht die Zeit, wo man sich den Luxus einer Abkühlungsperiode leisten oder das Beruhigungsmittel des allmählichen Wandels einnehmen kann. Jetzt ist es an der Zeit, die Versprechungen der Demokratie Wirklichkeit werden zu lassen. Jetzt ist es an der Zeit, aus dem dunklen und trostlosen Tal der Rassentrennung aufzubrechen und den sonnenüberfluteten Weg der Gerechtigkeit für alle Rassen zu beschreiten. Jetzt ist es an der Zeit, unsere Nation aus dem Treibsand rassischer Ungerechtigkeit zu dem festen Felsen der Brüderlichkeit emporzuheben. Jetzt ist es an der Zeit, Gerechtigkeit für alle Kinder Gottes Wirklichkeit werden zu lassen. Es wäre verhängnisvoll für diese Nation, wenn sie die Dringlichkeit der heute notwendigen Veränderungen nicht wahrnehmen würde. Dieser heiße Sommer berechtigter Unzufriedenheit der Schwarzen wird nicht zu Ende gehen, solange nicht ein belebender Herbst der Freiheit und Gerechtigkeit begonnen hat.

1963 ist kein Ende, sondern ein Anfang. Und diejenigen, die

hoffen, der Schwarze habe einmal Dampf ablassen müssen und werde jetzt zufrieden sein, sie werden ein böses Erwachen erleben, wenn die Nation wieder so weitermacht wie bisher. Es wird weder Ruhe noch Frieden in Amerika geben, bis dem Schwarzen die Bürgerrechte zugebilligt werden. Die Wirbelstürme des Aufruhrs werden weiterhin die Grundfesten unserer Nation erschüttern, bis der helle Tag der Gerechtigkeit anbricht.

Es gibt aber etwas, was ich meinem Volk sagen muß, das auf der verheißungsvollen Schwelle steht, die in den Palast der Gerechtigkeit führt: Während wir versuchen, unseren rechtmäßigen Platz zu erobern, dürfen wir uns keiner unrechten Taten schuldig machen. Laßt uns nicht unseren Freiheitsdurst stillen, indem wir aus dem Kelch der Bitterkeit und des Hasses trinken. Wir müssen unseren Kampf stets auf dem hohen Niveau der Würde und der Disziplin führen. Wir dürfen unseren schöpferischen Protest nicht zu physischer Gewalt degenerieren lassen. Immer und immer wieder müssen wir uns zu den majestätischen Höhen erheben, auf denen wir der physischen Gewalt mit der Stärke der Seele entgegentreten.

Der wunderbare, neue kämpferische Geist, der die Gemeinschaft der Schwarzen erfaßt hat, darf uns nicht verleiten, allen Weißen zu mißtrauen. Denn viele unserer weißen Brüder – das bezeugt ihre Anwesenheit heute – sind zu der Einsicht gekommen, daß ihre Zukunft mit der unseren untrennbar verbunden ist. Sie sind zu der Einsicht gekommen, daß ihre Freiheit von unserer Freiheit nicht zu lösen ist. Wir können nicht alleine gehen. Und wenn wir marschieren, müssen wir uns verpflichten, stets weiter zu marschieren. Wir können nicht umkehren.

Es gibt Leute, die die Verfechter der Bürgerrechte fragen: „Wann werdet ihr denn zufriedengestellt sein?“ Wir können niemals zufriedengestellt sein, solange der Schwarze das Opfer der unbeschreiblichen Schrecken polizeilicher Brutalität ist. Wir können niemals zufriedengestellt sein, solange unsere von der Reise müden Körper in den Motels an den Autobahnen und in den Hotels der Städte keine Unterkunft finden. Wir können nicht zufriedengestellt sein, solange die Bewegungsfreiheit der Schwarzen darin besteht, von einem kleineren Ghetto in ein größeres umzuziehen. Wir können niemals zufriedengestellt sein, solange unsere

Kinder ihres Selbstbewußtseins und ihrer Würde beraubt werden durch Tafeln, auf denen verordnet wird: „Nur für Weiße". Wir können nicht zufriedengestellt sein, solange der Schwarze in Mississippi kein Stimmrecht hat und der Schwarze in New York meint, es gebe nichts, für das er seine Stimme abgeben könne. Nein, nein, wir sind nicht zufrieden und wir werden es auch nicht sein, bis das Recht wie Wasser herunter fließt und bis die Rechtschaffenheit zu einem mächtiger Strom anschwillt.

Ich weiß wohl, daß manche unter euch aus großer Bedrängnis und aus widerwärtigen Lebensumständen hierher gekommen sind. Einige von euch sind eben erst aus engen Gefängniszellen entlassen worden. Einige von euch sind aus Gegenden gekommen, wo sie wegen ihres Verlangens nach Freiheit von den Stürmen der Verfolgung geschüttelt und von den Winden polizeilicher Brutalität zum Taumeln gebracht worden sind. Ihr seid die Veteranen des schöpferischen Leidens. Macht weiter und vertraut darauf, daß unverdientes Leiden erlösend wirken wird. Geht zurück nach Mississippi! Geht zurück nach Alabama! Geht zurück nach South Carolina! Geht zurück nach Georgia! Geht zurück nach Lousiana! Geht zurück in die Slums und Ghettos der Großstädte im Norden in dem Wissen, daß die jetzige Situation auf irgendeine Weise geändert werden kann und wird. Laßt uns nicht im Tal der Verzweiflung verharren.

Deswegen sage ich euch, meine Freunde, daß ich trotz der Schwierigkeiten, die sich heute und morgen vor uns auftürmen, immer noch einen Traum habe. Es ist ein Traum, der tief im amerikanischen Traum verwurzelt ist. Ich habe einen Traum, daß diese Nation eines Tages zu sich selbst finden und der wahren Bedeutung ihres politischen Glaubensbekenntnisses gemäß leben wird: „Wir erkennen die selbstverständliche Wahrheit an, daß alle Menschen gleich erschaffen sind". Ich habe einen Traum, daß eines Tages auf den roten Hügeln von Georgia die Söhne früherer Sklaven und die Söhne früherer Sklavenhalter brüderlich vereint miteinander am Tisch sitzen können. Ich habe einen Traum, daß eines Tages selbst der Staat Mississippi, ein Staat, der in der Hitze der Ungerechtigkeit und Unterdrückung schmachtet, sich in eine Oase der Freiheit und Gerechtigkeit verwandelt. Ich habe einen Traum, daß meine vier kleinen Kinder eines Tages in einer Nation leben werden, in der man sie nicht nach ihrer Hautfarbe, sondern nach ihrem Charakter beurteilen wird.

Ich habe einen Traum heute. Ich habe einen Traum, daß eines Tages in Alabama mit seinen bösartigen Rassisten, mit seinem Gouverneur, von dessen Lippen Worte wie „Intervention“ und „Annullierung der Rassenintegration“ triefen, daß eines Tages genau dort in Alabama kleine schwarze Jungen und Mädchen mit kleinen weißen Jungen und Mädchen als Brüder und Schwestern sich die Hände reichen können. Ich habe einen Traum heute.

Ich habe einen Traum, daß eines Tages jedes Tal erhöht und jeder Hügel und Berg abgetragen sein wird. Die unebenen Plätze werden geglättet und die verwinkelten Orte werden begradigt werden. „Und die Herrlichkeit des Herrn soll offenbar werden, und alle Menschen werden sie gemeinsam sehen“. Das ist unsere Hoffnung. Mit diesem Glauben kehre ich in den Süden zurück. Mit diesen Glauben werden wir fähig sein, aus dem Berg der Verzweiflung einen Stein der Hoffnung herauszumeißeln. Mit diesem Glauben werden wir fähig sein, die schrillen Mißklänge in unserer Nation in eine wunderbare Symphonie der Brüderlichkeit zu verwandeln. Mit diesem Glauben werden wir fähig sein, zusammen zu arbeiten, zusammen zu beten, zusammen zu kämpfen, zusammen ins Gefängnis zu gehen, zusammen für die Freiheit einzustehen, in dem Wissen, daß wir eines Tages frei sein werden.

Das wird der Tag sein, an dem alle Kinder Gottes dieses Lied mit einer neuen Bedeutung singen können: „Mein Land, ja dich, süßes Land der Freiheit, dich preise ich. Land, wo meine Väter starben, Land der Pilger Stolz. Von allen Bergen laßt die Glocke der Freiheit erschallen.“ Soll Amerika eine große Nation werden, dann muß dies wahr werden.

Laßt daher die Glocke der Freiheit erschallen von den gewaltigen Gipfeln New Hampshires. Laßt die Glocke der Freiheit erschallen von den mächtigen Bergen New Yorks, laßt die Glocke der Freiheit erschallen von den hochragenden Alleghenies in Pennsylvania. Laßt die Glocke der Freiheit erschallen von den schneebedeckten Rocky Mountains in Colorado. Laßt die Glocke der Freiheit erschallen von den üppigen Hängen Kaliforniens. Aber nicht nur das. Laßt die Glocke der Freiheit erschallen vom

Stone Mountain in Georgia. Laßt die Glocke der Freiheit erschallen vom Lookout Mountain in Tennessee. Laßt die Glocke der Freiheit erschallen von jedem Hügel und Maulwurfshügel in Mississippi. Von jeder Erhebung laßt die Glocke der Freiheit erschallen.

Und wenn dies geschieht, und wenn wir es der Glocke der Freiheit erlauben zu erschallen, wenn wir die Glocke der Freiheit von jedem Dorf und jedem Weiler, von jedem Staat und jeder Stadt erschallen lassen, dann werden wir den Tag früher erleben können, an dem alle Kinder Gottes – schwarze und weiße Menschen, Juden und Heiden, Protestanten und Katholiken – sich die Hände reichen und die Worte des alten Negro Spiritual singen können: „Endlich frei! Endlich frei! Dank Dir, großer allmächtiger Gott, wir sind endlich frei!“

Kai Brodersen

# Willy Brandt
# Berlin 1989
# (1989/1990)

„Jetzt wächst zusammen, was zusammengehört." Zu den am meisten zitierten Reden Willy Brandts gehört eine, die er am späten Nachmittag des 10. November 1989, einen Tag nach dem Fall der Berliner Mauer, bei einer Kundgebung auf der Freitreppe vor dem Rathaus Schöneberg in Berlin hielt. Außer Brandt, dem *elder statesman*, sprachen Bundeskanzler Helmut Kohl, Außenminister Dietrich Genscher und der Regierende Bürgermeister von Berlin, Walter Momper. Doch allein Brandts Rede ist mit ihrem Satz in das kollektive Gedächtnis und in die Geschichtsbücher eingegangen: „Jetzt wächst zusammen, was zusammengehört".

Allerdings findet sich dieser Satz so weder im Manuskript noch im Wortlaut der Rede Brandts. Auf dem Flug von Bonn nach Berlin am Morgen jenes Tages hatte sich Brandt die Formulierung notiert: „Jetzt erleben wir, daß die Teile Europas wieder zusammenwachsen". Auf der Kundgebung selbst sagte Brandt dann in seiner frei vorgetragenen Rede: „Und jetzt erleben wir, und das ist etwas Großes – und ich bin dem Herrgott dankbar dafür, daß ich dies miterleben darf – wir erleben, daß die Teile Europas wieder zusammenwachsen". Belegt ist dies durch einen Mitschnitt des Senders Freies Berlin (SFB), den die Bundeskanzler-Willy-Brandt-Stiftung kürzlich publiziert hat. Einem Wiederabdruck dieses gesprochenen Textes hat die Witwe Brandts und Inhaberin der Rechte an Brandts Werken, Dr. Brigitte Seebacher-Brandt, nicht zugestimmt; wir verdanken ihr aber die freundlich erteilte Genehmigung zum Abdruck der revidierten, 1990 publizierten Druckfassung der Rede.

Die Hoffnung, daß „eines Tages zusammengefügt sein wird, was zusammengehört", hatte Willy Brandt bereits vor dem Mauerbau, 1958, als Regierender Bürgermeister von Berlin geäußert; 1964 hatte er anläßlich des dritten Jahrestages des Mauerbaus erklärt: „Deutschland muß vereinigt werden, damit zusammengefügt wird, was zusammengehört." Und 1989, am Tag der berühmt gewordenen Rede, hatte Willy Brandt in einem Interview mit der *Berliner Morgenpost* gesagt, man befinde sich nun in einer Situation, in der „wieder zusammenwächst, was zusammengehört"; ähnliche Formulierungen hatte er an jenem Tag auch in anderen Interviews verwendet. In der am 10. November 1989 gehaltenen Rede selbst jedoch fiel dieser Satz nicht. Er wurde erst Ende November von der SPD auf Wandzeitungen und Plakaten verbreitet und prangte schließlich als Motto auf deren Berliner Programmparteitag im Dezember 1989 an der Stirnseite des Saales.

Die am 10. November 1989 gehaltene Rede Brandts mit ihrem eher bedächtigen und verhaltenen Sprachstil zeugt von seiner vorsichtigen Beurteilung der Lage. Die Menschen im gespaltenen Deutschland sollten wieder „zusammenkommen" können; wichtig sei, „daß die Teile Europas wieder zusammenwachsen". Dabei ließ Brandt offen, wie er sich eine staatsrechtliche Lösung der Deutschen Frage vorstellte. Brandt kannte die östlichen wie die westlichen Bedenken gegen eine Vereinigung der beiden deutschen Staaten nur zu gut, wußte von den Vorbehaltsrechten der Alliierten und erkannte, daß der Fall der Mauer nicht von sich aus das Ende der deutschen Zweistaatlichkeit bedeutete. Im Hinblick auf diese Rahmenbedingungen versicherte er, „daß wir keine Lösung unserer Probleme anstreben, die sich nicht einfügt in unsere Pflichten gegenüber dem Frieden und gegenüber Europa". Und bewußt erinnerte er daran, daß „das deutsche Elend" mit dem NS-Regime und „dem von ihm entfesselten schrecklichen Krieg" begonnen hatte.

In seinen Worten spiegelten sich die Erfahrungen eines Politikers wider, der das 20. Jahrhundert in seiner ganzen Widersprüchlichkeit durchlebt hatte und von ihm geprägt worden war: Am 18. Dezember 1913 geboren hatte er die zwölf Jahre der nationalsozialistischen Diktatur als Emigrant im Widerstand verbracht; in der Ära Adenauer war Brandt Bundestagsabgeordneter und Regierender Bürgermeister von Berlin, seit den frühen 1960er Jahren Kanzlerkandidat und Parteivorsitzender der SPD, von

1966 bis 1974 Außenminister und dann Bundeskanzler; 1971 erhielt er den Friedensnobelpreis. Zunehmend wirkte er dann als hochgeachteter und unermüdlicher Moderator des Dialogs zwischen den armen und reichen Ländern. Als Ehrenvorsitzender der SPD hatte sich Brandt eigentlich bereits 1987 aus der Tagespolitik zurückgezogen, doch in seinem letzten Lebensabschnitt – er starb am 8. Oktober 1992 – rückte er noch einmal in das Zentrum des politischen Geschehens. Seine Einsicht, die er am 10. November 1989 vor dem Rathaus Schöneberg in dem Satz „Nichts wird wieder so, wie es einmal war" gebündelt hatte, ließ ihn den folgenden Wochen und Monaten nicht mehr zur Ruhe kommen. Er war als kenntnisreicher Berater ein vielgefragter Gesprächspartner; seine öffentlichen Stellungnahmen als international hoch angesehener Staatsmann hatten großes Gewicht. Und es war kein Zufall, daß er am Abend des 3. Oktober 1990, als vor dem Reichstag in Berlin die Vereinigung der beiden deutschen Staaten feierlich vollzogen wurde, neben dem Bundespräsidenten, Richard von Weizsäcker, und dem Bundeskanzler, Helmut Kohl, in der ersten Reihe stand. Jetzt begann auch förmlich zusammenzuwachsen, was zusammengehört.

## Willy Brandt
## Rede vor dem Rathaus Schöneberg zu Berlin am 10. November 1989 (Druckfassung 1990)

Dies ist ein schöner Tag nach einem langen Weg, doch wir befinden uns erst an einer Zwischenstation. Wir sind noch nicht am Ende des Weges angelangt. Es liegt noch eine Menge vor uns.

Die Zusammengehörigkeit der Berliner und der Deutschen überhaupt manifestiert sich auf eine bewegende, auf eine uns aufwühlende Weise, am bewegendsten dort, wo getrennte Familien endlich wieder ganz unverhofft und tränenvoll zusammenfinden. Mich hat auch das Bild angerührt von dem Polizisten auf unserer Seite, der rübergeht zu seinem Kollegen drüben und sagt: ‚Jetzt haben wir uns so viele Wochen, vielleicht Monate auf Abstand gesehen, ich möchte Ihnen einmal die Hand geben.' Das ist die richtige Art, sich dem jetzt Anstehenden zu nähern: einander die

Hand zu reichen, nachtragend nur dort zu sein, wo es unbedingt sein muß. Und wo immer es geht, Trennendes zu überwinden. Das habe ich auch heute mittag am Brandenburger Tor gespürt.

Als Bürgermeister der schwierigen Jahre von 1957 bis 1966, also auch der Zeit des Mauerbaus, und als einer, der in der Bundesrepublik und für sie einiges zu tun hatte mit dem Abbau von Spannungen in Europa und mit dem Ringen um das jeweils erreichbare Maß an sachlichen Verbindungen und menschlichen Kontakten: Mein ganz herzlicher Gruß gilt den Berlinerinnen und Berlinern in allen Teilen der Stadt und gleichermaßen den Landsleuten überall in Deutschland.

Es wird jetzt viel davon abhängen, ob wir uns – wir Deutschen hüben und drüben – der geschichtlichen Situation gewachsen erweisen. Das Zusammenrücken der Deutschen, darum geht es. Das Zusammenrücken der Deutschen verwirklicht sich anders, als es die meisten erwartet haben. Und keiner sollte jetzt so tun, als wüßte er ganz genau, in welcher konkreten Form die Menschen in den beiden Staaten in ein neues Verhältnis zueinander geraten werden. Daß sie in ein anderes Verhältnis zueinander geraten, daß sie in Freiheit zusammenfinden und sich entfalten können, darauf kommt es an.

Und sicher ist, daß nichts im anderen Teil Deutschlands wieder so werden wird, wie es war. Die Winde der Veränderung, die seit einiger Zeit über Europa ziehen, haben an Deutschland nicht vorbeiziehen können. Meine Überzeugung war es immer, daß die betonierte Teilung und daß die Teilung durch Stacheldraht und Todesstreifen gegen den Strom der Geschichte standen. Und ich habe es noch in diesem Sommer erneut zu Papier gebracht*: Berlin wird leben und die Mauer wird fallen. Übrigens, ein Stück von jenem scheußlichen Bauwerk können wir dann von mir aus sogar als ein geschichtliches Monstrum stehenlassen. So wie wir seinerzeit nach heftigen Diskussionen in unserer Stadt uns bewußt dafür entschieden haben, die Ruine der Gedächtniskirche stehen zu lassen.

* Willy Brandt, *Erinnerungen*, Frankfurt/Main 1989, S. 495.

Denen, die heute noch so schön jung sind, und denen, die nachwachsen, kann es nicht immer leichtfallen, sich die historischen Zusammenhänge, in die wir eingebettet sind, klarzumachen. Deshalb sage ich nicht nur, daß wir bis zum Ende der Spaltung – zornig, aber auch im Gefühl der Ohnmacht habe ich im August '61 dagegen angeredet – noch einiges vor uns haben, sondern ich erinnere auch daran, daß das alles nicht erst am 13. August 1961 begonnen hat. Das deutsche Elend begann mit dem terroristischen Nazi-Regime und dem von ihm entfesselten schrecklichen Krieg. Jenem schrecklichen Krieg, der Berlin wie so viele andere deutsche und nichtdeutsche Städte in Trümmerwüsten verwandelte. Aus dem Krieg und aus der Veruneinigung der Siegermächte erwuchs die Spaltung Europas, Deutschlands und Berlins. Jetzt wächst zusammen, was zusammengehört. Jetzt erleben wir – und ich bin dem Herrgott dankbar dafür, daß ich dies miterleben darf: Die Teile Europas wachsen zusammen. Ich bin sicher, daß der Präsident der Vereinigten Staaten und der erste Mann der Sowjetunion dies, was im Gange ist bei uns, zu würdigen wissen werden, wenn sie einander demnächst auf einem Schiff im Mittelmeer begegnen. Und ich bin sicher, daß unsere französischen und unsere britischen Freunde – neben den Amerikanern die bewährten Schutzmächte in schwierigen Jahren – mit uns den Prozeß der Veränderung und des neuen Aufbruchs zu würdigen wissen. Ich weiß, daß unsere Nachbarn im europäischen Osten verstehen, was uns bewegt, und daß es sich einfügt in das Neue Denken und Handeln, das die Zentral- und Osteuropäer selbst erfüllt und in Anspruch nimmt. Die Sicherheit, die wir unseren Nachbarn und auch den großen Mächten dieser Welt bieten können, ist die, daß wir keine Lösung unserer Probleme anstreben, die sich nicht einfügt in unsere Pflichten gegenüber dem Frieden und gegenüber Europa. Uns leitet die gemeinsame Überzeugung, daß die Europäische Gemeinschaft weiterentwickelt und die Zerstückelung unseres Kontinents schrittweise, aber definitiv überwunden werden muß.

Damals, im August '61, haben wir nicht nur im berechtigten Zorn gefordert: Die Mauer muß weg. Wir haben uns auch sagen müssen: Berlin muß trotz der Mauer weiterleben. Wir haben die Stadt – mit Hilfe des Bundes, was wir auch nicht vergessen wollen

– wieder aufgebaut. Andere, die nach uns kamen, haben dem Wiederaufbau Wichtiges hinzugefügt. Aber hier in Berlin war uns zusätzlich zu allen innerstädtischen Aufgaben, zum Wohnungsbau, zum kulturellen und wirtschaftlichen Neuaufbau aufgetragen, den Weg nach Deutschland offenzuhalten. Wir haben intensiv darüber nachgedacht, wie wir, auch als es schier hoffnungslos aussah, den besonders brutalen Auswirkungen der Trennung doch entgegenwirken könnten. Wie der Spaltung zum Trotz deutscher und europäischer Zusammenhalt bewahrt und gepflegt werden können. Natürlich gab es nicht immer gleich Übereinstimmung darüber, wie das am besten zu erreichen sei.

Mir hat sich das Datum des 18. Dezember 1963 besonders eingeprägt. Nicht nur, weil ich Geburtstag hatte, sondern weil das der Tag war, an dem aufgrund der Passierscheine – mehr konnten wir damals nicht erreichen – Hunderttausende drüben waren, nicht nur bei den Verwandten in Ost-Berlin, sondern auch mit denen, die aus ‚der Zone' kamen. Das war alles unzulänglich und es blieb schrecklich brüchig. Aber wir haben uns nicht davon abbringen lassen, auch jeden möglichen kleinen Schritt zu tun, um den Kontakt zwischen den Menschen zu fördern und den Zusammenhalt der Nation nicht absterben zu lassen.

Es hat dann noch fast ein Jahrzehnt gedauert, bis durch einen Verkehrsvertrag und einen Grundlagenvertrag die damals möglichen Veränderungen erreicht werden konnten. Eine Vielzahl von Abkommen und Absprachen hat sich dem hinzugefügt. Es bleibt richtig, auch aus nationalen Gründen, daß wir einen Leerraum nicht entstehen lassen durften.

Richtig war es auch, die Außenbedingungen für das geteilte Deutschland und die Menschen in ihm zu entlasten und zu verbessern, wo immer sich Gelegenheit hierzu bot. Das war der Inhalt unserer Vertragspolitik. Das war der Inhalt unseres Hinwirkens auf die gesamteuropäische Konferenz in Helsinki, schwierig beginnend, aber verpflichtet auf die Menschenrechte, auf Zusammenarbeit, auch auf Abbau von Überrüstungen in Europa. Und dieses sich langsam Hinbewegen auf Stabilität, auf Abbau statt weiteren Aufbau von Rüstungen, macht sich nun bezahlt. Dies ist im Gange, dies hat wesentlich dazu beigetragen, daß wir es heute mit verbesserten Rahmenbedingungen zu tun haben.

Und ich füge hinzu: Wenn ich meine Landsleute im anderen Teil Deutschlands gut verstehe, dann stimmen sie mit mir und ich denke mit uns allen hier überein: Keiner wünscht Schwierigkeiten mit den sowjetischen Truppen, die sich noch auf deutschem Boden befinden. Die bleiben auch nicht immer da. An der militärischen Präsenz wird sich etwas ändern. Wir wollen friedliche Lösungen gerade auch im Verhältnis zur Großmacht im Osten.

Ich möchte noch sagen: Zusätzlich dazu, daß es einen Hoffnungsträger auch in der Sowjetunion gibt und daß es Demokratiebewegungen in Polen und Ungarn gibt – anderswo werden sie folgen – ist ein neuer Faktor von eigener Qualität hinzugetreten, und zwar dadurch, daß unsere Landsleute in der DDR und in Ost-Berlin ihre Geschicke selbst, unüberhörbar für alle Welt, in ihre Hände übernommen haben. Das Volk selbst hat gesprochen, hat Veränderungen gefordert, nicht zuletzt das Recht auf wahrhaftige Information und auf freie Bewegung und auf Freiheit des organisatorischen Zusammenschlusses. Ich denke, daß diese Volksbewegung im anderen Teil Deutschlands ihre Erfüllung nur in wirklich freien Wahlen finden kann. Und ich meine auch, daß es eine lohnende Aufgabe sein kann, am Werk der Erneuerung an Ort und Stelle mitzuwirken und sie nicht denen zu überlassen, die übrigbleiben.

Noch einmal: Nichts wird wieder so, wie es einmal war. Dazu gehört, daß auch wir im Westen nicht an mehr oder weniger schönen Parolen von gestern gemessen werden, sondern an dem, was wir heute und morgen zu tun, zu leisten bereit und in der Lage sind, geistig und materiell. Ich hoffe, die Schubladen sind nicht leer, was das Geistige angeht. Ich hoffe auch, die Kassen geben noch was her. Und ich hoffe, die Terminkalender lassen Raum für das, was jetzt sein muß. Die Bereitschaft nicht zum erhobenen Zeigefinger, sondern zur Solidarität, zum Ausgleich, zum neuen Beginn, wird auf die Probe gestellt. Es gilt jetzt, neu zusammenzurücken. Den Kopf klar zu behalten, und so gut wie möglich das zu tun, was unseren deutschen Interessen ebenso entspricht wie unserer Pflicht gegenüber Europa.

## Textkritischer Apparat

Von der am 10. November 1989 tatsächlich gehaltenen Rede weicht die später publizierte Druckfassung gelegentlich ab; im nachfolgenden textkritischen Apparat sind diese Abweichungen zusammengestellt: Zuerst wird die (in diesem Band wiedergegebene) Druckfassung zitiert, nach einem Doppelstrich ‖ der Text der gesprochenen Version (vgl. dazu die im Anhang genannte Literatur).

*Vor Beginn des Redetexts* ‖ Liebe Berlinerinnen und Berliner, liebe Landsleute von hüben und drüben.
doch wir befinden ‖ aber wir befinden
eine Menge ‖ ’ne ganze Menge
am bewegendsten ‖ und sie tut es am bewegendsten
zu seinem Kollegen ‖ zu seinem Kollegen drüben
einmal die Hand geben ‖ heute mal die Hand geben
dem jetzt Anstehenden ‖ dem Problem
Hand zu reichen ‖ Hand zu geben
Und wo immer es geht ‖ Aber wo immer es geht
am Brandenburger Tor gespürt ‖ *danach Zusatz:* und hier sind ja viele auf dem Platz, die auch heute mittag am Brandenburger Tor waren
der Zeit des Mauerbaus ‖ der Zeit des Mauerbaus und danach
dem jeweils erreichbaren Maß ‖ dem Ringen um das jeweils erreichbare Maß
Mein ganz herzlicher Gruß gilt den Berlinerinnen und Berlinern ‖ sage ich hier heute abend meinen ganz herzlichen Gruß an die Berlinerinnen und Berliner
den Landsleuten überall in Deutschland ‖ an die Landsleute drüben wie hüben, in beiden Teilen Deutschlands. *Danach Zusatz:* Und ich füge hinzu
als es die meisten erwartet haben ‖ als es die meisten von uns erwartet haben
jetzt so tun ‖ in diesem Augenblick so tun
darauf kommt es an ‖ darauf allein kommt es an
Und sicher ist, daß nichts ‖ Und eines ist sicher, es wurde vorhin im Abgeordnetenhaus gesagt: Es ist sicher, daß nichts
in diesem Sommer erneut zu Papier gebracht ‖ in diesem Sommer zu Papier gebracht – man kann es nachlesen, wenn man will –, ohne daß ich genau wußte, was im Herbst passieren würde
Übrigens, ein Stück können wir dann ‖ Übrigens, übrigens, liebe Freunde, ein Stück davon könnte man dann

So wie wir seinerzeit ‖ So, so wie wir seinerzeit

bis zum Ende der Spaltung – zornig, aber auch im Gefühl der Ohnmacht habe ich im August '61 dagegen angeredet – noch einiges vor uns haben, sondern ich erinnere auch daran, daß das alles nicht erst am 13. August 1961 begonnen hat. ‖ bis zur Überwindung der Spaltung noch einiges vor uns haben, sondern ich erinnere uns auch daran, daß die widernatürliche Spaltung – und mit welchem, mit welchem Zorn, aber auch mit welcher Ohnmacht habe ich hier am 16. August '61 von dieser Stelle aus dagegen angeredet – ich will sagen: auch das hat natürlich nicht erst am 13. August 1961 begonnen.

Spaltung Europas, Deutschlands und Berlins. Jetzt wächst zusammen, was zusammengehört. Jetzt erleben wir – und ich bin dem Herrgott dankbar dafür, daß ich dies miterleben darf: Die Teile Europas wachsen zusammen. ‖ Spaltung Europas, Deutschlands, in Berlin reproduziert auf mehrfache Weise. Und jetzt erleben wir, und das ist etwas Großes – und ich bin dem Herrgott dankbar dafür, daß ich dies miterleben darf – wir erleben, daß die Teile Europas wieder zusammenwachsen.

Ich bin sicher, daß der Präsident der Vereinigten Staaten und der erste Mann der Sowjetunion ‖ Und ich bin sicher, liebe Freunde, ich bin sicher, daß der Präsident der Vereinigten Staaten und der erste Mann der Sowjetunion, daß Bush und Gorbatschow

unsere britischen Freunde – neben den Amerikanern die bewährten Schutzmächte in schwierigen Jahren – mit uns den Prozeß der Veränderung, des neuen Aufbruchs als wichtig einzuordnen wissen. ‖ unsere englischen Freunde – vergessen wir nicht, neben den Amerikanern die bewährten Schutzmächte von West-Berlin in schwierigen Jahren, in langen schwierigen Jahren – ich bin sicher, daß sie mit uns den Prozeß der Veränderung und des neuen Aufbruchs zu würdigen wissen.

Ich weiß, daß ‖ Ich bin sicher, daß

in das Neue Denken und Handeln, das die Zentral- und Osteuropäer ‖ in das Neue Denken und in die Neugestaltung politischen Handelns, das sie, die Zentral- und Osteuropäer,

Uns leitet die gemeinsame Überzeugung ‖ Und in die gemeinsame Überzeugung

schrittweise, aber definitiv überwunden ‖ definitiv überwunden

im berechtigten Zorn ‖ im Zorn

zum Wohnungsbau ‖ und zum Wohnungsbau

den Weg nach Deutschland ‖ den Weg nach Deutschland in und durch Berlin

Wir haben intensiv darüber nachgedacht, ‖ Das zwang uns dann zum intensiveren Nachdenken darüber,

den besonders brutalen Auswirkungen der Trennung doch entgegenwirken könnten. Wie der Spaltung zum Trotz deutscher und europäischer Zusammenhalt bewahrt und gepflegt werden können. Natürlich ‖ wie wir den besonders brutalen Auswirkungen der Trennung, wenn's irgend ginge, doch entgegenwirken könnten. Und natürlich

Nicht nur, weil ich Geburtstag hatte, sondern weil ‖ Nicht nur, weil ich Geburtstag hatte – damals wurde ich 50 –, sondern es hat sich mir eingeprägt, weil

Hunderttausende ‖ Hunderttausende, viel mehr als man erwartet hatte,

nicht nur bei den Verwandten in Ost-Berlin, sondern auch mit denen, die aus „der Zone" kamen. ‖ nicht nur die Verwandten in Ost-Berlin, sondern auch die, die aus „der Zone" kamen, wie wir damals sagten, wieder treffen konnten.

Das war alles unzulänglich und es blieb schrecklich brüchig ‖ Das war schrecklich unzulänglich, das blieb schrecklich brüchig

Es bleibt richtig, auch aus nationalen Gründen, daß wir einen Leerraum nicht entstehen lassen durften. ‖ Und es bleibt richtig, daß wir ein Vakuum, einen Leerraum, auch aus nationalen Gründen nicht entstehen lassen durften.

wo immer sich Gelegenheit hierzu bot. Das war der Inhalt unserer Vertragspolitik. ‖ wo immer dies möglich war. Das war der Inhalt unserer Vertragspolitik, auch mit wichtigen Partnern im Osten.

verpflichtet auf die Menschenrechte, auf Zusammenarbeit, auch auf Abbau von Überrüstungen in Europa. ‖ verpflichtet auf die Menschenrechte, verpflichtet auf die Zusammenarbeit, verpflichtet auf Abbau der Rüstungen, der Überrüstungen in Europa.

auf Abbau statt weiteren Aufbau ‖ auf den Abbau statt weiteren Aufbau

Keiner wünscht Schwierigkeiten ‖ Keiner von ihnen wünscht Schwierigkeiten

Die bleiben auch nicht immer da. An der militärischen Präsenz wird sich etwas ändern. ‖ Die werden weniger werden. An der militärischen Präsenz anderer wird sich etwas ändern.

Wir wollen friedliche Lösungen auch im Verhältnis ‖ Wir wollen keinen Trouble, wir wollen friedliche Lösungen gerade auch im Verhältnis

Zusätzlich dazu ‖ Es ist zusätzlich dazu

anderswo werden sie folgen – ist ein neuer Faktor von eigener Qualität hinzugetreten, und zwar dadurch, daß unsere Landsleute in der DDR und in Ost-Berlin ihre Geschicke selbst, unüberhörbar für alle Welt, in ihre Hände übernommen haben. ‖ und anderswo werden sie folgen – es ist ein neuer Faktor von ganz eigener Qualität hinzugetreten.

Unsere Landsleute in der DDR und in Ost-Berlin haben sich ihrer Geschicke selbst, und zwar unüberhörbar für alle Welt, angenommen.

Ich denke ‖ Und ich denke

Und ich meine auch, daß ‖ Und ich meine auch, wie der Regierende Bürgermeister Momper, daß

sie nicht denen zu überlassen ‖ sie, wenn es irgend geht, nicht denen zu überlassen

Noch einmal: ‖ Ich sag' noch einmal:

nicht an mehr oder weniger schönen Parolen von gestern gemessen ‖ nicht an unseren Parolen von gestern allein gemessen

Ich hoffe, die Schubladen sind nicht leer, was das Geistige angeht. Ich hoffe auch, die Kassen geben noch was her. ‖ Und ich hoffe, die Schubladen sind nicht leer, was das Geistige angeht. Ich hoffe auch, die Kassen sind nicht allzu leer.

auf die Probe gestellt ‖ auf die eigentliche Probe gestellt

so gut wie möglich das zu tun, was ‖ das so gut wie möglich zu tun, was

Pflicht gegenüber Europa. ‖ Pflicht gegenüber unserem europäischen Kontinent.

*Am Ende des Redetexts* ‖ Ich danke für Ihre Aufmerksamkeit.

Wie somit ersichtlich ist, finden sich in der Druckfassung der Rede neben ‚Glättungen' spontaner Redefiguren manche etwas weiterreichende Änderungen: Aus dem ‚Problem' wird das ‚jetzt Anstehende', aus Landsleuten ‚drüben wie hüben, in beiden Teilen Deutschlands' werden Landsleute ‚überall in Deutschland'. Die ‚Spaltung Deutschlands' wird in der Druckfassung nicht mehr als ‚widernatürlich' bezeichnet, nur in der Druckfassung wird der Zorn darüber ‚berechtigt' genannt und nur dieser Version zufolge muß die Überwindung ‚schrittweise' erfolgen. Der Begriff ‚West-Berlin' erscheint in der Druckfassung nicht mehr, und die sowjetischen Truppen werden ihr zufolge nicht, wie in der gesprochenen Rede, nur ‚weniger werden' – sie ‚bleiben auch nicht immer da'. Die Druckfassung erwartet zudem Veränderungen offenbar nur von deren ‚militärische[r] Präsenz', nicht ausdrücklich – wie die Rede – auch von der ‚militärischen Präsenz anderer'. Ferner finden sich in der Druckfassung manche Tilgungen (etwa die Bezugnahme auf den Regierenden Bürgermeister Momper), aber auch Zusätze – darunter nicht zuletzt der in der gesprochenen Rede nicht belegte, bald berühmt gewordene Satz ‚Jetzt wächst zusammen, was zusammengehört.'

# Anhang

## Quellen und weiterführende Literatur

### Perikles

Griechischer Text: Stuart Jones, H. (Hg.): Thucydides, 2 Bde., (Oxford Classical Texts) Oxford $^{2}$1963.

Deutsche Übersetzung: Vretska, H. / Rinner, W. (Übers.): Thukydides, Der Peloponnesische Krieg, (Reclam Universal-Bibliothek 1808) Stuttgart 2000, S. 137-145; Wiedergabe mit freundlicher Genehmigung des Verlags Philipp Reclam jun. in Ditzingen bei Stuttgart [Text hier leicht revidiert]. Vgl. auch Binding, R.G.: Die Rede des Perikles für die Gefallenen, Frankfurt am Main 1920; erneut Leipzig (Insel-Bücherei 368) 1938 [1.-20. Tausend]; $^{2}$1940 [21.-30. Tausend]; $^{3}$1944 [31.-45. Tausend]; Wiesbaden $^{4}$1954 [46.-55. Tausend].

Literatur: Flashar, H.: Der Epitaphios des Perikles, (Sitzungsber. d. Heidelberger Akademie der Wissenschaften, phil.-hist. Kl. 1969/1) Heidelberg 1969. – Gomme, A.W.: A Historical Commentary on Thucydides, Bd. 2, Oxford 1956, S. 103-144. – Hornblower, S.: A Commentary on Thucydides, Bd. 1, Oxford 1991, S. 294-316. – Kakridis, J.: Der Thukydideische Epitaphios, (Zetemata 26) München 1961. – Will, W.: Perikles, eine Konjektural-Biographie des Thukydides, in: Brodersen, K. (Hg.): Virtuelle Antike, Darmstadt 2000, S. 27-36. – Ders.: Thukydides und Perikles: Der Historiker und sein Held, (Antiquitas I 51) Bonn 2004.

### Boudicca

Griechischer Text: Boissevain, U.Ph. (Hg.): Cassius Dio, 3 Bde. Berlin 1895-1901.

Deutsche Übersetzung: Veh, O. (Übers.): Cassius Dio, Römische Geschichte, Bd. 5, Zürich und München 1987, S. 48-54; Wiedergabe mit freundlicher Genehmigung des Verlags Artemis & Winkler in Düsseldorf [Text hier leicht revidiert].

Literatur: Brodersen, K.: Das römische Britannien, Darmstadt 1998 [danach die Einf.]. – Webster, G.: Boudicca, London $^{2}$1993 (= $^{3}$1999). – Hingley, R. / Unwin, Ch.: Boudicca, London 2005.

**Urban II.**

Lateinische Texte: (1) Hagenmeyer, H. (Hg.): Fulcheri Carnotensis Historia Hierosolymitana (1095-1127) (I, 3 [1]-[8]), Heidelberg 1913, S. 130-138. – (2) Robertus monachus, Historia Iherosolomitana (1, 1-2), in: Recueil des Historiens des Croisades, Historiens occidentaux, Bd. 3, Paris 1866, S. 727-729.

Deutsche Übersetzungen: (1) R. Pernoud (Hg.), Die Kreuzzüge in Augenzeugenberichten, übers. v. H. Thürnau, München 1971, S. 21-22 [Auswahl]. (2) Borst, A.: Lebensformen im Mittelalter, Frankfurt am Main und Berlin 1973, S. 318-320.

Weitere genannte Quellen: Hill, R. (Hg.): Gesta Francorum et aliorum Hierosolimitanorum, London u.a. 1962. – Mansi, J.D. (Hg.): Sacrorum conciliorum nova et amplissima collectio, Bd. 20, Florenz und Venedig 1767.

Literatur: Bauer, D./ Herbers, K./ Jaspert, N. (Hgg.): Jerusalem im Hoch- und Spätmittelalter, Frankfurt am Main und New York 2001. – Becker, A.: Papst Urban II. (1088-1099), Bd. 2: Der Papst, die griechische Christenheit und der Kreuzzug, Stuttgart 1988. – Bourgain, P.: Robertus Monachus (Robert von Reims), in: Lexikon des Mittelalters, Bd. 7, München und Zürich 1995, Sp. 918-919. – Epp, V.: Fulcher von Chartres. Studien zur Geschichtsschreibung des ersten Kreuzzuges, Düsseldorf 1990. – Jaspert, N.: Die Kreuzzüge, Darmstadt 2003. – Mayer, H.E.: Geschichte der Kreuzzüge, Stuttgart u. a. $^{10}$2005 [grundlegend]. – Munro, D.C.: The Speech of Pope Urban II. at Clermont, 1095, in: American Historical Review 11, 1906, S. 231-242. – Wieczorek, A. u.a. (Hgg.): Saladin und die Kreuzfahrer [Ausstellungskatalog], Mainz 2005.

**Luther**

Lateinischer Text: Luther, M.: Werke. Kritische Gesamtausgabe (‚Weimarer Ausgabe'), Bd. 7, Weimar 1897, S. 832-835 [S. 814ff. zur Quellenlage insgesamt].

Deutsche Übersetzung: Steck, G. (Hg.): Martin Luther Studienausgabe, Frankfurt am Main 1970, S. 99-102 [hier leicht revidiert].

Literatur: Jensen, De L.: Confrontation at Worms. Martin Luther and the Diet of Worms, Provo/Utah 1973. – Kohls, E.-W.: Die Deutungen des Verhaltens Luthers in Worms innerhalb der neueren Historiographie, in: Archiv für Reformationsgeschichte 63, 1972, 43-71. – Reuter, F. (Hg.): Der Reichstag zu Worms von 1521. Reichspolitik und Luthersache, Worms 1971. – Rogge, J. (Hg.): Luther in Worms. Ein Quellenbuch, Witten 1971. – Rupp, G.: Luther's Progress to the Diet of Worms 1521, New York 1964.

**Goethe**

Deutscher Text: Fischer-Lamberg, H. (Hg.): Der junge Goethe. Neu bearb. Ausg. in 5 Bänden, Bd. 2, Berlin 1963, S. 83-86.

Literatur: Ermann, K.: Goethes Shakespeare-Bild. Tübingen 1983. – Gundolf, F.: Goethe, Berlin 1916 u. ö. – Koopmann, H.: Zum Schäkespears Tag, in: Witte, B. u.a. (Hgg.): Goethe Handbuch in vier Bänden, Bd. 3: Prosaschriften, Stuttgart und Weimar 1997, S. 518-526. – Oppel, H.: Das Shakespeare-Bild Goethes, Mainz 1949. – Schmidt, J.: Die Geschichte des Geniegedankens in der deutschen Literatur, Philosophie und Politik 1750-1945, Bd. 1: Von der Aufklärung bis zum Idealismus, Darmstadt 1985. – Wolf, N.Chr.: Streitbare Ästhetik. Goethes kunst- und literaturtheoretische Schriften 1771-1789, Tübingen 2001, S. 21-120.

**Robespierre**

Französischer Text: Poperen, J. (Hg.): Robespierre, Textes choisis, Bd. 3, Paris 1974, S. 98-108.

Deutsche Übersetzung: Fischer, P. (Hg.): Reden der Französischen Revolution, München 1974, S. 330-340.

Weitere Quellen: Schnelle, K. (Hg.): Robespierre, Habt Ihr eine Revolution ohne Revolution gewollt: Reden, Leipzig 1958. – Schultz, U. (Hg.), Robespierre, Über die Prinzipien der politischen Moral, Hamburg 2002.

Literatur: Furet, F. / Richet, D.: Die Französische Revolution, Frankfurt am Main 1968 u.ö. – Gallo, M.: Robespierre, Stuttgart 1989. – Jordan, D.P.: The Revolutionary Career of Maximilien Robespierre, New York und London 1985. – Massin, J.: Robespierre, Berlin $^{2}$1972.

**Metternich vor Napoleon**

Deutscher bzw. französischer Text: (1) Aus Metternich's nachgelassenen Papieren, hg. v. d. Sohne des Staatskanzlers Fürsten Richard Metternich-Winneburg, Bd. 1, Wien 1880, S. 150-157; sprachlich geglättet in (und hier abgedruckt nach) Kircheisen, F.M. (Hg.): Gespräche Napoleon des Ersten, Bd. 2, Stuttgart 1912, S. 276-286. – (2) Fain, A.-J.-F.: Manuscrit de Mil Huit Cent Treize, contenant le précis des événemens de cette année, Bd. 2, Paris 1824, S. 34-46; Übersetzung in Conrad, H. (Hg.): Napoleons Leben von ihm selbst, Bd. 9, Stuttgart 1912, S. 116-121.

Weitere Quellen: de Montholon, Ch.-F.T. (Hg.): Récits de la captivité de l'Empereur Napoléon à Sainte-Hélène, Bd. 2, Paris 1847, S. 107ff. – Hanoteau, J.: Conversation de M. le Comte de Metternich avec l'empereur Napoléon telle que S.M. me l'a racontée, in: Revue d'histoire diplomatique 47, 1933, S. 424-440.

Literatur: Botzenhart, M.: Metternich und Napoleon, in: Francia 1, 1973, S. 584-594. – Caulaincourt, A. de: Unter vier Augen mit Napoleon, hg. v. F. Matthaesius, Stuttgart 1956. – Goldschmit-Jetner, R.K.: Die Begegnung mit dem Genius, Hamburg 1951, S. 216-273. – Kissinger, H.A.: Großmacht Diplomatie, Frankfurt am Main u.a. 1972. – Kunze, E.: Ein Palais erzählt, Dresden 1999. – Oncken, W.: Oesterreich und Preußen im Befreiungs-Kriege, Bd. 2, Berlin 1879, S. 384-392 und 678. – Srbik, H. Ritter von: Metternich, Bd. 1, München $^{3}$1957, S. 160ff. und 715ff.; Bd. 3, München 1954, S. 56 und 202.

**Gagern**

Deutscher Text: Wigard, F. (Hg.): Stenographischer Bericht über die Verhandlungen der Deutschen Constituirenden Nationalversammlung zu Frankfurt am Main, Frankfurt am Main 1848, S. 2896-2900.

Literatur: Hildebrandt, G.: Politik und Taktik der Gagern-Liberalen in der Frankfurter Nationalversammlung 1848/49, Berlin-Ost 1989. – Klötzer, W.: Heinrich Freiherr von Gagern: Präsident der Frankfurter Nationalversammlung, in: Freitag, S. (Hg.): Die Achtundvierziger. Lebensbilder aus der deutschen Revolution 1848/ 49, München 1998, S. 126-133 und 319 (weitere Literaturhinweise). – Wentzcke, P.: Heinrich von Gagern. Vorkämpfer für deutsche Einheit und Volksvertretung, Göttingen u.a. 1957. – Wollstein, G.: Das „Großdeutschland" der Paulskirche. Nationale Ziele in der bürgerlichen Revolution 1848/49, Düsseldorf 1977.

**Bismarck**

Deutscher Text: Schüßler, W. (Hg.): Bismarck, Die gesammelten Werke (‚Friedrichsruher Ausgabe'), Bd. 12: Reden 1878-1885, Berlin $^{3}$1929, S. 236-249.

Literatur: Engelberg, E.: Bismarck. Das Reich in der Mitte Europas, Berlin 1990, bes. Kapitel VI-VIII. – Gall, L. (Hg.): Bismarck. Die großen Reden, Berlin 1981, S. 7-20 [zu Bismarck als Redner]. – Nipperdey, Th.: Deutsche Geschichte 1866-1918, Bd. 1: Arbeitswelt und Bürgergeist, München 1990, bes. Kapitel VII und VIII. – Wehler, H.-U.: Deutsche Gesellschaftsgeschichte, Bd. 3, München 1995, S. 907ff.

**Stresemann**

Deutscher Text: Akten zur deutschen auswärtigen Politik 1918-1945, Serie B, Bd. I 1 (Dezember 1925 bis Juli 1926), Göttingen 1966, S. 727-753; verkürzt bereits in: Bernhard, H. (Hg.): Gustav Stresemann,

Vermächtnis: Der Nachlaß in drei Bänden, Bd. 2, Berlin o. J. [1933], S. 231-244; vgl auch die weitaus stärker verkürzte Wiedergabe in Michalka, W. / Niedhart, G. (Hgg.): Die ungeliebte Republik: Dokumente zur Innen- und Außenpolitik Weimars 1918-1933, München 1980, S. 173-176.

Literatur: Baechler, Ch.: Gustave Stresemann (1878-1929). De l'impérialisme à la sécurité collective, Straßburg 1996 [zu dieser Rede S. 647-650]. – Krüger, P.: Die Außenpolitik von Weimar, Darmstadt 1985 [über Locarno S. 269-301]. – Michalka, W./ Lee, M.M. (Hgg.): Gustav Stresemann, (Wege der Forschung 539) Darmstadt 1982 [mit Beiträgen zur Locarno-Problematik von K. Erdmann, J. Jacobson, J. Bariéty und G. Niedhart].

**Churchill**

Englischer Text: James, R.R. (Hg.), Churchill, His Complete Speeches 1897-1963, Bd. 6: 1935-1942, New York und London 1974, S. 6231-6238.

Deutsche Übersetzung: Churchill, W.S.: Reden, 1938-1940, Zürich 1946, S. 345-359.

Literatur: Best, G.: Churchill. A Study in Greatness, London und New York 2001. – Gilbert, M.: Winston S. Churchill, Bd. 6: Finest Hour 1939-1941, London 1983. – Jenkins, R.: Churchill, A Biography, Basingstoke 2001. – Manchester, W.: Winston Churchill. Allein gegen Hitler 1932-1940, München 1990. – Reynolds, D.: In Command of History: Churchill Fighting and Writing the Second World War, London 2004. – Alter, P.: Winston Churchill, Stuttgart 2006.

**Goebbels**

Deutscher Text: Heiber, H. (Hg.): Goebbels-Reden, Bd. 2, 1939-1945, Düsseldorf 1972, S. 172-208.

Literatur: Fetscher, I.: Joseph Goebbels im Berliner Sportpalast 1943. „Wollt ihr den totalen Krieg?“ Hamburg 1998. – Ranke, W.: Propaganda. In: Benz, W. u.a. (Hgg.), Enzyklopädie des Nationalsozialismus, Stuttgart 1997, S. 34-49. – Reuth, R.G.: Goebbels. Eine Biographie, München $^{4}$2005.

**King**

Englischer Text der gesprochenen Rede: The Martin Luther King, Jr., Papers Project at Stanford University, Publikation im Internet unter http://www.standford.edu/group/king.

Deutsche Übersetzung: Neuübersetzung von Klaus Schönhoven.

Bücher von M.L.King: Der Traum vom Frieden, Gütersloh 1991. – Aufruf zum zivilen Ungehorsam, Düsseldorf 1993. – Traum vom Ende des Hassens, Freiburg 1994.

Literatur: Branch, T.: Parting the Waters: America in the King Years 1954-1963, New York 1988. – Garrow, D.: Baring the Cross: Martin Luther King and the Southern Christian Leadership Conference 1955 -1968, New York 1986. – Lewis, D.L.: King. A critical biography, Baltimore 1970. – Oates, St.B.: Martin Luther King. Kämpfer für Gewaltlosigkeit, Hamburg 1984. – Presler, G.: Martin Luther King, Reinbek 1984. – Scott King, C.: Mein Leben mit Martin Luther King, Gütersloh [2]1979.

**Brandt**

Deutscher Text. Brandt, W.: ‚... was zusammengehört‘. Über Deutschland [[2]Reden zu Deutschland], (Dietz-Taschenbuch 55) Bonn [1]1993, S. 33-38; [2]1993, S. 37-41; Wiedergabe mit freundlicher Genehmigung von Dr. Ruth Seebacher-Brandt in Frankfurt. – Text der gesprochenen Rede in: Garton Ash, T.: Wächst zusammen, was zusammengehört? Deutschland und Europa zehn Jahre nach dem Fall der Mauer, (Schriftenreihe der Bundeskanzler-Willy-Brandt-Stiftung, Heft 8) Berlin 2001, 31-41.

Literatur: Geschichte der deutschen Einheit. 4 Bde., Stuttgart 1998. – Brandt, W.: Erinnerungen, Frankfurt am Main und Berlin [5]1993. – Hofmann, G.: Willy Brandt. Porträt eines Aufklärers aus Deutschland, Reinbek 1988. – Koch, P.: Willy Brandt. Eine politische Biographie, Berlin und Frankfurt am Main 1988. – Küsters, H.J. / Hofmann, D.: Dokumente zur Deutschlandpolitik. Deutsche Einheit. Sonderedition aus den Akten des Bundeskanzleramtes 1989/ 90, München 1998. – Rother, B.: ‚Jetzt wächst zusammen, was zusammengehört‘ oder: Warum Historiker Rundfunkarchive nutzen sollten, in: Garton Ash (s.o.), 25-29 [wichtig zur (in der Einleitung hiernach wiedergegebenen) Überlieferungslage]. – Schöllgen, G.: Willy Brandt. Die Biographie, Berlin 2001 (Taschenbuchausg. 2003).

## Autoren dieses Bandes

Kai Brodersen (*1958), Professor für Alte Geschichte,

Michael Erbe (*1940), Professor für Neuere Geschichte,

Wolfgang von Hippel (*1936), Professor für Neuere Geschichte,

Karl-Friedrich Krieger (*1940), Professor für Mittelalterliche Geschichte,

Gottfried Niedhart (*1940), Professor für Neuere Geschichte,

Erich Pelzer (*1950), Professor für Neuere Geschichte,

Klaus Schönhoven (*1942), Professor für Politische Wissenschaft und Zeitgeschichte und

Reiner Wild (*1944), Professor für Neuere Deutsche Literaturwissenschaft

lehren alle an der Universität Mannheim ( siehe www.geschichte.uni-mannheim.de ).